이 책을 _____님에게

선물로 드립니다.

_____ 드림

그래, 이것이 기독교다

초판 1쇄 발행 2020년 3월 15일

지 은 이   김성도 목사
발 행 인   권선복
편   집   권보송
디 자 인   최새롬
전 자 책   서보미
발 행 처   도서출판 행복에너지
출판등록   제315-2011-000035호
주   소   (157-010) 서울특별시 강서구 화곡로 232
전   화   0505-613-6133
팩   스   0303-0799-1560
홈페이지   www.happybook.or.kr
이 메 일   ksbdata@daum.net

값 20,000원
ISBN 979-11-5602-791-1 93230

Copyright ⓒ 김성도 목사, 2020

도서출판 행복에너지는 독자 여러분의 아이디어와 원고 투고를 기다립니다. 책으로 만들기를 원하는 콘텐츠가 있으신 분은 이메일이나 홈페이지를 통해 간단한 기획서와 기획의도, 연락처 등을 보내주십시오. 행복에너지의 문은 언제나 활짝 열려 있습니다.

기독교를 정확하게 이해하는 길잡이

그래,
이것이 기독교다

김성도 목사 지음

도서
출판 행복에너지

　현대는 무신론 사상이 팽배해 가는 시대인 것 같습니다. 그리하여 사람들은 신의 존재를 인정하지 않으려는 경향이 있으며, 종교의 필요성을 인정하지 않는 경우들도 있습니다.

　그러다 보니, 기독교 또는 교회에 대하여 부정적 이미지와 반기독교적 정서를 갖는 사람들도 있는 것 같습니다. 심지어 교회는 하나의 기업이며 목회자가 돈 벌기 위한 장사의 목적으로 세운 것이 아니냐는 의문과 회의를 갖는 사람들도 있습니다.

　그러나 기독교라는 종교는 '인민의 아편'도 아니고, 교회는 목회자가 돈을 벌기 위해 차려 놓은 사업장도 아니며, 사람들을 속여 사기를 치려는 종교적 미혹의 집단도 아닙니다. 또한 단순히 사람들의 종교적 심리를 이용하여 심리적 안정이나 주고, 도덕적 삶을 가르치려는 종교도 아닙니다. 기독교는 인류를 향한 분명한 목적과 메시지를 가지고 있는 종교입니다. 인류를 구원하고, 사람들의 삶을 변화시켜서 아름다운 세상, 인간이 인간답게 사는 세상, 정의가 물같이 또는 공의가 강같이 흐르는 세상을 만들고, 세상을 창조하신 창조주의 뜻을 이 땅에 실현시키려는 목적을 가진 종교입니다.

솔직히 이 책을 집필하게 된 동기를 말씀드린다면, 기독교를 타 종교들과 비교했을 때 기독교 진리의 우수성에도 불구하고 정작 기독교인들조차 명확하게 기독교가 전하는 내용을 알지 못하는 것으로 보였기 때문이었습니다.

여러분도 알다시피, 힌두교는 자연신교적인 운명론의 종교이고, 불교는 인간의 욕망의 번뇌를 해결하기 위한 수련을 통해 해탈의 경지에 이르기를 원하여 속세를 떠나 수련에 정진하려는 종교입니다. 또 유교는 탁월한 도덕적 교육을 통해 군자가 되어, 그를 통해 이상적인 도덕적 국가를 건설하려는 종교이며, 이슬람교는 알라 경배를 절대화하면서 다섯 가지 종교의식을 신앙의 기본으로 삼는 종교이지만 인류를 향한 구체적인 메시지가 없는 것이 아쉬운 종교입니다.

이에 비해, 기독교는 탁월한 종교적 진리와 인생 문제의 해답이 있고, 인류를 향한 구체적인 메시지가 있는 종교라고 말하고자 합니다.

이 책은 기독교가 무엇을 목적으로 하는 종교인지, 무엇을 지향하는 종교인지, 기독교 진리의 특징이 무엇인지, 기독교와 타 종교의 차이점이 무엇인지, 기독교의 신은 어떤 존재인지, 왜 예수를 믿어야 하는지, 교회가 세상에 존재하는 목적이 무엇인지 등을 분명히 밝혀 주고 깨닫게 해 주려는 목적으로 집필되었습니다. 다시 말해 "그 눈을 뜨게 하는" 사역(사도행전26:18), "만물을 창조하신 하나님 속에 감추어졌던 비밀의 경륜이 어떠한 것을 드러내게 하는"(에베소서3:9) 사역을 성취하려고 합니다.

이 책은 일차적으로 기독교에 입문한 새로운 신자에게 '내가 믿게 된 기독교가 과연 어떤 종교인지'를 깨우쳐 주려는 목적을 가지고 있습니다. 간혹 기독교에 입문한 초신자(初信者)들 가운데 기독교의 진리를 명확하게 알지 못하여 거짓된 이단들의 미혹의 말에 속아서 그곳에 빠지는 경우가 있기 때문입니다. 그래서 기독교가 어떤 종교인지 그 정체성을 명확하게 확립시켜 주려는 것입니다. 또 한편 기독교에 대한 의문점과 호기심을 가진 사람들에게 기독교의 진리를 홍보하려는 목적도 있으며, 더 나아가 기존의 기독교인들이 '내가 믿고 있는 종교가 과연 어떤 종교인지'를 명확히 알고, 그 정체성을 찾아 참된 기독교적 삶을 살아가고, 기독교적 목적을 이 땅에 실현하는 역군이 되기를 희망하는 목적도 있습니다.

바라기는 이 책이 한국교회뿐만 아니라 전 세계 기독교 신자들에게 큰 도움이 되기를 원합니다. 이 책이 완성되기까지 성령으로 감동시켜 주시고 영감을 주신 하나님께 영광을 돌리며, 또한 기도해 주시고 교정(校訂)을 위해 조언해 주시고 여러 면에서 협력해 주셨던 분들, 추천의 글을 주신 김국도, 최성규, 이영훈 목사님, 또한 출판을 후원해 주신 성산하모니복지재단 이사장 최성규 목사님께 감사를 드립니다. 더 나아가 출판을 위해 수고해 주신 도서출판 행복에너지 권선복 대표이사님과 교정의 오동희 작가님, 편집 디자인의 최새롬 팀장님, 삽화를 그려 주신 토브 아트의 김진아 작가님, 그 외에 출판과 인쇄를 위해 수고해 주신 모든 분들에게 감사를 드립니다.

주후 2020년 1월

파주 운정 들녘에서

저자 김성도

차례

인간 변화를
목적하는 종교

하나님의 존재를 믿는 종교

사명을 가진 종교

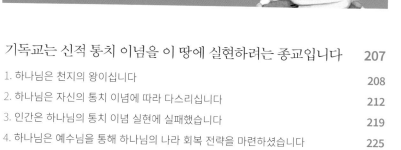

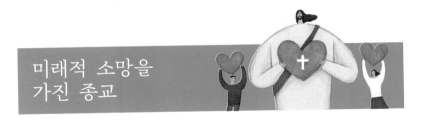

미래적 소망을
가진 종교

인간 변화를
목적하는 종교

"그런즉 누구든지 그리스도 안에 있으면
새로운 피조물이라
이전 것은 지나갔으니 보라 새것이 되었도다"

(고린도후서 5:17)

기독교는 인간의 존재를
변화시켜 주려는 종교입니다

인류는 역사 이래로 찬란한 문명과 문화를 발전시켜 왔습니다. 현대인들은 첨단 과학 문명의 발전으로 인하여 옛날 농경 사회에서 살던 시대와는 판이할 정도로 다른 문화적 편리함과 삶의 혜택, 다양한 삶과 여가생활을 가짐으로 인하여 행복을 꿈꾸게 되었습니다. 그러나 환경이 화려해지고 편리해진 것과 별개로 인간들의 마음과 삶의 모습에는 변화가 없다는 것이 인류의 고민입니다.

마치 스티븐슨(R. Stevenson)의 소설 『지킬 박사와 하이드 씨』의 내용처럼 인간은 겉으로는 고상하고 고귀한 인품을 지닌 것처럼 보이지만 그 내면에는 잡귀(雜鬼)와 같이 잔혹하고 비열한 행위를 저지를 수 있는 요소를 지니고 있습니다.

이중성(二重性)의 인간, 내면적으로 타락해 있는 인간으로는 아무리 찬란한 문화를 꽃피운다 할지라도 결국에는 소돔과 고모라 성처럼 타락하여 멸망하고 말 것입니다.

1
인간은 완전하게 창조된 존재였습니다

인간은 창조주 하나님에 의하여 창조된 작품입니다. 성경은 "여호와 하나님이 땅의 흙으로 사람을 지으시고 생기를 그 코에 불어넣으시니 사람이 생령이 되니라"(창세기2:7)고 기록하였습니다. 인간을 창조하실 때에 재료를 흙으로 사용하였으되, 흙 중에서 가장 좋은 진토(塵土)를 사용하여 육체의 형상을 지으셨습니다. 그리고 그 코에 하나님의 숨결인 생기(生氣)를 불어넣으셨습니다. 이것이 인생의 영적 요소가 되었습니다. 물질적인 요소인 육체와 영적인 요소인 생기가 결합되어 살아있는 존재로서의 생령(生靈), 즉 혼(魂)적인 요소가 형성된 것입니다.

그러므로 인간은 물질적인 요소인 육체(flesh)와 정신적인 요소인 혼(soul), 영적인 요소인 영(spirit)으로 구성되었습니다. 다시 말해 인간은 보이고 만질 수 있는 겉사람으로서의 육체와 보이지 않고 만질 수 없는 속사람으로서의 영혼(靈魂)으로 이루어진 것입니다.

인간의 육체는 자연에서 왔기에, 세상과 자연을 의식하며 자연과 더불어 살아갈 때 육체적 생명을 유지하고 건강하게 살아갈 수가 있습니다. 반면에 인간의 영은 하나님께로부터 왔기에 신적 존재인 하나님과 더불어 교제하며 살아가야 건강한 영적 상태를 유지할 수가 있습니다. 인간의 혼은 정신적이고 정서적인 요소로서, 인간관계를 통하여 건강한 삶을 살아갈 수 있게 되어 있습니다. 인간의 혼은 마음과 정서, 정신을 담고 있어서 금방 밖으로 드러나지 않는 내적 요소임과 동시에 인간의 중심 역할을 감당하는 중요한 기관입니다.

창조주 하나님께서는 인간을 창조한 이후에 "보시기에 심히 좋았더라"(창세기1:31)고 말씀하셨습니다. 자연 만물과 함께 창조된 인간의 모습과 상태가 완벽하고, 완전하고, 올바르게 되었다는 말씀입니다(전도서8:29). 하나님께서는 완전하게 창조된 인간의 영과 혼과 육체가 세상 종말의 날까지 온전하게 보존되기를 원하셨습니다(데살로니가전서5:23).

〈그림 1〉

2
인간이 범죄하여 타락하므로
불행한 존재가 되었습니다

인간이 저지른 범죄라는 것은 단순히 거짓말하고, 도적질하고, 싸우고 죽이는 행동을 가리키는 것뿐만이 아닙니다. 일차적으로는 자신에게 주어진 위치를 지키지 못한 것을 포함하여 조물주 하나님의 목적에서 벗어난 행동을 가리키는 것입니다. 인간이 인간답게 살지 못하고, 인간이 마땅히 걸어가야 할 길로 걸어가지 않은 것입니다.

(1) 인간의 범죄는 죽음을 가져오게 되었습니다

"죄의 삯은 사망이요"(로마서6:23)라는 것은 우주의 철칙입니다. 죄를 범하였으면 반드시 죽어야 한다는 뜻입니다. 인류의 첫째 사람 아담의 불순종과 거역, 즉 하나님의 뜻에서 벗어난 범죄는 사망을 가져오게 하였습니다. 성경은 "한 사람으로 말미암아 죄가 세상에 들어오고 죄로 말미암아 사망이 들어왔나니 이와 같이 모든 사람이 죄를 지었으므로 사망이 모든 사람에게 이르렀느니라"(로마서5:12)고 말씀하고 있습니다.

인류에게 다가온 첫 번째 죽음은 '영적 죽음'입니다. 영이신 하나님과의 교제를 통하여 영적 요소가 제 기능을 발휘할 수 있는데 영이신 하나님과의 관계가 단절되므로 영적 죽음을 당하게 된 것입니다. 두 번째 당하게 될 죽음은 '육체적 죽음'입니다. 이것은 육체적 요소와 영혼이 분리되는 상태에 들어가는 것을 말합니다. 나이가 들어 늙든지, 병이 들든지, 사고를 당하게 되면 영혼과 육체가 분리되는 육체적 사망을 당하게 됩니다. 세 번째 죽음은 '영원한 죽음'으로서 유황과 불이 타는 지옥 불에 들어가서 영원한 고통과 괴로움을 당하는 형벌로서의 죽음입니다.

(2) 영적 죽음은 하나님과의 관계 단절을 가져왔습니다

하나님과 관계를 맺는 영적 요소가 죽음으로 기능이 마비되자 관계가 단절되었습니다. 빛이 어두움과 함께할 수 없고, 의가 불의와 함께할 수 없고, 진실이 거짓과 함께할 수 없듯이 불의하고 죄인 된 인간은 하나님과 함께할 수 없는 상태에 놓이게 된 것입니다. 인간이 범한 죄악이, 타락한 죄가 하나님과의 관계를 단절시켜 놓은 것입니다(이사야59:2). 그리하여 "모든 사람이 죄를 범하였으매 하나님의 영광에 이르지 못하더니"(로마서3:23)라고 말씀하였고, "너희 허물이 이러한 일들을 물리쳤고 너희 죄가 너희로부터 좋은 것을 막았느니라"(예레미야5:25)고 말씀하신 것입니다.

19

인간은 육체적 존재일 뿐 아니라 하나님과 교제해야 하는 영적 존재인데 영이신 하나님과의 관계가 단절되었으니 불행에 빠지게 된 것입니다.

(3) 영적 죽음은 인간으로 하여금 육체적 삶 중심으로 살아가는 존재로 전락(轉落)하게 만들었습니다

성경은 인간이 "허물과 죄로 죽었다"(에베소서2:1)고 했습니다. 이는 하나님과 교제할 수 있는 영(靈)이 존재하기는 하지만, 정상적인 자기 기능과 역할을 할 수 없는 상태에 놓이게 되었다는 말입니다. 하나님을 감지(感知)하고, 하나님과 교제하고, 거룩하고 의롭고 신령한 것을 추구하는 능력을 상실하게 된 것입니다.

세상, 욕망, 불의 ⇐ 육체　혼　영 ⇒ 하나님, 거룩, 의

〈그림 2〉

영적인 요소가 자기 기능을 제대로 발휘하지 못하자 다음과 같은 현상과 결과를 가져오게 되었습니다.

첫째로, 이 세상의 풍조(風潮)를 따르는 세속적 삶을 살아가게 되었습니다(에베소서2:2).

거룩함을 추구할 수 있는 기능이 마비되어 자동적으로 세상의 유행과 흐름을 따라가는 세속주의의 삶을 살아가게 되었습니다. 잘못되고 비틀어져 있음에도 불구하고 악한 관습을 따르고, 시대에 따라 변하는 유행을 쫓고, 타락한 문화를 그대로 수용하여 추종하는 삶을 살아갑니다.

둘째로, 인간 세계를 지배하는 악한 영의 영향을 받으며 살아가게 되었습니다(에베소서2:2).

'악한 영'을 "이 세상의 임금"이라고 부르는데(요한복음12:31), 그것은 그가 세상의 영적 세계를 지배하고, 인간들을 사로잡아 종노릇하게 만들기 때문입니다. 성경은 인간들이 악마에게 "죽기를 무서워하므로 한평생 매여 종노릇"(히브리서2:15)한다고 했습니다. 그러므로 인간의 영적 자질이 참 하나님을 찾는 것이 아니라 거짓의 아비인 악한 영의 종이 되어 그의 지시와 영향을 받으며 악마적인 삶을 살아가는 것입니다.

셋째로, 삶의 편향(偏向)은 육체의 욕심을 따라 욕망 중심의 삶을 살아갑니다(에베소서2:3).

인간은 육체적 요소와 영적 요소가 함께 있기에 잘 조화를 이루며 살아가야만 합니다. 그러나 영적 기능이 자기 역할을 하지 못하니, 자동적으로 육체의 욕망 중심으로 살아가게 된 것입니다. 욕망의 충동에 의하여 쾌락을 따르고, 탐욕에 사로잡혀 살고, 자기 이익만 추구하면서 악하게 살아가는 것입니다.

넷째로, 육체와 마음이 원하는 대로 움직이는 자기중심적 삶을 살아갑니다(에베소서2:3).

인간은 창조주 하나님의 명령을 따르고, 그의 목적을 이 땅에 실현하면서 살아가야 할 존재입니다. 그러나 하나님을 잃어버리고, 하나님을 기억하려고도 하지 않고, 하나님을 두려워하는 마음도 갖지 않게 되었습니다. 오직 자기의 육체가 요구하는 대로, 또는 자기의 마음이 움직이는 대로, 즉 자기 소견(所見)에 옳은 대로 살아갑니다. 자기 영달(榮達)만 추구하고, 자기 이익과 자기를 만족시키는 것만 추구하며 살아가는 존재가 된 것입니다.

다섯째로, 그 결과로 인간은 영원한 형벌을 받아야 할 존재로 전락하게 되었습니다(에베소서2:3).

만물의 영장(靈長)으로 창조되었지만 자기의 위치를 지키지 못하고, 자기에게 주어진 역할과 사명을 감당하지 못하고, 더러운 욕망과 타락한 심령으로 살아감으로 인해 '인간의 존재 목적'을 상실하게 되었습니다. 그리하여 조물주 하나님께서는 인간을 심판하시고, 그 죄악들을 정죄하시고, 영원한 멸망에 처하게 만드신 것입니다.

이것이 인간이 안고 있는 절망인 것입니다(데살로니가후서1:8-9).

3
타락한 상태는 외적 변화 추구로
해결될 일이 아닙니다

성경은 타락한 인간의 상태를 "만물보다 거짓되고 심히 부패한 것은 마음이라"(예레미야17:9)고 했습니다. 외모나 외적인 어떤 요소가 망가진 것이 아니라 인간의 내적인 상태가 엉망진창이 되어 "마음에서 나오는 것은 악한 생각과 살인과 간음과 음란과 도둑질과 거짓 증언과 비방"(마태복음15:19)뿐이라고 했습니다.

그런데 자신의 실상(實狀)을 제대로 보지 못하는 인간들은 고장 난 내면적 문제를 해결하려는 노력보다는 외면적인 것을 고치기 위해 노력하고, 아름답게 꾸미고 치장하는 일에만 애를 쓰고 있습니다. 이러한 현상에 빠진 인간들을 향하여 예수님께서는 "회칠한 무덤 같으니 겉으로는 아름답게 보이나 그 안에는 죽은 사람의 뼈와 모든 더러운 것이 가득하도다"(마태복음23:27)라고 책망하셨습니다. 겉의 모습은 아름답고 화려하지만 인간 내면의 생각, 마음은 더럽고 추하고 악하고 역겨운 냄새가 펄펄 풍기는 것을 볼 수 있습니다.

한편 사람들 가운데는 부패한 인간의 마음과 심령을 고쳐 보려고 나름대로 노력하는 분들이 있음을 볼 수 있습니다.

(1) 어떤 사람은 종교에 입문하여 경건한 삶을 추구합니다

옛날부터 인간들은 종교에 입문하여 자기를 다스리고 거룩함과 경건함을 추구하여 변화 받기를 원하였습니다. 종교의 경건한 의식에 참여하거나, 종교에서 요구하는 것을 실천하려고 노력하다 보면 자신이 새로운 사람으로 거듭날 것이라 기대한 것입니다. 정말 종교에 입문하여 나름대로 경건한 삶을 이루어 가는 사람도 있습니다.

그러나 그것은 경건한 모양만 있을 뿐이지 내면이 변화된 것은 아니며, 몇 가지 외적인 행실을 자제시키고 잘못된 점을 고치는 수준일 뿐이지 인간의 근본이 변화되는 것은 아닙니다.

(2) 어떤 사람은 선(禪) 수련, 명상(冥想), 요가(yoga)와 같은 정신적 훈련을 통하여 마음을 다스리려고 합니다

사람들 가운데는 세속에 빠져 오만 가지 나쁜 생각과 탐욕이 자기를 사로잡게 되면 속세(俗世)를 떠나 혼자만의 시간, 명상을 통하여 자신의 생각과 감정을 다스리려고 합니다. 눈을 감든지, 먼 산을 바라보든지, 망망대해(茫茫大海)를 바라보든지, 또는 아무 것도 없는 벽을 바라보면서 명상(冥想)에 빠져들어 세상의 잡다한 생각과 감정들을 털어 버리려는 것입니다.

선(禪)을 수련하고, 명상 요법, 요가 수련을 사용함으로 마음에 대한 정신적 안정감과 치료를 얻을 수 있는 것은 사실입니다. 그러나 이러한 방법들로써는 인간 속에 내재(內在)해 있는 욕망, 악한 감정, 분노 등을 근본적으로 제거하거나 인간의 본질을 변화시킬 수는 없습니다.

(3) 어떤 사람은 인문학적, 철학적 수양과 지식을 쌓는 것으로 인간이 변화되기를 기대하기도 합니다

고대(古代)로부터 많은 성현(聖賢)들과 철학자들은 우주의 원리와 그 안에 사는 인간들의 사상, 삶을 연구하면서 보다 높은 차원의 삶을 추구했었습니다. 현대에 와서는 인문학(人文學)적 소양을 통하여 인간다움을 찾으려고 노력하고 있습니다. 즉 인간이 살아온 삶과 문화, 인간의 성품, 언어 등을 살펴보고 연구함으로 인간다움을 성찰(省察)하고 인간다운 인간이 되려고 노력하는 것입니다.

그러나 이러한 연구와 노력들은 인간이 갖추어야 할 소양(素養)이 무엇인지를 찾아 추구할 수 있도록 만들어 줄 수는 있지만, 인간 내면에 있는 욕망, 숨겨져 있는 거짓과 음흉함, 사특함과 같은 요소까지 해소(解消)시켜 줄 수는 없습니다. 시간이 지나면 다시 욕망의 요소들이 우리를 괴롭히게 됩니다.

(4) 어떤 사람은 도덕적 실천과 선행으로 인간의 변화를 꿈꾸기도 합니다

가장 널리 사용하는 방법 중의 하나가 도덕과 윤리 교육을 통해 악한 본성에 변화를 기대하는 것입니다. 인간이 기본적으로 실천해야 할 원칙과 계율들을 가르치고 훈련함으로써, 인격적 인간, 도덕적으로 선한 인간을 만들기를 희망하는 것입니다.

그러나 아무리 학교에서 윤리 교육을 받고, 갱생원(更生院) 같은 곳에서 새 사람이 되는 훈련을 받고, 종교의 가르침을 통하여 도덕적 실천을 강조한다 할지라도 인간의 내적 변화는 스스로 일어날 수가 없습니다. 그런 노력들로 몇 가지 행동에 변화가 있을지언정 본질적 변화가 일어나지 않아 어느 시점, 또는 어떤 환경에 처하게 되면 타락한 인간의 본성이 그대로 나타나게 됩니다.

(5) 결론적으로 타락한 인간의 문제는 내적 본질이 변화되지 않고는 해결될 수 없습니다

타락하고 망가진 인간의 내면적 변화는 외적인 어떤 노력과 수고로 이루어지는 일이 아닙니다. "좋은 나무가 나쁜 열매를 맺을 수 없고 못된 나무가 아름다운 열매를 맺을 수 없다"(마태복음7:18)는 예수님의 가르침과 같이 인간의 본질이 타락하고 부패한 상태, 또는 영적 죽음에 이른 상태를 가지고는 좋은 행실이 절대로 나올 수가 없습니다.

나쁜 나무는 어쩔 수 없이 나쁜 열매를 맺을 수밖에 없는 것처럼, 인간 본질이 변화하지 않고는 어떠한 종교 의식에 참여하고 종교적 수련과 명상을 하고 도덕적 노력을 기울인다 할지라도 인간의 삶과 행실은 변하지 않습니다. 좋은 열매를 기대하려면 먼저 좋은 나무로 바꾸어져야만 하는 것입니다. 다시 말해 인간의 본질이 변화하는 전략을 마련하지 않으면 인간의 어떠한 노력도 헛수고가 될 뿐입니다.

이것이 역사 이래로 수많은 인간들의 노력이 실패한 원인이고, 그러면서도 선한 삶을 요구하는 인간의 당면한 고민이자 절망적 문제인 것입니다.

4
기독교는 그리스도 안에서
내적 존재 변화를 목적합니다

기독교는 단순히 인간의 나쁜 행실을 변화시키고 고쳐 보려는 도덕적 종교가 아닙니다. 기독교는 인간의 존재, 타락하고 부패하고, 망가진 인간성을 원천부터 새롭게 변화시키는 것을 목적으로 하는 종교입니다.

(1) 하나님은 예수 그리스도 안에서 인간 존재 변화 전략을 마련하셨습니다

먼저 예수님께서 세상 죄를 지고 가는 하나님의 어린양이 되어 십자가에서 죄의 문제를 해결하셨습니다.

둘째로 인간의 죽은 영을 살리는 영적 생명(ζωή, 조에)을 가진 예수님을 영접할 때에 영이 소생하게 만드셨습니다.

셋째로 성경의 비유처럼 돌 감람나무를 참 감람나무에 접붙여 준 것입니다. 본성(本性)적으로 야생인 돌 감람나무로서는 스스로 좋은 열매를 맺을 수가 없습니다. 그러나 그 야생 돌 감람나무 가지를 잘라서 참 감람나무에 접붙이게 되면 참 감람나무의 진액(津液)을 받은 돌 감람나무는 점점 참 감람나무로 변화되고 참 감람나무 열매를 맺을 수 있게 되는 것입니다(로마서11:17, 24).

하나님은 이러한 영적 원리를 인간 존재 변화의 전략에 적용하셨습니다. 타락하고 부패하여 죄인이 된 인간을 구원하시고자 예수 그리스도 안에서 옛 사람은 죽고 새 사람으로 살아나게 하신 것입니다. 다시 말해, 타락한 인류를 예수 그리스도 안에 연합시킨 것, 즉 접붙이신 것입니다. 그리하여 예수 그리스도의 죽음과 함께 옛 사람은 죽게 되고, 그리스도께서 다시 살아나실 때에는 우리 역시 새 사람이 되어 살아나게 하신 것입니다(로마서6:10-11).

그래서 "누구든지 그리스도 안에 있으면 새로운 피조물이라 이전 것은 지나갔으니 보라 새것이 되었도다"(고린도후서5:17)라고 선언하는 것입니다.

(2) 또한 하나님은 성령의 역사를 통하여 새롭게 거듭나는 길을 마련하셨습니다

새 존재로의 변화는, 하나님이 마련하신 신비한 역사입니다. 그것은 하나님의 영이신 성령의 역사로 이루어지는 일입니다. 예수님의 가르침대로 "육으로 난 것은 육이요 영으로 난 것은 영"(요한복음3:6)이기에 육체적으로 아무리 새롭게 다짐하고, 수련의 수련을 쌓고, 갱생의 길을 걷는다 할지라도 타락하고 욕망에 사로잡혀 있는 육체적 본질은 변할 수가 없는 것입니다.

우리에겐 오직 인간을 새롭게 변화시키는 영이신 성령의 역사를 통해서 영적인 존재로 거듭나게 하는 방법이 마련된 것입니다. 즉 "성령의 새롭게 하심"(디도서3:5)의 역사, "속사람이 새로워지는"(고린도후서4:16) 역사를 통하여 새로운 피조물, 새 존재로 변화되어질 수 있게 한 것입니다.

여기 '새롭게 되다'(ἀνακαινόω, 아나카이노오)는 말은 본질적으로 새롭게 만들어지는 것을 가리킵니다. 하나님께서는 창조의 영(靈)이신 성령의 역사를 통하여, 타락한 인간의 본질이 새롭게 거듭나는 영적 변화의 역사가 이루어지게 하셨습니다(에스겔36:26).

그러므로 기독교는 인간적 수련과 애씀으로 어떤 경지(境地)에 이르려는 종교가 아니라, 하나님의 역사로 변화 받는 종교, 신비한 영적 역사로 변화되어짐을 경험하는 종교인 것입니다. 그래서 타락하고 부패한 죄인을 변화시켜 주신 하나님의 은총에 감사하고 감격하는 종교인 것입니다.

(3) 믿음으로 받아들이기만 하면 기적적인 영적 변화의 역사가 내게 일어납니다

앞에서 설명한 기독교의 진리를 그대로 수용하고, 예수 그리스도를 자신의 삶에 영접하여 믿게 되면, 위대한 변화의 역사가 우리들에게 일어나게 됩니다.

첫째는, 성령의 역사로 거듭남(Born again)으로, 본질이 변화하는 역사가 일어납니다.

'거듭남'이란 영적 출생을 가리킵니다. 부모님을 통하여 육체적 출생을 했던 인간이 예수 그리스도를 믿는 순간 하나님께로부터 영적 출생하는 역사가 일어나게 됩니다. 이것은 지금까지 죄로 죽어 있던 인간의 영이 소생(蘇生)하는 역사, 새 피조물로 거듭나는 역사인 것입니다. 즉 자신의 기능과 역할을 감당하지 못했던 인간의 영이 제 기능을 발휘할 수 있도록 부활하는 것입니다(로마서6:4, 13).

둘째는, 의롭다 하심을 받아서 새 존재로 바꾸어지게 됩니다.

'의롭다 하심'이란 유죄 판결을 받았던 죄인을 무죄 선언해 주시는 하나님의 판결을 가리킵니다. 예수님께서 우리 인류의 죄를 십자가에서 전부 청산하였으므로, 믿는 자에게는 그것을 근거로 해서 의롭다고 인정해 주시는 것입니다(로마서3:24).

죄인이 의인(義人)으로 바꾸어지는 존재의 변화로, 누구든지 예수 그리스도 안에 있으면 정죄(定罪)에서 해방되어 영원한 형벌을 받지 않게 되는 것입니다(로마서8:1).

셋째는, 하나님의 자녀로 인(印) 치심을 받는 신분의 변화를 경험하게 됩니다.

하나님의 성령으로 거듭남을 받고, 의롭다 하심의 은총을 받은 사람은 하나님의 자녀로서의 신분을 획득(獲得)하게 됩니다. 무서워하였던 사탄의 영이자 종의 영이었던 위치에서 해방되어 하나님의 자녀로 인정을 받고 등록되는 것입니다(로마서8:14-16). 하나님과 깨어졌던 관계가 회복되어 하나님의 자녀가 된 신자는 하나님을 '아빠, 아버지'라고 친밀하게 부르게 되고, 하나님께 간구와 기도를 할 수 있게 되며, 하나님이 약속하신 은총들에 참여할 자격이 부여되는 것입니다.

그러므로 기독교는 일반 종교들처럼 막연한 것을 기대하는 종교가 아니며, 인간적 노력으로 인간의 변화를 꿈꾸는 종교도 아니며, 도덕적인 인간, 윤리적 사회를 만들겠다고 노력하는 종교도 아닙니다.

　　기독교는 나쁜 나무를 좋은 나무로 바꾸는 종교, 즉 타락한 인간의 존재와 본질을 새롭게 변화시켜 태초에 창조된 원래의 인간의 상태로 회복시키는 종교입니다. 뿐만 아니라 예수 그리스도 안에서 더 나은 자격과 은총을 베풀어 주는 종교입니다.

　　그래서 우리는 기독교에서 인류의 희망을 찾으려는 것입니다.

미국의 자동차 공장들이 많은 디트로이트(Detroit) 도시에 이런 재미있는 이야기가 있습니다.

어느 겨울날 자동차 공장의 유명한 정비사가 아침에 출근하다가 차가 고장이 나서 길가에 세워 놓고 고쳐보려고 애를 썼습니다. 그런데 아무리 조사를 해 보아도 고장의 원인을 찾을 수가 없었고 시동도 걸리지가 않아서 당황하고 있었습니다.

그때 한 세단차가 멈추어 서더니, 노신사 한 분이 내려 "도와드릴까요?"라고 물었습니다. 정비사는 자신도 고치지 못하는 차를 어떻게 고칠 수 있느냐는 식으로 노신사를 쳐다보았습니다.

노신사는 몇 군데를 만지고 나서 정비사에게 시동을 켜 보라고 했습니다. 정비사는 별 기대감 없이 시동을 켜는 순간 깜짝 놀랐습니다. 시동이 걸린 것입니다. "당신은 누구신가요? 정비사인 나도 고칠 수 없는 것을 고치다니요."

노신사는 말없이 명함 한 장을 건네주고는 떠나갔습니다. 그 명함을 보니, 자동차의 왕 헨리 포드(Henry Ford)였습니다. 바로 그 자동차를 설계하고 만든 사람이었습니다.

그렇습니다.

망가진 인간을 완전하게 고칠 수 있는 분도 창조주 하나님밖에 없습니다.

"So that he may establish your hearts unblamable in holiness before our God and Father, at the coming of our Lord Jesus with all his saints."

(1 Thessalonians 3:13, RSV)

기독교는 파괴된 우주 질서를 회복시키는 종교입니다

　한때 우주가 가스층의 폭발로 인하여 형성되었다는 우주대폭발 생성론(the Big Bang theory)을 주장하는 사람들이 인기를 끈 적이 있었습니다. 이 이론은 하나의 가설(假說)이라 할지라도 논리적으로 우리들을 충분히 이해시키지 못하고 있습니다. 거대한 폭발이 일어났는데 어떻게 현재와 같이 자연스럽게 태양을 중심으로 질서정연하고 아름다운 항성(恒星)들이 형성되고 운행되느냐는 것입니다.

　우주와 자연만물이 조화 있게 운행되고 활동하는 생태계(生態界) 환경을 바라보고 있노라면, 자연만물은 우연히 발생하고 진화된 것이 아니라 어느 위대한 예술가에 의하여 치밀하고 오묘하게, 또한 웅장하고 아름답게 창조되었다는 것을 시인할 수밖에 없는 것 같습니다. 한마디로 성경에서는 "태초에 하나님이 천지를 창조하시니라"(창세기1:1)고 말씀하여 그 원인자가 하나님이심을 밝히고 있습니다.

1
하나님께서 천지를 창조하시고
우주적 질서를 주셨습니다

기독교에서는 우주와 천지만물은 우연하게 발생한 것이 아니라 창조주 하나님에 의하여 창조된 창조물이라고 믿습니다.

(1) 창조주 하나님은 천지만물을 창조하시고 언약을 맺으시고 규례를 주셨습니다

"하늘을 창조하신 이 그는 하나님이시니 그가 땅을 지으시고 그 것을 만드셨으며 그것을 견고하게 하시되 혼돈하게 창조하지 아니하시고 사람이 거주하게 그것을 지으셨으니"(이사야45:18)

하나님은 하늘과 그 안의 해와 달, 각종 별들을 창조하여 은하계를 이루게 하시고, 태양을 중심으로 행성들이 있게 하셨습니다.

특히 지구의 삼라만상(森羅萬象)을 오묘하고 아름답게 창조하시고 인간이 살아가기에 용이하고 편리하게 지으셨습니다. 그리고 그 질서를 유지하기 위하여 언약을 맺으시고 법칙을 정해 주셨습니다(예레미야33:25). 우주에는 우주의 법칙을 적용하여 모든 행성들이 태양을 중심으로 운행하도록 하셨고, 자연만물에는 자연의 법칙을 주셔서 식물들에게는 싹이 나고 잎이 자라며 꽃이 피며 열매를 맺도록, 동물들에게는 자연과 더불어 조화를 이루며 살아가도록 만드셨습니다. 그들이 하나님이 정해 주신 규례(規例)대로 순종할 때에 생명을 유지하며, 아름답게 꽃을 피우고, 열매를 맺어서 풍성함을 이루도록 축복하셨습니다.

(2) 창조주 하나님은 인간을 창조하시고 존귀와 영화의 면류관을 씌워 주셨습니다

인간은 모든 피조물 가운데 하나님의 형상으로 창조된 특별한 작품입니다. 비록 천하고 보잘것없는 진흙을 빚어서 지으셨지만 만물의 으뜸이 되는 은총과 역할을 맡겨 주셨습니다. 그래서 성경의 시인은 인간의 창조에 대하여 이렇게 노래하였습니다.

"사람이 무엇이기에 주께서 이렇게까지 생각해 주시며, 사람의 아들이 무엇이기에 주께서 이렇게까지 돌보아 주십니까?"(시편8:4)

이 말씀을 그 의미에 따라 다시 설명한다면 다음과 같습니다.

'하나님께서는 나같이 약하고 힘없는 인생이 무엇이기에 이렇게까지 생각해 주시고 염려해 주십니까? 또한 하나님께서 나같이 천하고 보잘것없는 인간의 자식이 무엇이기에 이렇게까지 보살펴 주시고 필요를 공급해 주십니까?'

삼라만상에 있는 아름답고 좋은 것들로 하여금 인간을 위하여 존재하게 하시고, 인간이 그 모든 것을 취하게 하시고, 음식물로 섭취할 수 있도록 허락해 주시고, 또한 그 아름다움과 혜택들을 누릴 수 있도록 만들어 주신 것이 너무나 감사하다는 의미입니다.

무엇보다 중요한 것은 하나님께서는 인간에게 "영광과 존귀의 왕관을 씌워 주셨다"는 것입니다(시편8:5). '영광과 존귀의 관'이란 다른 피조물들과 다르게 인간을 영적 존재(spiritual being)로 만드셨음을 가리킵니다. 인간은 비록 육체를 소유한 동물적 존재이지만 그 안에 하나님이 생기(生氣)를 넣어 주심으로 영적 존재가 된 것입니다. 또한 사람은 다른 동물들과 다르게 하나님의 형상으로 창조된 인격적 존재(personal being)입니다. 동물들에게서 찾아볼 수 없고, 오직 하나님의 속성에 있는 요소들, 영성, 종교성, 이성, 도덕성, 창조성을 갖고 있습니다. 하나 더 말한다면, 모든 피조물들 위에 서는 뛰어난 위치를 받은 만물의 영장(靈長)이기도 합니다.

이렇게 정성과 사랑을 쏟아서 지으셨기에 하나님께서는 모든 피조물 가운데서 인간을 가장 사랑하시고 존귀한 존재로 여기시는 것입니다.

하나님께서 우주만물을 창조하셨을 때에 천지(天地)에게 언약과 규례를 주어 그대로 실천하게 하셨듯이, 인간에게도 우주 안에서 그 질서를 유지하고, 규례를 지키도록 명령하셨습니다(호세아6:7).

성경 시편8:5-6절 말씀에는 하나님과 인간, 그리고 자연만물과의 관계를 이렇게 설명하고 있습니다.

"그를 하나님보다 조금 못하게 하시고…주의 손으로 만드신 것을 다스리게 하시고 만물을 그의 발아래 두셨으니"

먼저, 우리 인간은 우주의 질서를 깨달아야만 합니다.

인간을 "하나님보다 조금 못하게 하셨다"는 말은, 창조주 하나님과 피조물인 인간을 비교했을 때 지혜와 총명, 능력과 권세 등모든 면에서 부족하고, 모자란 상태에 있게 하셨다는 말씀입니다. 인간이 아무리 하나님의 형상으로 지음을 받았다 할지라도 창조주이신 하나님과 비교했을 때는 수준이 낮은 단계의 존재로 창조되었다는 것입니다.

그것은 당연한 것입니다. 피조물에 불과한 인간이 어떻게 창조주 하나님과 대등한 관계로 비교될 수 있겠으며, 유한한 존재가 영원한 존재와 어떻게 비교될 수가 있겠습니까? 그것은 상상할 수도 없는 일입니다.

인간은 하나님보다 못한 위치, 즉 하나님과는 비교가 될 수 없는 존재인 것입니다.

반면에 인간과 우주만물과의 관계에서는 "만물을 그 발아래 두셔서"(시편8:6) 다스리게 하셨습니다. 여기 만물(萬物)이란 땅에 있는 모든 짐승들, 하늘을 날아다니는 조류들, 바다 속에 있는 모든 어류들과 자연만물 전체를 가리킵니다. 자연만물이 아무리 인간보다 덩치가 크고, 웅장하고, 아름답고, 오묘하게 생겼다 할지라도 인간의 발아래 위치해 있으며, 인간의 다스림과 지배를 받아야 하는 존재들인 것입니다.

여기에서 우리는 우주의 질서가 어떠한 관계로 형성되었는지를 명확하게 깨달아야만 합니다.

우주의 질서 면에서 피조물인 인간은 조물주 하나님과 비교할 수 없기에 아래 단계에 놓여 있습니다. 즉 인간은 하나님의 형상으로 창조된 존재라 할지라도 하나님보다 낮은 단계의 존재이기에 그 밑에 있으며, 반면에 만물은 하나님께서 그 발아래 두셨기에 그 위에 있으면서 만물을 다스리고 통치할 수 있습니다.

둘째로, 인간은 우주질서에 따라 인생을 살아야만 합니다.

인간은 우주 안에서 자신의 존재를 알아야 하며, 우주 질서 안에서 자신의 위치, 자기의 자리가 어디인지를 깨달아야 하며, 또한 자신이 감당해야 할 역할과 책임이 무엇인지를 깨달아야만 합니다. 그리고 그에 따라 인생을 살아가야만 합니다.

우주만물이 하나님이 정해 놓은 위치에서 자신들에게 주어진 규례에 따라 질서정연하게 움직이고 있듯이 인간도 하나님께서 정해 놓으신 창조질서에 따라 살아가야만 하는 것입니다.

① 인간은 위에 계신 창조주 하나님의 명령에 순종하고 그를 섬기고 경배하며 살아야만 합니다.

하나님은 나를 창조하신 분이시오. 내 생명의 근원이시고, 나의 머리이시기에 인간은 당연히 그 앞에 무릎을 꿇고 경배하고, 섬기고, 찬양하고, 더 나아가서 그 말씀에 순종하고, 그의 뜻을 실천하면서 살아야만 하는 것입니다.

그래서 성경은 "일의 결국을 다 들었으니 하나님을 경외하고 그의 명령들을 지킬지어다 이것이 모든 사람의 본분이니라"(전도서 12:13)고 말씀하신 것입니다. 인간의 본분(本分), 즉 인간이 필연적으로 감당해야 할 책임 또는 의무는, 세상에서 먹고 마시고 쾌락을 즐기고, 자신의 육체의 욕망을 위하여 뛰어다니는 것이 아니라는 것입니다.

그것은 이차적이고 부차적(副次的)인 삶의 모습일 뿐입니다.

인간이 제일 먼저 감당해야 할 책임은 위에 계신 하나님을 인정하고 경배하고 그의 뜻에 따라 살아가는 것입니다.

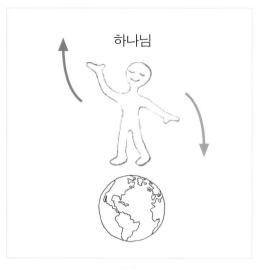

하나님

〈그림 3〉

② 인간은 자신의 발아래 있는 만물을 잘 다스리며 아름다운 세상을 만들어야만 합니다.

하나님께서는 인간에게 만물의 영장의 위치를 주시고 그가 만드신 만물을 인간의 발아래 두어 다스리는 통치권을 위임(委任)해 주셨습니다.

"생육하고 번성하여 땅에 충만하라, 땅을 정복하라…모든 생물을 다스리라"(창세기1:28)

여기 "땅을 정복하라"는 것은 땅을 개간(開墾)하라는 뜻입니다. 거칠고 황량한 대지(大地)를 잘 가꾸고, 자원(資源)을 개발하여서 하나님의 창조 목적에 따라 사람들이 살기에 좋은 환경, 아름다운 세상을 만들어 내라는 것입니다. 또한 "모든 생물을 다스리라"는 것은 모든 생물들을 관리하고 통치하라는 뜻입니다. 하나님의 동역자(co-worker)로서 하나님의 뜻과 목적에 따라 동식물들, 즉 자연 안에 존재하는 모든 생물들을 잘 다스리고 관리하라는 것입니다.

어떻게 세상을 관리하고 다스려야 할지는 하나님이 세상을 통치하시는 원리, 또는 통치 이념을 깨닫고 그에 따라 행하면 되는 것입니다.

"여호와께서는 만유를 선대하시며 그 지으신 모든 것에 긍휼을 베푸시는도다…그 모든 행위에 의로우시며 그 모든 행사에 은혜로우시도다"(시편145:9, 17) "여호와께서는 모든 넘어지는 자를 붙드시며 비굴한 자를 일으키시는도다"(시편145:14)

인간은 하나님의 사역의 대리자(代理者)로서 '하나님의 심정'을 가지고 세상을 다스리고 통치하면 되는 것입니다.

이런 원리에 따라, 인간이 자신의 역할을 감당하고 자연만물이 조화롭게 이루어져 갈 때에, 하나님께서 창조하신 우주 질서는 완성되어 가는 것입니다. 위에 계신 하나님은 섬기고 경배하고, 아래 있는 자연만물은 잘 다스리고 통치하는 것. 이것이 창조질서요, 인간의 책임이요, 본분이기도 합니다.

③ 인간은 창조 질서인 본성(本性)에 따라 살아야만 합니다.
짐승에게는 '짐승의 본성'이 있듯이 인간에게는 '인간의 본성'이

있습니다(야고보서3:7). 본성(nature)이란 '자연의 규칙적인 질서', 또는 '자연적 원칙'을 말합니다. 인간은 하나님께서 천지 만물을 창조하신 창조의 원칙에 따라 살아가야 합니다. 하나님의 형상으로 창조함을 받은 인간답게, 만물 위에 뛰어나게 만들어 주신 만물의 영장(靈長)답게 살아야만 하는 것입니다.

인간이 짐승처럼 살아서는 안 됩니다. 만약에 인간이 짐승같이 살아간다면 창조 질서에 어긋나는 것입니다.

인간의 본성은 누구에게 배우지 않아도 자연 속에서 인간이 어떻게 살아야 하는지를 가르쳐 줍니다(고린도전서11:14). 그래서 창조 질서에 따라 살아가게 되어 있는 것입니다. 이것이 인간에게 주어진 우주 원리입니다.

2
그러나 인간은 우주질서를
파기(破棄)하는 범죄를 저질렀습니다

우주 질서를 지키는 것, 이것은 모든 피조물들이 지켜야 할 의무입니다. 영적 세계에 있는 천사들도 자기 위치를 지키고, 인간도 자신에게 주어진 역할과 위치를 지키고, 자연만물들도 자신들에게 주어진 위치와 역할을 지키며 살아갈 때에 우주와 자연만물은 질서정연하고 아름답게 운행되어 갈 것입니다.

그러나 영적 세계, 즉 천사들 가운데서 "자기 지위를 지키지 아니하고 자기 처소를 떠난 천사들"(유다서1:6)이 있었습니다. 이들은 타락한 천사, 악한 영들이 되어 버리고 말았습니다.

마찬가지로 인간도 자신의 위치와 역할에서 이탈(離脫)하는 잘못을 저지르게 되었습니다. 타락한 천사인 마귀의 미혹을 받은 인간은 창조주 하나님께서 자신에게 주신 특별한 은총, 맡겨 주신 역할과 사명을 망각하는 실수를 저지르게 된 것입니다.

(1) 인간은 교만하여 자신을 하나님의 자리에 올려놓았습니다

인간은 하나님이 창조한 피조물(被造物)입니다. 피조물에 불과한 인간은 하나님이 될 수도 없고, 하나님과 같이 행동해서도 안 되는 것입니다.

하나님께서 이스라엘 민족에게 주신 십계명의 첫째 계명에 보면 이렇게 되어 있습니다.

"너는 나 외에는 다른 신들을 네게 두지 말라"(출애굽기20:3)

이는 천지와 인간을 창조하신 하나님, 천지의 주재(主宰)이신 하나님, 지극히 높으신 하나님만이 유일하신 참 하나님이시기에 그

분만을 네 앞의 하나님으로 인정하고 모시라는 말씀입니다. 오직 존귀와 영광과 경배를 받으실 분은 유일하신 하나님 한 분밖에 없다는 것입니다. 창조주 하나님 이외에 어떤 존재도 그 위로 올라가려고 해서도 안 되고, 대등한 입장에서 비교하려고 해서도 안 되는 것입니다.

그러나 불행하게도 인간은 선악을 알게 하는 나무의 열매를 "먹는 날에는 너희 눈이 밝아 하나님과 같이 된다"(창3:5)는 유혹의 말에 미혹되어 선악과를 따 먹고 말았습니다. 이렇게 피조물인 인간이 하나님과 같이 되겠다는 교만, "내가 하늘에 올라 하나님의 뭇별 위에 나의 보좌를 높이리라"(이사야14:13)고 떠들어 대는 오만방자함, 위에 계신 하나님의 존재를 인정하지도 않고 경배하지도 않는 행동, 하나님을 믿으려면 내 주먹을 믿으라고 건방을 떠는 행동 등, 이런 행동들은 전부 엄청난 반역 행위들이며, 우주질서를 파괴하는 극악무도(極惡無道)한 범죄 행동인 것입니다.

(2) 인간은 미련하여져서 발아래 두고 다스려야 할 만물을 신적 존재로, 또는 각종 형상으로 만들어 섬기고 있습니다

십계명의 둘째 계명은 하늘과 땅과 땅 아래 물속에 있는 어떤 피조물이라도 그 형상을 만들어 그 앞에 절하거나 섬기지 말라고 했습니다(출애굽기20:4-5). 그것은 모든 피조물은 인간이 다스려야 할 존재들이지 섬길 신적 존재가 아니기 때문입니다.

그러나 인간들은 역사 이래로 지금까지 자연의 신비함에 현혹되어 자연물을 신적 존재로 착각하기도 하였습니다. 그리하여 피조물에 불과한 것들을 각종 우상 형상으로 만들어 그 발 앞에 엎드려 절하고 섬기는 어리석은 불순종의 죄를 범하여 왔던 것입니다. 그 어리석음이 얼마나 큰지, 성경은 인간들이 "스스로 지혜 있다 하나 우준(愚蠢)하게 되어 썩어지지 아니하는 하나님의 영광을 썩어질 사람과 금수(禽獸)와 버러지 형상의 우상으로 바꾸어"(롬1:22-23) 섬기는 잘못을 저질렀다고 책망하고 있습니다.

떠오르는 태양을 신으로 착각하여 소원의 기도를 올리는 것, 오래된 고목나무에 길흉(吉凶)의 신적 괴력(怪力)이 있다고 믿고 그 앞에서 치성을 드리거나 소원의 문구를 적어 올리는 것, 돌들을 쌓고 그 앞에서 소원을 비는 것, 금붙이, 돌, 나무 등 각종 재료를 사용하여 형상을 만들고 그 앞에 엎드려 기도를 올리는 행위들….

그 이외에도 그 어떤 종류라 할지라도 우상 숭배에 해당하는 행동들, 그것은 우주질서를 파괴하는 행동이며, 인간에게 주어진 임무와 역할을 저버린 불충(不忠)의 죄요, 어리석음의 극치(極致)인 것입니다.

(3) 또한 인간은 자연의 원리를 떠나 역행(逆行)하는 삶을 살아왔습니다

성경은 인간이 자연의 원리인 순리(順理)를 따라 살지 않고 역행하여 역리(逆理)로 살았다고 했습니다(로마서1:26-27). 죄를 뜻하는 헬라어 '하말티아'(ἁμαρτια)는 '과녁에서 빗나갔다'는 뜻입니다. 즉 인간에게 주어진 근본 목적에서 벗어났다는 말입니다. 이는 하나님이 정해 주신 우주질서, 자연의 원칙, 인간에게 주신 위치, 인간에게 주신 창조의 목적과 역할에서 벗어나, 빗나간 행동, 인간이 인간답게 살지 못하고 짐승처럼 본능적 욕망으로 행동하려는 것들을 가리킵니다.

이것이 이 세상을 타락시키고 혼란하게 만든 원인입니다. 질서를 파괴한 것, 목적을 파기한 것, 인간의 본분을 저버린 것, 책임과 역할을 망각한 것, 이러한 비정상적인 자세와 행동들 때문에 세상은 심판을 받게 되는 것입니다.

다시 말씀드리면, 우리들이 보편적으로 생각하는 죄는 법을 어기거나, 도적질 하거나, 사기를 치거나 등의 불법적이고 불의한 행동을 가리키는 경우가 많지만 그것은 죄의 결과일 뿐입니다. 원래 근본적이고 본질적인 죄(罪)는 인간이 창조 질서를 파괴한 것이 원인이요 원천입니다.

이것 때문에 인간과 세상에 불행과 심판이 온 것입니다.

3

파괴된 우주질서는
예수 그리스도 안에서 회복되어집니다

성경 로마서16:25에는 "나의 복음과 예수 그리스도를 전파함으로 너희를 능히 견고하게 하실 이"라는 문장이 나옵니다. 이 말씀 중에서 '견고하게 하다'(στηρίζω, 스테리조)라는 단어가 어떤 의미인지 살펴볼 필요가 있습니다.

이 단어의 중심은 '지지하다'(to support), '견고하게 만들다'(to make firm)라는 뜻을 가지고 있습니다. 그 뜻을 구체적으로 설명한다면, 정치적인 면에서는 '평화로운 상태로 회복하다'(to pacify)는 뜻을, 우주론적으로는 어지럽고 혼돈된 상태를 '고정하다'(to fix), '안전하게 하다'(to secure)는 뜻을, 또한 의학적인 면에서는 약을 써서 '강하게 하다'(to strengthen)는 뜻을, 마지막으로 법률적인 면에서는 질서를 '확립하다'(to establish)는 뜻으로 사용되어지는 단어입니다. 즉 혼돈과 무질서, 망가지고 파괴된 것을 똑바로 세우고, 회복하고, 강하게 만들어 준다는 의미입니다.

이는 예수 그리스도와 복음의 능력을 통해 파괴된 우주 질서를 회복하고, 인간의 잘못되어진 우주적 관계 및 망가진 심령으로 말미암아 잘못된 삶을 살아가는 인생들을 치료하여 정상적으로 회복시켜줌으로 하나님 앞에서 부족함이 없게 만들어 주는 것을 가리킵니다(데살로니가전서3:13).

예수 그리스도는 파괴된 세상, 망가진 우주 질서를 회복시키기 위하여 세상에 오신 분이십니다. 잘못된 길로 가는 인생을 바른 길로 가게 만들어 주시고, 비틀어진 삶을 정상으로 고쳐 주시며, 원칙에서 벗어난 것을 제자리로 돌아가서 똑바로 서게 만들어 주시며, 인간이 인간답게 살지 못하는 것을 치료하여 정상적인 인생이 될 수 있도록 만들어 주시기 위하여 세상에 오신 분입니다.

인간으로 하여금 정상 궤도로 돌아오게 하는 것!

파괴된 우주질서를 회복하는 것!

타락하고 문란해지고 부패해진 세상을 변화시키는 것!

잘못되고 비틀어진 이들의 삶을 치료하는 것!

목적에서 벗어난 삶에서 정상적 삶으로의 복귀!

자신의 역할과 사명을 잃어버리고 사는 인생들로 하여금 제자리로 돌아오게 하는 것!

이러한 일들은 예수 그리스도와 그의 복음의 말씀을 통하여 이루어질 수 있는 것입니다.

결론적으로 정리하면 다음과 같습니다.

① 하나님은 우주만물을 아름답게 창조하셨습니다.

부족함도, 모자람도 없이 완전하게 우주만물과 인간을 창조하셨습니다.

② 그러나 인간의 범죄는 인간과 그의 삶의 현장을 타락, 파괴시켰습니다.

타락한 인간들의 삶과 행동들로 인하여 세상이 혼란해지고, 범죄가 가득하게 된 것입니다.

③ 이제 예수 그리스도를 통하여 파괴된 세상은 회복되어질 수 있습니다.

'만물의 회복'은 예수 그리스도가 세상에 오신 목적입니다(사도행전3:21). 우주질서만을 회복시키는 것이 아니라 인간의 본질과 인간성까지도 회복시켜 주시는 것입니다.

더 나아가서 영적 생명과 같은 은총들을 주시고, 하나님의 자녀의 권세를 부여해 주시고, 사명과 역할을 감당할 수 있는 능력을 허락하시고, 영원한 삶의 은총까지도 허락해 주시는 것입니다.

〈그림 4〉

그러므로 기독교는 일반 종교들처럼 철학적인 개념을 논하는 종교도 아니고, 윤리 도덕을 가르쳐서 성인군자(聖人君子)를 만들려는 종교도 아니며, 어떤 종교적 의식을 행하고 수련을 쌓아 마음의 안정을 얻으려는 도피처 같은 종교도 아니며, 어떤 강압적인 방법으로 종교에 복종시키려는 종교도 아니고, 어떤 영적 신비한 것의 체험을 통하여 영적 세계에 들어가려는 종교도 아니며, 선행과 정성을 드림으로 복을 받으려는 기복적 종교도 아닌 것입니다.

기독교는 잘못되어지고 비틀어진 창조 질서를 정상으로 회복시키려는 종교이며, 우주 질서를 파괴하여 어리석고 미련하게 살아가는 인생들을 정상궤도로 회복시켜 주고 고쳐 주려는 종교입니다. 그러므로 이 세상에 난제(難題)해 있는 모든 장애물과 문제들뿐만 아니라, 타락하여 멸망에 처한 인간들을 예수 그리스도를 통하여 치료해 주고, 회복시켜 주고, 해결해 주어 정상적 삶을 살아갈 수 있게 하는 진리를 전파하는 종교인 것입니다.

너 자신을 알라

독일의 철학자 쇼펜하우어(Schopenhauer)가 하루는 길을 걷다가 깊은 사색에 빠지게 되었습니다. 앞에서 사람이 오는 줄도 모르고 생각에 잠겨 있다가 그만 부딪치고 말았습니다. 화가 난 상대편 사람은 소리쳤습니다.

"정신을 어디다 팔고 다니세요? 도대체 당신은 누군데 앞도 보지 않고 길을 걷는 것입니까?"

그 말에 쇼펜하우어는 멋쩍은 표정으로 이렇게 말했습니다.

"내가 누구냐고요? 글쎄올시다. 나도 방금 그것을 생각하느라 앞을 보지 못한 것입니다."

세계적인 철학자도 자신이 어떤 존재인지 정확하게 알지를 못했던 것입니다. 인간이 어디에서 와서 어디로 가며 무엇을 하는 존재인지를 고민한 것입니다.

옛날 희랍시대에 대표적인 지성인이요 철학자들인 소피스트(sophist)들은 자신들이 모든 것을 다 아는 것처럼 교만을 떨었습니다. 모르는 것이 아무 것도 없다는 식으로 건방을 떨며 행동한 것입니다.

소크라테스(Socrates)는 이런 인간들을 향하여 "너 자신을 알라"고 외쳤습니다.

"그가 거룩하게 된 자들을 한 번의 제사로
영원히 온전하게 하셨느니라"

(히브리서10:14)

기독교는 망가진 인간성을
회복시키는 종교입니다

이탈리아 로마에 있는 베드로대성당 오른쪽 구석에 15-16세기 이탈리아 르네상스를 대표하는 조각가 미켈란젤로(Michelangelo, 1475-1564)의 작품 피에타(Pieta)상이 있습니다. 미켈란젤로는 피에타 상에 특별한 애정을 갖고 만들었기에 이 작품의 옷자락에 유일하게 자신의 이름을 서명해 놓았습니다. 피에타 상은 예수님의 어머니 마리아가 돌아가신 예수님의 시신을 품에 안고 비탄에 잠겨 있는 모습을 조각한 것입니다.

1972년 정신적으로 고통을 받던 한 사람이 몰래 망치를 숨긴 채 성당 안에 들어가서 인류가 그렇게 아끼던 피에타 상을 깨트리는 사고를 저질렀습니다. 깨어진 조각들이 흩어져 있는 모습이 전 세계에 방영이 되었고, 미술 애호가들은 마음속으로 이런 질문을 했습니다.

"과연 피에타 상이 다시 완전하게 복구될 수 있을까?"

세계적으로 유명한 작가들이 깨어진 피에타 상을 복원시키기 위해 모여 오랜 시간 동안 깨어진 조각상 앞에서 본래의 모습을 상상하는 시간을 가졌습니다. 매일 그 자리에서 깨어진 조각상과 본래의 조각상 그림을 지켜보는 일을 반복하다가 한 달쯤 지났을 때 마음속에 그려진 피에타 상을 상상하면서 복구 작업을 시작하였습니다. 그리고 마침내 완벽한 피에타 상의 모습을 복구해 내었습니다.

이와 비슷한 일을 기독교에서 벌이고 있습니다. 기독교는 하나님의 형상으로 창조된 인간에게 주어진 독특한 인간성이 상실(喪失)되었고, 또한 파괴되어져서 마치 짐승과 같은 모습으로 전락(轉落)하였기에 그것을 다시 정상으로 회복시켜 주려는 종교인 것입니다.

1
하나님께서는 인간을
하나님의 형상으로 창조하셨습니다

성경에는 "하나님이 자기 형상 곧 하나님의 형상대로 사람을 창조하시되 남자와 여자를 창조하시고"(창세기1:27)라고 말씀하고 있습니다. '하나님의 형상'(the image of God)이란 외형적인 모양을 가리키는 말이 아닙니다. 하나님은 영(靈)적 존재이시기에 어떤 외형적인 형상이나 모양이 있을 수 없기 때문입니다(요한복음4:24). 하나님의 형상이란 인간 속에 있는 하나님의 독특한 특성(qualities)을 가리키는 것입니다. 즉 다른 피조물들에게서는 찾아볼 수 없는 것으로 하나님과 인간만이 공유(共有)하고 있는 특성을 말합니다.

그것은 바로 인간성(人間性, personality)입니다. 인간성이란 인간이 인간다움을 유지하기 위해서 가지고 있는 본질입니다. 인간은 신적 특성이 반영되어졌으며 인간만이 가지고 있는 독특한 본질인 인간성을 가지고 있기에 동물과 같은 부류(部類)로 분류해서는 안 됩니다. 인간이 육체를 소유했다는 면에서는 동물과(動物課)에 속한 존재라 할 수 있을지 몰라도, 인간에게는 동물과 다른 것이 있는데 이는 인격을 형성하는 인간성입니다. 그러므로 인간을 외적 모습만 보고 진화론적 존재로 이해하고 평가하는 것은 엄청난 착각에서 온 결과인 것입니다.

　인간성에는 몇 가지 독특한 요소들이 있습니다.

　첫째는, 이성(理性, Reason)입니다.

　이성이란 인간을 인간답게 하고 동물과 구별 짓게 하는 요소로서 보편적으로 사물의 이치와 원리를 알아내는 힘, 또는 논리적이고 개념적으로 생각하는 힘이라고 봅니다. 따라서 지성(知性), 사고력, 진리를 아는 능력 등으로 설명하고 있습니다. 뿐만 아니라 이성에는 자율적(自律的)으로 자신의 의지를 결정할 수 있는 능력이 있어서 본능이나 감정적 욕망과 같은 것들을 통제하고 다스려서 올바른 것을 따를 수 있도록 만드는 능력도 있다고 봅니다.

　이성(reason)은 원래 라틴어 '라티오'(ratio)에서 온 말로 '합리적'(rational)이고, 도리에 맞는지 분별하고 계산해 보는 것을 의미합니다. 어떤 사물이나 사건이 우주 원리에 맞는지, 이치에 합당한지, 참된 진리인지, 옳은 길인지 등을 생각하고 연구하고 따져 보아서 합당한 것을 결정하고 추진해 갈 수 있도록 만드는 요소인 것입니다.

　둘째는, 영성(靈性, Spirituality)입니다.

　영성이란 신적인 영역과 연결되고 또한 하나 될 수 있는 경험을 가져오는 비물질적인 실재(實在, reality)를 가리킵니다. 즉 창조주 하나님께서 인류에게 신을 인식할 수 있도록 넣어 주신 영적인 성질(nature)을 말합니다.

영성은 신의 존재를 인식하고 비물질적인 세계와 실체들을 경험할 뿐 아니라 인간의 삶에 영감을 주고 삶의 방향을 알려 주기도 하는 특성입니다. 과학 문명이 발전하고 자본주의 사회로 발전해 오는 모습을 경험하면서 인류는 때로 물질적인 세계에만 관심을 갖고 영적 세계에는 관심이 없는 것처럼 보일 때가 있습니다. 그러나 사실은 본래부터 영적인 존재이기 때문에 영적 세계를 동경(憧憬)하고 영혼의 목마름과 갈증을 느낍니다. 즉 인간의 마음 한가운데에는 하나님이 아니고는 그 무엇으로도 채울 수 없는 뻥 뚫린 빈자리가 있는 것입니다(전도서1:2-11).

셋째는, 종교성(宗敎性, Religiosity)입니다.

영성(靈性)이 신적 존재를 인식하는 본질이라면, 종교성은 신을 찾고 갈망해 가는 성질을 가리킵니다. 인간은 죽음 앞에서 자신의 유한성을 경험하면서 영원한 세계와 초월적 대상을 찾아가려는 종교적 지향성(指向性)을 지니고 있습니다.

인간에게는 하나님께서 주신 "영원을 사모하는 마음"(전도서3:11)이 있기 때문에 절대자를 찾고, 영원한 세계를 동경(憧憬)하며, 삶의 의미를 찾고, 그에 따른 진리를 찾기에 방황하고 목말라하는 것입니다.

그런 연고로 시대와 인종, 교육과 문화의 차이를 불문하고 인간이 사는 곳이라면 어디에서든지 신(神)을 찾고 섬기고자 하는 제단과 돌탑 등 그 흔적들이 있습니다. 그래서 인간의 종교성은 치료할 수 없는 질병이라고 말하는 사람까지도 있습니다.

넷째는, 도덕성(道德性, Morality)입니다.

도덕성이란 선악을 분별하고 바른 것을 찾아가고자 하는 도덕적 의식(意識)으로서의 본성(本性, nature)을 가리킵니다. 성경에서는 "그 마음에 새긴 율법의 행위"(로마서2:15)라고 표현했습니다. 즉 성문화되어 있는 도덕적 법률이 아니라, 인간의 마음에 새겨져 있는 '율법적 행위' 역할을 하는 본성입니다.

그래서 인간 안에 있는 도덕성은 인간으로 하여금 스스로 사회적 규범에 맞게 행동하려 하고, 옳고 그름을 판단하고, 남에게 부끄럽지 않은 행동을 하려 하고, 대인관계에서 남의 입장을 공감(共感)하고 이해하며, 더불어 배려하려고도 하고, 자신의 욕구와 감정을 조절하고 자제시킬 수 있는 능력을 갖도록 합니다.

어떤 사람들은 도덕성은 규칙과 규범, 가치관과 태도 등을 이해해야 발달하는 것이므로, 선천적(先天的)이지 않고 아이의 인지(認知)가 발달되는 만큼 성장하게 된다는 이론을 내놓기도 합니다.

그러나 도덕성은 후천적으로 발전하는 것이 아니라 인간이 태어날 때부터 가진 본성이며, 인지(認知)의 발전에 따라서 도덕적 느낌과 실천이 다를 뿐입니다.

다섯째는, 창조성(創造性, Creativity)입니다.

창조성이란 무엇인가. 새로운 것을 생각하고 만들어 내는 속성을 가리킵니다. 이는 창조주 하나님의 창조 사역에서 기원된 것으로,

"혼돈하고 공허하며 흑암이 깊음 위에 있던" 땅을 하나님께서 "보시기에 좋았더라" 하시며 새롭게 만들어 낸 그 능력에서 작은 부분을 떼어 인간에게 부여(附與)해 준 본질입니다(창세기1:2, 4, 10, 12,18, 21).

인간은 하나님의 대리자(代理者, co-worker)로서 창조주의 뜻에 따라 목적의식을 가지고 세상을 아름답게 개간(開墾)해 내고, 자신 앞에 놓여 있는 생존의 문제와 위협하는 것들을 개척(開拓)해 나아가는 능력을 발휘해야만 하는 것입니다.

인간은 동물이 아닙니다. 그러므로 동물같이 취급해서도 안 되고 동물처럼 살아서도 안 되는 것입니다. 인간은 하나님의 형상으로 창조함을 받은 독특한 존재입니다. 하나님의 동역자(同役者)로서 하나님이 주신 형상, 즉 인간성을 가지고 하나님의 뜻에 따라 아름다운 세상을 창조하며 살아가야 할 존재인 것입니다.

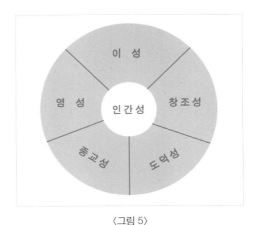

〈그림 5〉

2
인간의 범죄는 하나님의 형상인
인간성을 망가뜨렸습니다

성경 고린도후서11:3에는 사도 바울이 고린도 교회 교인들을 향하여 "이브가 미혹을 받았던 것처럼…마찬가지 너희의 생각이 부패할까"(as Eve was beguiled…so your imagination should be corrupted-W. J. Conybeare) 염려스럽다고 했습니다. 여기에서 '생각'에 해당하는 말은 의지력과 지적 능력을 포함하는 전체적인 태도를 가리킵니다. 즉 인간이 악마의 유혹으로 범죄하여 타락함으로 인해 종교적이고 도덕적인 면에서 제대로 작동해야 할 의지력과 지적인 능력들이 파괴되고 망가지게 되었다는 것을 말하고 있습니다.

또한 성경은 "만물보다 거짓되고 심히 부패한 것은 마음이라"(예레미야17:9)고 했습니다. '부패했다'는 것은 완전히 망가져서 쓸모가 없게 되었다는 말이 아니라 마음, 즉 인간성이 기능(機能)을 발휘하기는 하지만 본래의 목적대로 정상적인 역할을 할 수 없는 단계에 이르렀다는 말입니다. 인간의 노력과 수고로는 고칠 수 없도록 '절망적으로 악해졌고 망가졌으며'(desperately evil and corrupt), '구제불능할 정도로 병들었다'(incurably sick)는 말입니다.

(1) 이성(理性)은 허망한 상태에 빠지게 되었습니다

성경에는 인간의 "생각이 허망하여졌다"는 말씀이 있습니다(로마서1:21). 이것은 인간의 이성적 판단력, 이성적 능력이 공허한 상태, 즉 이성적인 자기 기능을 제대로 발휘하지 못하고 무가치하고, 알맹이가 없는 것을 생각하는 상태로 전락하게 되었다는 말입니다. 다시 말해 이성적 요소인 생각, 계획, 목적하는 것들이 공허한 상태에 빠져서 참된 것을 추구하지 못하고, 무가치한 것을 가치 있게 여기고, 인간의 참된 목적이 아닌 허망한 것을 추구하는 존재로 전락했다는 말입니다.

동물과 인간의 차이점은 이성적 판단으로 행동하느냐 그렇지 않으면 육체적 본능으로 움직이느냐에 있습니다. 동물들은 충동과 자연적 본능에 의하여서 움직이고 행동하지만 인간은 본능으로 행동하기 이전에 이성적으로 판단하고, 생각해 보고, 자신의 행동을 자제하면서 행동합니다. 이것이 동물과 인간이 다른 점입니다.

그러나 인간들을 자세히 살펴보면, 생각하고, 추구하고, 행동하는 것들이 이성의 관리를 받기보다는 충동과 육체적 본능에 따라 이루어질 때가 많은 것을 발견하게 됩니다. 그중에서도 정도가 지나친 경우 아무런 생각과 판단력도 없이 마치 "이성 없는 짐승같이 본능으로"(유다서1:10)만 행동하는 저질스러운 인간들이 있음을 발견할 수 있습니다.

그래서 성경은 "존귀하나 깨닫지 못하는 사람은 멸망하는 짐승 같도다"^(시편49:20)라고 표현한 것입니다.

(2) 영성(靈性)은 무감각한 상태에 놓이게 되었습니다

성경에는 인간이 "죄와 허물로 죽었다"는 표현이 있습니다^(에베소서2:1). 이것은 인간의 영적 죽음의 상태를 말하는 것입니다. 하나님과 교감(交感)하는 기관인 영(靈)이 "하나님의 생명에서 떠나 있으므로"^(에베소서4:18) 하나님을 바르게 인식할 수도 없고, 하나님을 찾아가는 열정과 사모(思慕)함도 없는 상태에 놓이게 된 것입니다. 즉 영적 세계를 감지(感知)하는 영성은 있지만 그 기능을 제대로 발휘하지 못하고 고갈(枯渴)된 상태, 또는 왜곡(歪曲)된 상태로 있는 것입니다.

타락한 상태의 인간은 하나님과 교감(交感)하고, 영적 세계를 찾고, 거룩하고 신령한 것을 사모하는 기능이 제대로 작동하지 않으므로 자연적으로 육체적 욕망 중심으로 살아가는 존재가 된 것입니다. 또한 왜곡된 영성을 가지고 신비한 영적 세계를 추구하다 보니, 악령들과 교감하게 되고, 악한 영의 종으로 전락하여 지배를 받는 불행한 존재가 된 것입니다^(히브리서2:15, 에베소서2:2).

그래서 인간이 바른 영성적 삶을 살지 못하고 세속적이고 욕망적이며 악마적인 삶을 살아가게 되는 것입니다.

(3) 종교성(宗敎性)은 어두워져서 어리석어졌습니다

인간의 영성이 제 기능을 발휘하지 못하게 되자 자연적으로 종교성도 비틀어지고 왜곡되어졌습니다. 인간에게 종교성이 많은 것은 사실이지만(사도행전17:22), "미련한 마음이 어두워졌다"(로마서 1:21)는 것입니다. 즉 심령의 눈이 어두워져서 창조주의 실체와 창조 세계의 비밀을 통찰하고 분별하는 능력이 떨어져 착각과 오해, 어리석은 결정을 하게 되는 것입니다.

종교성이 어두워지고 어리석어지면 인간의 종교적 삶에 큰 착각을 일으킵니다. 하나님의 존재를 감지하지만 "그 하나님을 영화롭게도 아니하며 감사하지도 아니하며"(로마서1:21), 영원히 찬송을 받아야 할 조물주인 하나님을 저버리고 허망하고 아무 것도 아닌 것을 신적 존재로 경배하는 우상숭배에 빠지며(로마서1:23), 자기 인식(認識) 가운데서 하나님의 존재를 인정하지도 않고 수용하지도 않게 됩니다(로마서1:28). 즉 종교성의 타락은 자신을 신적 존재로 착각하여 교만에 빠지거나, 잘못된 악한 영들과 교감하려고 주문과 주술 행위를 하고, 자연을 향하여 경배를 올리거나 또는 돌과 나무와 같은 물체를 신의 형상으로 만들어 경배하는 자연숭배에 빠지는 것입니다.

(4) 도덕성(道德性)은 감각 없는 상태에 빠졌습니다

어떠한 도덕법이 없이도 도덕적 행위를 하게 하는 본성이 도덕성이라고 했습니다. 그 도덕성에는 "양심과 생각"이 있습니다(로마서2:15). 양심(良心, conscience)은 누구나 공감할 수 있는 보편적인 규범인 선악을 구별할 수 있게 하는 의식을 가리킵니다. 즉 도덕적인 가치를 판단하여 옳고 그름, 선과 악을 깨달아 바르게 행하려는 의식(意識)입니다. 또한 '생각'이란 사고(思考) 속에 들어 있는 무형의 법으로서 윤리적 행동을 규제하는 기능으로서의 판단력입니다. 양심이 감정적인 면에서 옳고 그름의 도덕적 자정(自淨) 기능을 한다면, 판단력은 이성적인 면에서 옳고 그름을 판단하여 선택하게 하는 도덕적 자정 기능인 것입니다.

그런데 인간의 타락이 이 양심과 판단력이라는 도덕성을 무디어지게 하고 망가지게 하였습니다. 양심은 흐릿해지고 더러워졌고 심지어 어떤 사람은 화인(火印)을 맞아서 어떤 잘못을 저지르고도 전혀 가책(呵責)을 느끼지 못하는 상태에까지 이르게 되었습니다. 또한 판단력도 타락하여 공정(公正)하고 사회적 규범에 따른 판단이 아닌 자기중심적, 또는 더러운 탐욕 중심의 판단을 하게 되는 것입니다.

이 세상이 도덕 불감증(道德 不感症)에 걸려 신음하는 것도 바로 도덕성의 마비 때문인 것입니다.

(5) 창조성(創造性)은 비틀어진 상태에 빠졌습니다

인간은 창세 이래로 주어진 창조성을 발휘하여 세상을 아름답게 만들고 인류의 행복을 증진(增進)시키는 일을 창조해 왔습니다. 그로 인해 찬란한 문명과 문화를 발전시켜 왔습니다. 그러나 한편 창조성이 잘못 사용되어져서 범죄를 가중(加重)시키는 일에 활용되었고, 타락 문화를 만들어 내는 일에 사용되어지게 되었습니다.

외형적으로 찬란한 문화를 꽃피웠고, 훌륭한 과학 문명을 창조해 냈지만 뒷면에는 온갖 비리와 불법, 범죄와 사악함이 타락 문화, 소돔과 고모라와 같은 멸망의 문화를 만들어 낸 것입니다.

인터넷(internet)이 현대인에게 엄청난 유익을 안겨 주었지만 또한 그로 인한 수많은 범죄 행위들이 넘실거리고 있습니다. 인간들이 자신에게 주어진 두뇌와 창조성으로 인류의 유익을 위하여 좋은

〈그림 6〉

것을 창조하는 것이 아니라 사탄적 심령으로 온갖 범죄와 악한 일들을 창조하여 인류를 괴롭히고 있는 것입니다.

솔로몬은 세상과 인생들을 두루 살핀 후에 이런 결론을 내렸습니다.

"하나님께서는 인류를 올바르게 창조하셨으나 인간들은 많은 계략을 의지하며 살아왔느니라"(전도서7:29)(God made mankind straight, but men have had recourse to many calculations.-NAB).

"인생의 마음에는 악이 가득하여 그들의 평생에 미친 마음을 품고 있다가 후에는 죽은 자들에게로 돌아가는 것이라"(전도서9:3)

타락한 이후 인간들은 "생각하는 모든 계획이 항상 악할 뿐"(창세기6:5)이었고, 그 행동들은 부패(腐敗)하여 사악하고 폭력을 휘두르며 거짓되고 악하여진 것입니다. 특히 악한 의도(evil aims)와 미친 욕망(mad desires)을 마음에 품고 일생을 살아가는 존재가 된 것입니다. 인간들이 이렇게 타락한 것은 모두 인간성의 파괴 때문에 기인(起因)한 일들입니다.

아무리 찬란한 과학 문명을 꽃피운다 할지라도 이렇게 타락한 인간성을 가지고는 희망이 없는 것입니다. 결국에는 인류 문명과 문화는 멸망으로 끝나 버리고 말 것입니다(요한계시록16:17-21).

3
예수 그리스도는
망가진 인간성을 회복시키시는 분이십니다

성경은 예수 그리스도는 본래 온전하신 자로서 십자가의 죽으심과 육체적 죽음에서의 부활, 그리고 하늘로 승천하심을 통하여 "온전하게 되셨다"고 했습니다(히브리서2:10, 5:9, 7:28). 이는 예수 그리스도께서 신분적 자격과 존재적인 위치에서 온전하게 되었다는 말이며, 또한 그를 통하여 인류를 구원하는 사역을 온전하게 만들어 "모든 자에게 영원한 구원의 근원"이 되셨다는 뜻이기도 합니다(히브리서5:9).

성경은 "그가 거룩하게 된 자들을 한 번의 제사로 영원히 온전하게 하셨느니라"(히브리서10:14)고 말씀하고 있습니다. 예수 그리스도께서 2,000년 전에 십자가에서 단 한 번의 죽음을 당하셨지만, 그 사건을 기초로 하여 인류를 구원하는 기반을 온전하게 마련하셨습니다. 그리고 '거룩하게 된 자들', 즉 예수 그리스도를 믿고, 복음의 진리를 받아들여서 주어지는 은총을 받은 사람들, 하나님 앞에서 거룩하고 흠 없이 설 수 있는 자격을 부여(附與)받은 사람들을 '영원히 온전하게 만들어 놓으신' 것입니다.

이 말씀 속에는 망가지고 비틀어지고 제 기능을 발휘하지 못하는 인간성까지도 치료하고 회복시켜 주셨다는 뜻이 들어 있는 것입니다.

(1) 이성을 회복시켜서 인생의 참된 목적을 생각하고 계획하게 하십니다

인생의 목적과 의미와 가치에 어울리지 않는 것만 생각하고 사색하던 인간을, 예수 그리스도 안에서 영원한 것을 생각하게 만들고, 하나님의 거룩하시고 온전한 뜻을 발견하고 실천하는 삶을 추구할 수 있도록 만들어 주셨습니다. 또한 하나님의 영이신 성령을 보내 주셔서 지혜와 총명을 갖게 하셨습니다. 즉 분별력과 통찰력을 주셔서 우주의 참된 원리, 사회의 바른 질서, 인간의 도리에 맞게 사색(思索)하게 하고, 연구하고, 계획하게 하셨습니다.

(2) 영성을 회복시켜서 참 하나님과 관계를 이루게 하십니다

하나님께서는 예수 그리스도 안에 영원한 생명이 있게 하셨습니다(요한일서5:11). 그러므로 예수 그리스도를 영접하는 사람, 즉 예수님을 자신의 구원자로 영접하고 믿는 사람에게는 영원한 생명을 받도록 하셨습니다. 영적 생명이 우리의 영에 들어오면 죽은 영은 치료되고 회복되고 살아나게 되는 것입니다.

영성이 정상적으로 회복된 사람은 하나님을 찾아가고, 거룩함과 의로움을 갈망하면서 살아갈 수 있는 능력이 생기게 됩니다. 그리하여 지금까지 육체의 욕망에 사로잡혀 세속적으로 살아가던 사람이 욕망을 극복하고 하나님을 찾아가고, 거룩함을 찾아가게 되는 것입니다.

(3) 종교성을 회복시켜서 참 하나님을 분별하여 섬기게 하십니다

어두워졌고 미련해졌던 종교성이 회복되어 마음의 눈이 밝아짐으로 신들의 세계를 바르게 보고 분별할 수 있는 분별력과 안목이 생기게 됩니다. 그리고 자신이 과거에 저지른 어리석었고 비틀어졌던 종교심과 종교적 행위를 후회하면서 바른 신앙생활을 하게 되는 것입니다.

천지를 창조하신 분, 인간의 생사화복(生死禍福)을 주관하시는 분, 인간의 운명보다 뛰어나신 분만이 우주의 절대자이시며, 참 하나님이신 것을 깨닫게 되어 섬기게 되는 것입니다. 그로 인한 편안함과 즐거움, 행복을 느끼며 신앙생활을 하게 되는 것입니다.

(4) 도덕성이 회복되어서 양심과 판단력이 정상적으로 작동하게 됩니다

"너희 양심을 죽은 행실에서 깨끗하게 하고"(히브리서9:14)라는 성

경 말씀처럼 더럽고 악한 양심이 착하고 깨끗한 양심으로 변하게
되는 것입니다.

　과거에는 자신이 행했던 더러운 행동, 추잡한 짓, 악하고 불의
한 일들에 대해 제대로 가책을 느끼지 못했었는데, 도덕성의 회복
으로 인하여 잘못된 행동을 하게 되면 강한 양심의 가책을 받게
되어 괴로움 속에서 회개(悔改)의 자리로 나아가게 되는 것입니다.

　도덕적 판단력에 있어서도 과거와는 판이하게 달라집니다. 과
거에는 도덕적 판단을 할 때 모호(模糊)하기도 하고, 또 한쪽 편으
로 기울어지기도 하는 경향이 있었으나, 도덕적 판단력이 온전히
회복되어지면서 선과 악, 옳고 그름, 정의와 불의에 대한 개념 이
해가 분명해집니다.

　그러므로 도덕적으로 건강한 사회를 건설하려면 먼저 인간들의
인간성 회복이 우선되어야 할 이유가 여기에 있는 것입니다.

(5) 창조성이 회복되어서 선한 일을 창조하는 역군으로 변합니다

　"생각하는 모든 계획이 항상 악"(창세기6:5)하였던 인간이, 또한 악
한 생각과 미친 욕망을 따라 살아가던 인간이 예수 그리스도를 만
남으로 놀라운 변화가 일어납니다. 그리스도 안에서 새 피조물,
즉 새로운 존재로 변화되면서 창조성에도 변화가 일어나기 시작
하는 것입니다.

악한 생각을 버리고 선한 생각을 하며, 미친 마음을 버리고 온
전한 행동을 하기 시작합니다. 특히 자신이 구원받은 목적이 "그
리스도 예수 안에서 선한 일을 위하여 지으심을 받은 자"(에베소서
2:10)라는 것을 자각하면서 선을 창조하는 사람으로 바꾸어집니다.

누가 망가진 인간성을 정상으로 회복시킬 수 있겠습니까?
오직 예수 그리스도만이 인간의 존재뿐만 아니라 망가진 인간
성을 회복시켜 줄 수 있는 유일한 분이십니다. 예수님께서 거라사
(Gerasenes) 지방을 방문하셨을 때에 한 광인(狂人)을 만나셨습니다.
그는 사악한 악령(惡靈)들에게 사로잡혀 정신을 잃고 야수(野獸)와
같이 괴성을 지르고 자기 몸을 상하게 하며 무덤 사이를 날뛰던
사람이었습니다. 인간 사회 속에서 완전히 버려진 존재였습니다.
예수님께서 그 사람 안에 있는 사악한 영을 몰아내자 그 사람이
"정신이 온전하여" 자기 옷을 입고 얌전히 앉아 있게 되었고, 후에
는 예수님의 사역을 증거하며 다니는 사람으로 변화되었습니다(마
가복음5:1-20).
여기 '정신이 온전하여졌다'는 것은 정신적 질환만 고쳐졌다는
말이 아닙니다. 인간이 인간답게 살아갈 수 있는 사람으로 새롭게
변화되었다는 말입니다.

성경에는 기독교인의 구원의 목적에 대하여 "그 아들의 형상을

본받게 하기 위하여 미리 정하셨다."(로마서8:29)고 말씀하고 있습니다. 이것은 예수 그리스도께서는 '창조된 인간의 원형'을 가지고 계시기 때문에, 하나님께서 타락한 인간으로 하여금 그리스도의 형상을 통하여 잃어버린 하나님의 형상을 회복하도록 할 계획을 미리 정해 놓으셨다는 것을 의미합니다.

그렇습니다.

예수 그리스도를 만나게 되면 그리스도께서 우리의 망가진 인간성, 즉 하나님의 형상을 치료하고 회복시키셔서 자신의 형상과 같이 만들어 주시는 것입니다. 그래서 기독교 신자를 가리켜 "자기를 창조하신 이의 형상을 따라 지식에까지 새롭게 하심을 입은 새 사람이라"고 말씀하는 것입니다(골로새서3:10). 그리고 예수 그리스도를 믿는 믿음 안에서 살아갈 때에 "너희 속에 그리스도의 형상을 이루기까지"(갈라디아서4:19)라는 말씀과 같이 예수 그리스도의 인간적 본질(本質)과 그의 목적에 부합된 삶으로 점점 더 변화되어 가게 되는 것입니다. 그리하여 "그와 같은 형상으로 변화하여 영광에서 영광에 이르게"(고린도후서3:18) 되는 것입니다.

망가진 인간성을 가지고는 아무리 찬란한 문화를 꽃피운다 할지라도 희망이 없습니다. 결국 멸망하는 소돔과 고모라 성과 같은 세상을 만들어 낼 뿐입니다.

예수 그리스도께서는 바로 이러한 인간의 문제를 해결하여 망가진 인간성을 온전하게 회복시키기 위하여 세상에 오신 구원자이십니다. 예수님을 만날 때 인간이 안고 있는 근본적인 문제들이 해결될 뿐만 아니라 파괴된 인간성도 회복되어집니다.

그런고로 기독교는 단순히 도덕을 설파(說破)하고 추구하는 것을 목적으로 하는 종교가 아닙니다. 예수 그리스도 안에서 인간성 회복을 우선하는 종교인 것입니다. 인간성이 회복된 인간들을 통해서만이 진정 아름다운 세상을 건설할 수가 있기 때문입니다.

다시 정리한다면, 기독교 신앙은 자기 수련을 위하여 인생의 세월을 허비하는 것이 아니라 우리를 변화시켜 주시는 하나님의 역사를 따라 이 세상에서 하나님의 나라를 건설하는 사명적 삶을 사는 것에 있습니다.

"우리가 다 수건을 벗은 얼굴로 거울을 보는 것같이
주의 영광을 보매 그와 같은 형상으로 변화하여
영광에서 영광에 이르니 곧 주의 영으로 말미암음이니라"

(고린도후서3:18)

기독교는 삶의 참된 변화를
목적하는 종교입니다

영국의 대문호 찰스 디킨스(Charles Dickens)의 소설 『크리스마스 캐럴』에 등장하는 주인공 스크루지 영감은 탐욕과 인색함으로 가득 찬 냉혈인간으로 인간적 따뜻함이란 전혀 느껴지지 않고 차갑기만 하며 괴팍한 구두쇠 영감이었습니다. 모두가 사랑을 나누는 크리스마스에조차 일꾼들에게 일을 시키고, 거지가 와서 구걸을 해도 안 줄 정도로 고약한 영감이었습니다. 그런데 누구의 말에도, 어떤 일에도 변할 것 같지 않았던 완고한 그 영감이 갑자기 변하고 말았습니다. 크리스마스이브 저녁, 죽은 친구의 유령에 이끌려 자신의 과거와 현재, 미래에 구두쇠로 살아가는 모습을 보면서 삶을 반성하고 따뜻한 인간성을 찾는 사람으로 변하게 된 것입니다.

개과천선(改過遷善)이라는 말도 있지만, 사실 인간의 마음이 변한다는 것, 즉 인간의 본질인 인간성(humanity)이 새롭게 개조된다는 것이 결코 쉬운 일이 아닙니다. 거기에 행동과 삶의 실천에서 새로운 사람으로 거듭난다는 것은 정말 어려운 것처럼 보입니다.

1
역사 이래로 인간들은
삶의 변화를 모색해 왔습니다

인류가 존경하는 성인(聖人)들과 현인(賢人)들은 인간의 삶을 위한 훌륭한 가르침들을 주었습니다. 그들을 통하여 주어지는 가르침 하나하나가 정말 주옥같은 말씀들이고 우리 인생들이 곱씹어 보아야 할 교훈들입니다.

그들이 가르친 교훈들 가운데, 저는 『채근담』(菜根譚)에 들어 있는 내용들을 참 좋아합니다. 그중에 이런 글이 있습니다.

"긍고거오 무비객기"(矜高倨傲 無非客氣)라 '사람이 타인에 대하여 높이 자랑스러운 체하거나 오만하고 겸손함이 없는 태도를 취하는 것은 쓸데없는 기운(客氣)에 불과하다'는 뜻입니다. 정말 우리 주변에서 객기를 부리며 오만방자하게 행동하는 사람들이 참 많습니다. 우리는 교만하고 거만한 행동을 경계하는 이런 가르침으로 자신의 행동을 가다듬어야 할 것입니다.

이러한 가르침 이외에도 인간의 잘못된 행동을 고치고, 바른 행실을 갖게 하려는 노력은 역사 이래로 지금까지 계속되어 왔습니다.

앞에서도 이미 설명하였듯이, 인간들은 종교에 입문하여 종교적 생활을 함으로 행실의 변화를 추구해 왔습니다. 뿐만 아니라 종교를 배제하고 인간의 정신적 훈련, 즉 명상(瞑想), 단(單) 수련, 선(禪)과 요가 수련과 같은 방법을 통하여 인간의 마음을 다스리고 행실을 바르게 하려고 노력해 왔습니다. 또한 도덕적 가르침과 율법의 준수(遵守)를 통하여 바른 인간이 되어 보려고 몸부림을 치면서 노력해 왔습니다.

기독교인들 가운데서도 인간의 삶의 변화를 일으키는 진정한 기독교적 원리와 방법을 알지 못하고 열심히 종교적 생활을 통하여, 또는 세상 사람들처럼 도덕적 가르침과 율법의 말씀을 준수(遵守)함을 통하여 선한 삶을 이루어 보려고 노력하는 경우가 있습니다.

그러나 그 어떤 인간적 노력과 수련에도 인간의 행실은 변하지 않습니다.

2
인간 본질(本質)이 변하지 않으면
삶의 변화는 일어날 수 없습니다

　성경에는 "주 여호와의 말씀이니라 네가 잿물로 스스로 씻으며 네가 많은 비누를 쓸지라도 네 죄악이 내 앞에 그대로 있으리니" (예레미야2:22)라고 했습니다. 그렇습니다. 인간의 죄악은 어떤 인간적 방법을 총동원한다 할지라도 없어지지 않고 제거되지 않는 것입니다.

　다시 말해, 우리가 사람 앞에서는 죄를 숨길 수 있고, 용서받을 수 있을지는 몰라도, 죄악에 대하여 심문하실 천지의 절대자이신 하나님 앞에서는 죄의 허물이 없어지지 않습니다. 이것 때문에 인간은 하나님의 심판을 받게 되는 것입니다.

　첫 번째 주제에서 이미 설명한 것처럼, 죄의 문제를 해결하지 못하여 절망에 몸부림치는 인간을 위하여 하나님께서는 인간의 문제를 해결할 새로운 방책(方策)을 마련하셨습니다. 그것은 단순히 외형적이고 일시적인 변화가 아닙니다. 영원히 완전하게 해결될 수 있는 방법입니다.

　먼저 예수 그리스도 안에서 근본적으로 인간의 존재적, 본질적 변화를 위한 전략을 마련하셨습니다.

하나님께서는 예수 그리스도를 "세상 죄를 지고 가는 하나님의 어린 양"(요한복음1:29)으로 "온 세상의 죄를 위한 화목제물"이 되게 하셨습니다(요한일서2:2). 예수님께서는 십자가의 죽음을 통해 단번에 영원한 속죄 제물이 되시고, 또한 완전한 속죄를 이루어 인간이 변화될 수 있는 발판을 마련하셨습니다(히브리서10:14). 자세한 내용은 일곱 번째 주제인 '예수 그리스도의 십자가의 진리'에서 설명할 것입니다.

(1) 이제 예수 그리스도를 주(主, Lord)로 믿기만 하면 구원, 즉 죄 사함을 얻게 하셨습니다

타락으로 말미암아 본래의 위치에서 이탈되었던 우주질서, 망가진 인간성이 예수 그리스도로 말미암아 치료되고 회복되어지게 된 것입니다. 예수님께서 십자가의 죽음을 통하여 죄의 문제, 사망의 문제, 심판의 문제를 완전하게 해결하신 것입니다. 그리하여 이제 '믿음이라는 조건'만 갖추면 죄 사함도 받고, 죄의 책임과 가책(呵責)에서 해방을 받고, 영생함도 얻고, 하나님 앞에 설 자격인 의롭다 하심도 받고, 완전한 구원을 얻을 수 있게 하셨습니다. 영원히 죽을 수밖에 없었던 인간으로 하여금 영원한 생명을 얻게 하신 것입니다. 이것이 죄인 되었던 인간의 운명의 변화입니다.

(2) 그리스도를 믿는 자에게 의롭다 하심을 허락하셨습니다

성경에는 "그리스도 예수 안에 있는 속량, 즉 죄의 사면으로 말미암아 하나님의 은혜로 값없이 의롭다 하심을 얻는 자"(로마서3:24)가 되었다고 했습니다. '의롭다 하심'이란 하나님께서 죄인을 의롭다고 인정하시고 선언해 주시는 것을 말합니다. 정죄(定罪)로 인하여 유죄판결 받았던 자에게 무죄판결(無罪判決)을 선언해 주는 것입니다. 이는 절대자이신 하나님 앞에서 거룩하고 흠 없는 존재로 설 수 있는 자격(에베소서1:4)을 부여하는 것, 즉 존재 변화, 또는 신분(身分)의 변화를 받게 된 것을 가리킵니다.

(3) 그리스도를 믿는 자에게 거듭남의 은총을 주십니다

성경에는 "중생의 씻음과 성령의 새롭게 하심"(디도서3:5)을 통하여 인간의 내면적 본질이 변화되게 하셨다고 했습니다. 즉 예수 그리스도를 믿음으로 말미암아 하나님의 성령의 역사를 통하여 '거듭남의 역사'가 일어나게 된 것입니다. '거듭남'(born again)이란 하나님께로부터 새롭게 태어나는 것(요한일서3:9, 4:7), 곧 영적으로 출생하는 것, 죽었던 영이 부활하는 것을 말합니다(골로새서2:13). 다시 말해, 영적으로 죽었던 상태에서 하나님의 생명으로 인하여 다시 산 자(로마서6:13)가 되는 것입니다. 이것으로 인하여 본질의 변화를 체험하게 되는 것입니다.

'의롭다 하심'이 하나님 앞에서 신분, 자격의 변화라고 한다면, '거듭남'은 인간의 내면에서 일어나는 변화로서 옛 사람을 벗고 예수 그리스도 안에서 새 사람을 입는 것을 말합니다. 그리하여 신(神)의 성품에 참여하게 되고(베드로후서1:4), 하나님의 아들 예수 그리스도의 형상을 본받아 갈 수 있게 하신 것입니다(로마서8:29).

3
하나님께서는
인간의 삶의 변화 전략을 마련하셨습니다

분명히 알아야 할 것은 인간의 존재의 변화, 타락한 본질의 변화, 망가진 인간성의 회복을 경험한 사람만이 삶의 변화를 기대할 수 있다는 것입니다. 인간의 타락한 본질을 '새 피조물'로 변화시키신 하나님은 인간의 삶과 행동에서도 변화할 수 있는 길을 마련하셨습니다.

다시 말씀드리면, "못된 나무가 아름다운 열매를 맺을 수 없는" (마태복음7:18) 것을 하나님께서는 인간의 본질을 나쁜 나무에서 좋은 나무로 바꾸어질 수 있게 하셨고, 이제 좋은 열매를 맺을 수 있는 길을 마련해 주신 것입니다. 하나님께서는 야생 감람나무의 가지와 같은 타락한 인간성을 잘라서 좋은 나무인 예수님께 접붙여 준 것입니다(로마서11:24). 비록 좋지 않은 야생 감람나무처럼 타락한 인간이었지만 좋은 참 감람나무인 예수님께 접붙여짐으로 인하여 참 감람나무의 진액(津液), 즉 예수님의 생명, 은혜, 말씀 등을 공급받으면서 참 감람나무처럼 변화될 수 있는 방책(方策)을 마련하신 것입니다(로마서11:17).

하나님이 마련하신 삶의 행실의 변화 전략은, 인간적인 각종 방법들, 도덕적인 노력들, 또는 구약 성경에 기록된 율법을 준수하려는 노력으로 이루어지는 것이 아닙니다. 오직 하나님께서 예수 그리스도 안에서 마련하신 영적 변화의 원리를 따라갈 때에 실현(實現)될 수 있습니다.

첫째 영적 원리

삶의 변화는 그리스도와 함께 옛 사람은 죽고 새 사람으로 살아난 것에서부터 출발합니다.

하나님께서는 신비한 영적 원리를 인류에게 적용시키셨습니다. 그것은 2천 년 전에 십자가에서 죽으신 예수 그리스도 안에 인류를 포함시킨 것입니다. 즉 예수 그리스도 안에 전 인류를 연합시켜 예수 그리스도께서 인류의 대표자가 되게 하신 것입니다. 그리고 "한 사람이 모든 사람을 대신하여 죽었은즉 모든 사람이 죽은 것이라"(고린도후서5:14)고 선언하였습니다.

예수 그리스도와 신비한 영적 연합을 통하여 인간들에게 새로운 삶의 길을 찾아갈 수 있는 길을 마련하신 것입니다.

"그러므로 우리가 그의 죽으심과 합하여 세례를 받음으로 그와 함께 장사되었나니 이는 아버지의 영광으로 말미암아 그리스도를 죽은 자 가운데서 살리심과 같이 우리로 또한 새 생명 가운데서 행하게 하려 함이라"(로마서6:4)

그렇습니다.

기독교인의 삶의 변화는 예수 그리스도와 연합하여 죽고 산 것에서 출발하는 것입니다. 즉 우리의 타락한 부분이었던 옛 사람이 그리스도께서 죽으실 때에 함께 죽게 하신 것입니다. 그리고 그리스도께서 죽은 자 가운데서 살아나 부활하실 때에 우리 역시 새 사람으로 살아나 새 생명 가운데서 살아가게 하신 것입니다. 이것은 2,000년 전에 십자가에서 이루어진 일이지만, 우리가 예수 그리스도를 믿을 때에 나에게 적용되는 신비한 영적 역사입니다. 그리고 그 진리를 깨닫고 인정하고 확신할 때에 새 사람의 삶을 경험하게 됩니다(로마서6:11).

그리고 그리스도 예수 안에 있는 사람에게는 정죄(定罪, 유죄판결)함도 없게 하셨고(롬8:1), 도덕과 율법적인 가책과 시달림도 받지 않도록 만들어 주셔서(로마서7:4) 평안함 속에서 그리스도를 믿으며 살아가도록 만들어 주셨습니다(갈라디아2:20). 즉 나의 옛 사람은 그리스도와 함께 십자가에 못 박혀 죽었으므로 이제부터는 새 존재로 살아가게 된 것입니다.

기독교의 삶의 변화는 예수 그리스도 안에서 내가 새 존재가 되었다는 진리를 인식(認識)하고 확신하는 것에서부터 성화(聖化)의 삶이 시작되는 것입니다. 이것은 앞에서 설명했던 존재 변화를 가리킵니다.

둘째 영적 원리

삶의 변화는 자신의 지체를 의의 도구로 하나님께 드리는 의지와 결단이 있을 때에 이루어집니다.

내가 그리스도 예수 안에서 새 존재, 새 피조물이 되었다 할지라도 그냥 있으면 안 되는 것입니다. 새 사람으로 만들어 준 것에 합당하게 새 삶을 살고자 하는 의지(意志)가 있어야만 하는 것입니다.

"너희 지체를 불의의 무기로 죄에게 내주지 말고 오직 너희 자신을 죽은 자 가운데서 다시 살아난 자 같이 하나님께 드리며 너희 지체를 의의 무기로 하나님께 드리라"(로마서6:13)

기독교인이 되었다는 말은 옛 사람은 죽었고, 새 생명 가운데서 다시 살아난 새 존재가 되었다는 말입니다. 그러므로 이제부터의 삶은 자신의 지체들, 즉 사지백체(四肢百體)뿐만이 아니라 생각, 감정, 마음, 욕구, 언어, 의지까지도 하나님께 드리고 순종하여 의롭게 사용될 수 있는 도구가 되게 해야만 합니다. 하나님께서 새 존재로 변화시켜 주었음에도 불구하고 옛 사람의 방식을 그냥 따르고, 죄와 정욕에게 자신을 드려 따르게 된다면 '존재는 새 존재가 되었는데 삶은 옛 사람의 모습 그대로 행동하게 되는 것'입니다. 그것은 모순입니다. 존재가 변했으면 삶도 반드시 변해야만 하는 것입니다.

인간의 존재 변화는 하나님의 절대적인 역사로 이루어지는 일이지만, 삶의 변화는 인간의 의지, 소원, 간절한 열망이 있어야만 하나님께서 변화의 역사를 일으켜 주시는 것입니다. 다시 말해, 자신이 거룩한 삶을 살아가려는 마음과 의지가 없는데 하나님께서 강제적으로 거룩하고 성결하게 만들어 주지 않는다는 것입니다.

진정 자신이 변화되려면 자기 스스로가 자신의 지체들을 옛 방식을 쫓는 옛 사람의 행실에 맡겨서는 안 됩니다. 도리어 의(義)로운 삶을 살아가려는 사람처럼 하나님께 드리고, 하나님의 뜻에 순종하여 살아가려고 할 때에 하나님께서 거룩한 삶의 모습으로 변화되어 갈 수 있도록 도와주시게 됩니다(고린도후서3:18).

여기서 한 가지 중요하게 생각할 것은 성경, 즉 하나님의 말씀의 내용, 또는 그 핵심 개념과 사상, 그리고 그곳에서 제시하는 뜻을 정확하게 이해하는 것이 필요합니다. 우리가 그 말씀을 삶에 적용하고, 그 목적을 성취하려는 열망을 가질 때에 자신의 전 지체를 선한 도구로 드릴 수 있기 때문입니다.

셋째 영적 원리

삶의 변화는 죄와 사망의 세력에서 성령의 영향력이 해방시켜 줄 때에 이루어집니다.

여기에서 기독교인이 추구하는 삶의 변화와 세상 사람들, 또는 율법적, 도덕적 노력을 하는 사람들이 추구하는 방법에 차이가 있습니다. 거룩한 삶, 의롭고 선을 창조하는 삶은 인간적 애씀과 노력만 가지고는 안 되는 것입니다. 하나님께서 역사(役事)해 주셔야, 즉 신적(神的) 도움이 있어야만 이루어질 수 있는 것입니다.

성경에는 "율법이 육신으로 말미암아 연약하여 할 수 없는 그것을 하나님은 하시나니"(로마서8:3)라고 말씀하고 있습니다. 다시 말해, 인간의 육신(肉身)은 연약하다는 것입니다. 육체의 고깃덩어리가 연약하다는 말이 아니라 인간성, 또는 인간의 의지력이 연약하다는 뜻입니다. 육체의 욕망과 세속적 유혹에 연약하여 잘 끌려갈 뿐 아니라 자신이 목적하고 목표했던 것을 실천할 수 있는 능력이 부족하다는 뜻입니다. 그리하여 마음이 원하는 선은 행하지 않고 도리어 원하지 아니하는 악을 행하는 모순이 일어나는 것입니다(로마서7:15, 19). 그래서 인간은 선과 악, 참과 거짓, 의와 불의 사이에서 몸부림치며 갈등하고 괴로워하는 것입니다.

그런데 하나님은 이 문제를 해결할 수 있는 능력을 가지고 계신 것입니다. 종교적 수행, 도덕적 가르침, 율법적 노력으로도 안 되었던 것을 이루어질 수 있게 하는 방법을 하나님께서는 가지고 계신 것입니다.

그것은 다음의 성경 구절에서 설명하고 있습니다.

"이는 그리스도 예수 안에 있는 생명의 성령의 법이 죄와 사망의 법에서 너를 해방하였음이라"(로마서8:2)

여기서 '법'(法)이란 어떤 계율적인 성문법(成文法)을 말하는 것이 아니라 '어떤 강제력의 요소를 가진 원리', 또는 '행동에 압박을 가하는 힘과 영향력'을 가리킵니다. 생명의 성령의 영향력(influence)이 죄와 사망의 영향력 아래 있는 사람을 해방시켜 준다는 것입니다, 즉 성령의 영향력이 죄와 사망의 영향력보다 더 강하기에 죄를 짓게 하는 육체적 욕구에서, 옛 것을 찾아가게 하려는 죄성(罪性)에서, 또한 실패하게 하고 갈등하게 만들고 좌절하게 하고 죄책감에 시달리게 하는 사망의 영향력에서 완전히 벗어나게 만들어 주는 것입니다.

그리하여 인간의 힘으로 이길 수 없었던 악한 생각에서 벗어나게 되는 것입니다.

인간적 노력으로 벗어날 수 없었던 악습(惡習)에서 해방시켜 주어 하나 둘… 악습들이 떨어져 나가게 됩니다.

지금까지 나를 괴롭혀 왔던 악한 기질이 하나하나 떨어져 나가게 됩니다.

나를 사로잡고 있던 나쁜 성질들, 옛 기질들이 벗겨져 나가 해방되는 기쁨을 맛보게 합니다.

잘못되었던 사고와 사상, 자기 주관들, 세속적 가치관들까지도 하나하나 무너지면서 사라져 가게 되는 것입니다.

하나씩….

하나씩….

이것은 인간적 노력이 아닌, 오직 하나님의 능력과 역사하심으로 이루어지는 일입니다. 이것이 바로 자기 수련(修鍊)으로 경건의 자리에 이르려는 일반 종교와 기독교의 차이점입니다.

거룩한 영이신 성령의 영향력, 성령의 역사를 통하여 죄의 세력에서, 사망의 세력에서 해방과 자유를 받게 되면 그때부터 거룩함의 열매를 맺어 갈 수가 있는 것입니다(고린도후서3:18). 이러한 변화의 역사는 이미 그리스도 안에서 이루어진 일이면서 또한 삶 가운데서 계속적으로 일어나는 것입니다. 그래서 자신의 삶 가운데 있는 세속적 걸레들, 육체적 욕망들, 더러운 습관들, 즉 옛 사람이 가지고 있었던 생활 방식들이 하나하나 벗겨지는 해방과 자유의 역사가 일어나는 것입니다.

〈그림 7〉

넷째 영적 원리

삶의 변화는 육신을 따르지 않고 하나님의 성령을 따라 계속적으로 행할 때에 성취되어져 가는 것입니다.

옛 존재의 변화는 그리스도 안에서 한순간에 이루어지는 역사이지만, 옛 기질, 옛 습관에서의 해방 받는 역사는 순간적으로 이루어지는 것이 아니라 삶을 살아가면서 점진적(漸進的)으로 하나~ 하나~ 이루어지는 일입니다. 즉 사람이 예수를 믿었다고 한순간에 천사와 같이 변하는 것은 아니라는 것입니다. 나쁜 기질, 옛 습관, 옛 버릇들은 시간을 두고 하나하나 벗겨지는 과정을 밟아가야 합니다.

그리하려면 우리를 옛것에서 해방시켜 주고, 변화시켜 주는 하나님의 성령과의 관계를 지속적으로 유지해야 하며, 성령을 따라 살아가는 삶이 중요한 것입니다.

다시 성경 말씀을 주의 깊게 살펴보십시오.

"육신을 따르지 않고 그 영을 따라 행하는 우리에게 율법의 요구가 이루어지게 하려 하심이니라"(로마서8:4)

우리가 기독교인이 되어 거듭남(born again)을 통하여 새 존재가 되었다 할지라도 육체에서 벗어나는 것은 아닙니다. 우리가 내적 변화를 체험한 것이지 육체적인 것, 즉 외적인 모습이 변화된 것은 아닙니다. 우리가 예수를 믿었다 할지라도 아직도 육체를 가진 존재요, 또한 "몸의 사욕"(롬6:12), 즉 육체의 욕망은 아직도 그대로 소유하고 있습니다. 성경에서는 이것을 육신(σαρξ, 살크스, flesh)이라고 부릅니다. 육신에는 아직 완전히 회복되지 않은 상태의 욕망, 욕구적(欲求的) 요소가 남아 있습니다. 그래서 육적이고 세속적인 것을 추구하는 것입니다.

기독교인은 이 세상을 살아가는 동안, 즉 육체를 입고 인생을 살아가는 동안에는 이 육신과 끊임없는 싸움, 투쟁을 벌여야만 합니다.

여기서 우리 기독교인은 착각해서는 안 됩니다. 일반 종교들처럼 수련(修鍊)과 수행(修行)의 방법을 통하여 육체의 욕망과 내가 직접 싸우려고 해서는 안 되는 것입니다. 그것은 내가 아무리 죄짓게 하고 타락시키는 욕망을 죽이려고 몸부림친다 할지라도 죽어지지 않기 때문입니다. 즉 욕망이 일어나는 신체 부위를 두들겨 팬다고 욕망이 죽어지는 것이 아니라는 말입니다.

하나님께서 마련한 전략은 육체의 욕망에서 해방시켜 주는 성령의 역사를 따라 살아가는 자에게 육체의 욕망을 이길 수 있게 만들어 주시는 것입니다. 그것은 내가 아니라 내 안에 계신 성령 하나님께서 육신의 욕망과 싸워 이기게 만들어 주시고(갈라디아서 5:16-17), 악한 습성들에게서 해방시켜 주시기 때문에 이루어질 수 있는 것입니다.

성경에 보면, 우리의 연약함을 도우시는 하나님의 성령은 우리의 속사람을 능력으로 강건하게 만들어 주며(에베소서3:16), 하나님의 말씀의 요구를 실천할 수 있도록 능력을 부여(附與)해 주며(로마서8:4), 바른 삶의 길로 인도하시고 이끌어 주시며(로마서8:14), 거룩한 삶으로 변화되고, 거룩한 삶의 열매를 맺을 수 있도록 역사해 주시고(로마서15:16, 갈라디아서5:22-23), 그리스도의 형상으로 변화되어 갈 수 있도록 역사해 주시는 것입니다(고린도후서3:18).

또 한 가지 여기서 분명히 알아야 할 것은, 기독교 신자가 되었다 할지라도 육체의 욕망을 따라 살아가느냐 그렇지 않으면 성령의 인도하심을 따라 살아가느냐에 의하여 엄청난 삶과 행실의 차이가 생긴다는 것입니다. 예수를 믿었다 할지라도 자신의 육신 중심으로 살아간다면 그를 통해 나타나는 것은 추잡한 인간의 냄새만 풍기게 될 것입니다. 그러나 성령을 따라 살아간다면, 나를 거룩하게 변화시키는 성령과 친밀한 교제 속에 살아간다면 삶은 점점 변화되어 갈 것입니다. 날마다 성령 하나님께서 육체의 악한

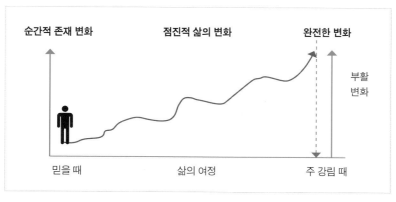

〈그림 8〉

습성(習性)들을 벗겨 내고 해방시켜 주어서 변화의 변화를 거듭하게 되면 마침내 멋들어진 신앙인, 예수의 형상을 닮은 신앙인이 될 것입니다(고린도후서3:18). 그러므로 성령 하나님과의 동행이 없이는 삶의 변화는 경험할 수 없다는 것을 기억해야만 합니다.

다섯째 영적 원리

삶의 변화는 육신의 생각을 형성(形成)하지 않고 영의 생각을 형성할 때에 완성되어져 갑니다.

육신을 따르느냐 그렇지 않으면 영을 따르느냐의 삶이 중요한 것은 어떠한 삶의 자세, 어떤 사고(思考)를 형성하느냐가 결정되기 때문입니다. 육신 중심으로 생활하는 사람은 자동적으로 육신적, 즉 세속적이고 욕망적 삶의 틀이 형성될 것이지만, 영적인 것을 따르려는 사람은 영적인 일들을 추구하는 신앙의 틀이 형성될 것입니다.

다시 한번 성경 말씀에 주의(注意)해 보시기 바랍니다.

"육신을 따르는 자는 육신의 일을, 영을 따르는 자는 영의 일을 생각하나니 육신의 생각은 사망이요 영의 생각은 생명과 평안이니라"(롬8:5-6)

여기에서 중요한 단어는 '생각'($\varphi\rho\sigma\nu\eta\mu\alpha$, 프로네마)이라는 것입니다. 이것은 마음의 자세, 삶의 태도, 생각, 사고, 가치관, 삶의 목적 등 삶의 중심을 뜻하고 있습니다.

'육신의 생각과 영의 생각'

내가 어떤 신앙의 틀을 형성하느냐, 즉 어느 쪽에 마음을 두느냐, 무엇을 추구하느냐, 어떤 마음 자세로 인생을 살아가느냐가 삶의 변화에 중대한 영향력을 미치게 됩니다.

만약에 육신적인 신앙의 틀이 형성되면 그의 삶의 태도, 그의 사상, 그의 생각, 그의 가치관, 그의 인생의 목적은 전부 육신의 욕망적이고, 세속적이고, 자기중심적인 것들로 형성이 될 것입니다. 그리하면 그의 삶을 통하여 "육체의 일들"이 나타날 것입니다. 즉 "우상 숭배, 원수 맺는 것…시기, 분 냄, 술 취함, 방탕"과 같은 세속적 행실들이 나타날 것입니다(갈라디아서5:19-21). 그런 사람이 교회에서 중요한 요직(要職)을 맡는다 할지라도, 또는 기독교의 사업들을 한다 할지라도 그의 삶의 스타일은 전부 세속적 사람들과 같은 형태로 나타날 것입니다.

그러나 영적인 신앙의 틀이 형성되면 그는 매사에 영적 생각으로 무장하여 거룩한 신자의 열매가 맺혀지게 될 것이고, 그의 활동을 통하여 선하고 아름다운 일들이 전개(展開)될 것입니다. 즉 성령의 열매들이 나타날 것입니다. "사랑과 희락과 화평과 오래 참음과 자비와 양선과 충성과 온유와 절제"와 같은 아름다운 행실들이 나타날 것입니다(갈라디아서5:22-23).

그러므로 기독교 신자는 영적인 신앙의 틀을 형성하여 영적인 생각, 신령한 사상, 거룩한 목표, 아름다운 인생관, 하나님의 나라 가치관, 하나님의 뜻을 가지고 실천하는 삶을 살아야만 합니다. 그리할 때에 그를 통하여 아름다운 행실들이 나타나게 될 것이고, 세상을 밝고 아름답게 만들 것이며, 하나님의 뜻을 이 땅에 실현하려는 삶을 살아가게 될 것이며, 사람들을 행복하게 만드는 일들을 찾아 행하는 사람이 될 것입니다. 그로 인하여 그의 삶은 예수 그리스도의 형상으로 점점 닮아가게 될 것이고, 그리스도의 발자취를 따라 십자가를 걸머질 것이며, 그리스도의 장성한 분량에까지 성장하게 될 것입니다(에베소서4:13).

기독교는 이러한 삶의 변화의 영적 원리들을 신자들에게 적용하여 세상을 아름답게 창조하기를 원하고 있습니다.

혹시 우리 주변의 기독교인들 가운데 삶의 변화가 일어나지 못하여 인상을 찌푸리게 하고, 아름답지 못한 행실들이 나타나는 사람 때문에 실망을 했다면…그것은 기독교 진리가 잘못되었기 때문이 아니라는 것을 기억해야만 합니다.

먼저, 그는 영적 진리를 깨달아 감에 있어서 아직도 어린아이 수준에 머물러 있기 때문입니다.

둘째로, 그가 교회 안에서 열심히 봉사도 하고, 신실하게 신앙생활을 하고, 나름대로 잘해 보려고 노력한다 할지라도 수준 미달인 것은, 하나님이 마련하신 영적 원리를 자신에게 적용하고 있지 않기 때문입니다. 그는 하나님이 마련하신 기독교의 영적 원리가 아닌 이상하고 잘못된 이론과 세상적 방법을 자신에게 적용하면서 허송세월하고 있는 것입니다.

셋째로, 나름대로 기독교 진리를 안 것 같고, 교회에서 훌륭한

<그림 9>

위치에 있다 할지라도 아직까지도 인간적 냄새가 나는 것은 변화의 영적 원리의 완성 단계까지 이르지 못했기 때문입니다. 많은 경우 아직까지도 첫째, 둘째의 영적 원리도 자신에게 적용하지 못하고 전전긍긍하는 신자들이 많습니다. 특히 둘째 단계에서 착각하여 영적 방황과 갈등을 하고 있을 때가 많습니다.

분명한 사실은, 마지막 다섯째 단계까지 이르러 영적 사고, 신령한 가치관, 거룩한 삶의 목적이 형성되어야만 그리스도의 형상으로 변화되어질 것이고, 그를 통하여 아름다운 역사(歷史)가 창조되어질 것입니다.

제가 간절히 바라는 바는, 여러분은 하나님이 마련하시고, 성경이 제시하는 삶의 변화의 영적 원리를 한 단계, 또 한 단계씩 자신에게 적용하여 훌륭한 기독교인으로 성장해 가시기 바랍니다.

다시 말씀 드리지만, 기독교는 단순한 종교적 수련(修鍊)을 닦는

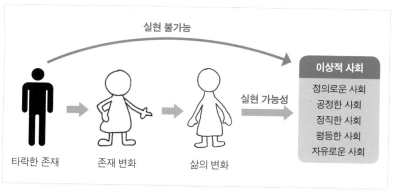

〈그림 10〉

인간 변화를 목적하는 종교

종교가 아니라는 것입니다. 뛰어난 영적 원리들을 인간의 삶에 적용하여 참된 삶의 변화를 목적으로 하는 종교입니다. 그로 인하여 세상을 변화시키려는 종교입니다.

하나님의 존재를
믿는 종교

"영생은 곧 유일하신 참 하나님과
그가 보내신 자 예수 그리스도를 아는 것이니이다"

(요한복음17:3)

기독교는 영이신
하나님의 존재를 믿는 종교입니다

　　현대 사회는 신(神)의 존재에 대하여 회의론(懷疑論)적 사고가 넘치는 시대인 것 같습니다. 철학자 포이에르바흐(Luswig Feuerbach, 1804-1872)가 "신이란 상상(想像)이 실재(實在)하는 존재로 탈바꿈한, 다시 말해서 현실적인 존재로 탈바꿈한 인간의 소망에 불과하다."는 무신론(無神論)적 주장을 한 것에 기인(起因)한 것인지는 몰라도 현대 사회는 지금까지 유물론(唯物論), 물질주의, 인본주의, 실존주의, 진화론 등의 무신론적 사상이 표면화(表面化)되어 지배해 왔던 것 같습니다.

　　또한 생물학자 리차드 도킨스(Richard Dawkins)라는 사람이 『만들어진 신』이라는 책을 통하여 "기독교, 유대교, 이슬람교 등에서 주장하는 '전지전능'한 신은 과학적으로 검증된 바 없는 이야기"라며

신(神)이란 가설(假說)에 불과하고 인간이 만들어낸 허상(虛想)이라고 주장하기도 했습니다. 그리고 오직 과학과 창조적인 인간의 능력만이 참 신이라고 주장하고 있습니다.

정말 신(神)은 인간의 상상이 만들어낸 허상(虛想)이며, 또한 인간의 막연한 소망에 불과한 것일까요?

정말 과학과 인간만이 참 신일까요?

절대로 그렇지 않습니다.

기독교는 세상 사람들이 어떤 의문을 품는다 할지라도 실체(實體)로서의 하나님의 존재, 즉 오늘도 살아서 역사하는 하나님의 존재를 믿고 증거하는 종교입니다.

1
기독교 하나님의 본질

기독교의 하나님은 인간의 이성적 논리로 증명하거나 설명할 수 있는 분이 아니십니다. 유한한 인간의 이성(理性)으로는 하나님의 존재를 바르게 이해할 수도 없고 증명해 낼 수도 없습니다. 오직 하나님의 계시(啓示)를 통해서만 알 수 있는 것입니다. '계시'(啓

示)란 볼 수 없는 것을 보게 하고, 알 수 없는 것을 알 수 있게 해 주는 하나님의 특별한 역사(役事)입니다. 그 대표적인 것이 성경입니다. 그래서 "성경은…사람의 뜻으로 낸 것이 아니요 오직 성령의 감동하심을 받은 사람들이 하나님께 받아 말한 것"(베드로후서1:20-21)이라고 말하는 것입니다. 하나님의 영이신 "성령은 모든 것 곧 하나님의 깊은 것까지도 통달하시는"(고린도전서2:10) 존재이시기에 그의 종들에게 신적 감동(感動)을 주어 하나님의 존재와 그의 모든 뜻을 알게 하여 기록하게 하신 것이 성경입니다.

이러한 특별한 계시의 방법으로 깨달은 하나님의 존재, 그중에서도 하나님의 본질이 어떠한지를 살펴볼 필요가 있습니다. 본질(本質, essence)이란 하나님의 실체(實體, substance)를 가리킵니다. 즉 하나님이 근본적으로 도대체 어떤 본질적 요소를 가진 존재냐는 것입니다.

(1) 하나님은 영적 존재입니다

영적 존재라는 말은 물질적 실체가 아니라 영적 실체라는 말입니다. 즉 기독교의 하나님은 비물질적인 존재이시며 형체가 없으신 무형(無形)의 존재이십니다.

간혹 우리 주변에는 '하나님을 보여 주면 믿겠다'고 말하는 사람들을 만날 때가 있습니다. 이는 하나님이 영적 존재이기에 눈으로 볼 수 없고, 손으로 만질 수 없으며, 어떤 형상적 모양을 가질 수 없는 초월적(超越的) 존재임을 망각하고 물질적 존재로 착각한 것에서 온 말입니다. 그래서 성경은 마음에 하나님이 없다고 말하는 사람은 어리석은 자라고 평가했던 것입니다(시편14:1).

영적 존재라는 것은 눈으로는 볼 수 없지만 실체적으로 존재하는 것입니다. 즉 공기와 바람이 눈으로 볼 수 없지만 실재(實在)하는 것처럼, 기독교의 하나님도 눈으로는 볼 수 없지만 실존(實存)하시는 실체(實體)이십니다. 영적 존재이신 하나님을 어떻게 인식하고 경험할 수 있는지에 대하여 예수님께서는 이렇게 말씀하셨습니다.

"하나님은 영이시니 예배하는 자가 영과 진리로 예배할지니라"
(요한복음4:24)

이는 하나님은 영적 존재이기 때문에 물체와 형상이 있는 존재 앞에서 섬기듯이 예배해서는 안 된다는 말입니다. 오직 하나님과 교제하게 하고 교감(交感)할 수 있게 하는 '성령 안에서'(in Spirit), 즉 영적인 역사 안에서 하나님을 인식(認識)하고 예배해야 한다는 말입니다. 또한 영이신 하나님을 예배함에 있어서 인간의 이성적 논리로 따지거나 잘못된 사고를 가지고 섬길 것이 아니라, 오직 계시된 '진리 안에서'(in truth), 즉 진리 되신 예수 그리스도 안에서, 또는 하나님의 말씀을 믿고 그것에 근거하여 섬겨 예배하라는 것입니다.

기독교는 영(靈)이신 하나님의 존재를 믿기 때문에 신의 존재를 어떤 물질적인 것으로 표현하거나 형상을 만들어 놓는 것을 우상 숭배라고 말하며, 그것들은 거짓된 신이요 허망한 가짜 신이라고 말하고 있습니다.

(2) 하나님은 인격적 존재입니다

인간이 몸이라는 형체와 함께 그 안에 인격성을 가진 존재인 것처럼, 기독교의 하나님은 비록 형체는 없으나 인격성을 가진 존재입니다. 하나님에게서의 인격(人格, personality)이란 신적 지정의(知情意)를 가지고 계시는 것을 가리킵니다. 인간이 소유한 것처럼 지성(知性)과 감성(感性)과 의지력(意志力)을 가지고 우주와 인간에게 역사하시는 분이라는 뜻입니다.

범신론(汎神論)에서는 우주 안에 있는 모든 물체가 다 신적 존재라고 말합니다. 즉 돌과 나무, 물과 꽃 등이 신적 요소가 들어 있기 때문에 신으로 섬겨야 한다는 것입니다. 그러나 그것들에게는 물체적 요소와 어떤 영향력은 있을 수 있지만 인격적 요소는 없습니다. 그러므로 우주 안에 있는 어떤 물체라 할지라도 그것들은 진정한 신적 존재라 할 수 없는 것입니다.

하나님은 인격적 존재이시기에 자의식(自意識, self-consciousness)과 자기 결정(自己 決定, self-determination)을 가지고 활동하시는 분이십니다. 그래서 자기 뜻을 세우기도 하시고, 자기 감정을 표현하시기도 하시며, 자기의 의사를 결정하여 실행하시기도 하는 것입니다.

　그로 인해 인격을 소유한 인간에게 말씀하시며(창세기2:18), 인간과 교제를 나누고(요한일서1:6), 인간을 사랑하시고(요한복음3:16), 인간을 이끄시며(창세기2:22), 인간을 책망하시며(에스겔서5:15), 분노를 발하시기도 하는 것입니다(열왕기상11:9).

(3) 하나님은 삼위일체로서의 존재입니다

　기독교의 하나님은 인간의 이성적 논리로 이해할 수 있는 하나님, 인간의 이성적 머리로 짜내고 만들어 낸 신적 존재가 아니십니다. 삼위일체(三位一體) 하나님이란 쉽게 설명한다면 머리가 셋에다가 몸통이 하나로서 괴물 같은 모습을 상상할 수도 있을 것입니다. 하지만 조금만 이성적으로 생각한다면 자기가 믿는 신의 형상을 괴물 같은 형상으로 만들어 놓을 인간은 절대로 없을 것입니다.

　기독교의 하나님은 계시(啓示)를 통해서만이 깨달을 수 있고 발견될 수 있는 하나님이십니다. 계시된 성경에는 하나님은 분명히 한 본질(本質)의 한 분이시나 그 안에 세 인격(persons)으로 구별되어 존재하시고 활동하신다고 나와 있습니다. 삼위일체 하나님은 성부(聖父, the Father)와 성자(聖子, the Son)와 성령(聖靈, the Holy Spirit)이십니다.

① 성부 하나님은 영원히 스스로 계시는 자존자(自存者, self-existent)이시며(출애굽기3:14), 천지만물을 창조하신 창조주이시며(계14:7), 인류를 구원하시는 구속자(사43:11)이십니다. 하나님께서는 자신의 이름을 '여호와'(Yahweh)라 밝히신(출애굽기3:15, 6:3, 6, 호세아12:5), 인류의 근원자로서의 아버지이십니다(이사야63:16, 야고보서1:17-18).

② 성자 예수님은 근본 하나님의 본체(本體)로서 독생(獨生)하신 하나님이시며(빌립보서2:6, 요한복음1:18), 창세 전에 성부 하나님과 함께 영화를 가지셨던 분이셨는데, 육체를 입고 이 땅에 태어나신 임마누엘(Immanuel)이자 신자들의 구주(救主)이시며 산 자와 죽은 자의 주(主, Lord)님이십니다(로마서14:9).

예수님은 십자가에서 구속 사역을 완성하신 후에 하늘로 승천(昇天)하여 만왕의 왕, 만주의 주가 되시어 하늘과 땅과 땅 아래 있는 모든 존재들이 무릎을 꿇고 섬기게 된 우리의 참 하나님이십니다(빌립보서2:9-11, 계시록17:14, 디도서2:13, 요한일서5:20).

③ 성령 하나님은 성부 하나님과 성자 예수님과 더불어 삼위(three persons) 중 한 위(位, one person)로서, 그 본체와 능력과 위엄과 영광에서 동일하신 하나님이십니다(마태복음28:18). 성령님은 천지의 창조자이시며(시편104:30), 그의 백성을 인도하시며(이사야64:14), 절망에서 소생(蘇生)하게 하시며(에스겔37:14), 인간의 굳은 마음을 새 마

음으로 변화시켜 주시기도 하며(에스겔36:26), 미래의 하나님의 비전(vision)을 보여 주기도 하시는 하나님이십니다(욜2:28-29).

성령 하나님은 신자들의 연약함을 도와 죄와 욕망과 싸워주셔서 승리와 해방을 주시며(로마서8:2-4, 갈라디아서5:16-17), 곁에 오셔서 늘 함께해 주시고 진리 가운데로 인도해 주시는 보혜사(保惠師)가 되어 주시는 하나님이십니다(요한복음14:16-17).

이와 같이 성부 하나님과 성자 예수님, 성령 하나님께서는 각각의 존재로서 활동하시면서도 연합되어 하나의 본질로 존재하시는 영적 존재이신 것입니다(요한복음17:21-22).

이것은 논리적(論理的)으로, 또는 수학적 계산으로, 물질적인 개념(概念)으로는 그 존재를 설명할 수 없는 것입니다. 오직 영적인 상황에서만 설명할 수 있는 일입니다. 그러므로 기독교의 하나님을 이성적 논리로 이해하려고 해서는 안 됩니다. 오직 영적 지각(知覺)과 영적 안목(眼目)을 가지고 이해(理解)하고 교감(交感)하고 체험(體驗)해야만 하는 것입니다.

2
기독교 하나님의 존재

하나님의 존재를 말하는 것은 하나님이 어떠한 분이신지를 알고자 하는 것입니다. 예수님께서는 "영생은 곧 유일하신 참 하나님과 그가 보내신 자 예수 그리스도를 아는 것이니라"(요한복음17:3)고 말씀하셨습니다. 즉 참 하나님의 존재를 제대로 아는 것이 영원한 생명을 얻는 지름길이라는 말씀입니다.

(1) 하나님은 우주의 창조주로서 천지의 주재이십니다

성경은 "태초에 하나님이 천지를 창조하시니라"(창세기1:1)고 선언하고 있습니다. 기독교의 하나님은 우주와 보이는 천지만물과 보이지 않는 영적 세계, 또한 인간까지 창조하신 조물주(造物主)이십니다(골로새서1:16). 그의 창조 사역은 아무 것도 없는 것에서 있게 하신 것, 즉 무(無)에서 유(有)를 창조해 낸 것이기에 전능하신 하나님이라고 일컫는 것입니다.

하나님께서 천지를 창조하셨기에 "땅과 거기에 충만한 것과 세계와 그 가운데에 사는 자들은 다 여호와의 것이로다"(시편24:1)고 주장하는 것입니다. 하나님만이 천지의 주인이시오 통치자이십니다.

"천지의 주재"(主宰, Possessor)라는 말은 천지만물을 창조하신 창조자, 주인이라는 의미(창세기14:19, 22)와 함께, 하늘과 땅의 주권자(主權者)라는 뜻입니다(마태복음11:25, 사도행전17:24, 역대기상29:11). 기독교의 하나님은 천지의 창조자로서 우주뿐만 아니라 영적 세계까지도 다스리시고 통치하시는 절대 주권자(the Absolute Sovereign)이십니다.

(2) 하나님은 우주와 역사의 경영자이십니다

자연신론(自然神論)자들은 창조주께서 이 세상을 창조하신 후에는 이 세상을 자연법칙에 따라 움직여 가도록 그냥 맡겨두시고 피조세계에서 떠나셨다고 주장합니다. 그러나 기독교의 하나님은 우주와 역사를 다스리시고 통치하시는 주권자로서 지금도 그의 거룩함과 지혜와 권능으로 모든 피조세계와 그 모든 행동들까지도 보존하시고 통치하여 이끌어 가십니다. 이것을 우리는 섭리(攝理)라고 부릅니다.

성경은 하나님의 섭리를 이렇게 찬양하고 있습니다.

"오직 주는 여호와시라 하늘과 하늘들의 하늘과 일월성신과 땅과 땅 위의 만물과 바다와 그 가운데 모든 것을 지으시고 다 보존(保存)하시오니 모든 천군이 주께 경배하나이다"(느헤미야9:6)

우리는 하나님의 주권적 섭리 때문에, 그는 인간의 흥망성쇠(興

亡盛衰), 생사화복(生死禍福)을 주관하시는 절대자라고 믿는 것입니다.

하나님께서는 우주와 역사와 인간들의 삶을 다스리시고 섭리하여 가십니다. 막연하게, 또는 우연스럽게 섭리하시는 것이 아니라 그의 분명한 계획과 목적하심에 따라 이끌어 가시는 것입니다. 이것을 우리는 경륜(經綸)이라고 부릅니다(에베소서3:2).

하나님께서는 자신이 세우신 계획과 목적에 따라 섭리하시고 경륜하셔서 마침내 그것을 역사 가운데서, 또한 종말에 가서 완성하시고 성취하실 것입니다(계시록10:7).

(3) 하나님은 전능하신 분이십니다

기독교의 하나님은 무(無)에서 유(有)를 창조하신 창조주이시기에 전능(全能)한 능력으로 역사하시는 분이십니다(창세기17:1). 그래서 욥은 "주께서는 못 하실 일이 없사오며 무슨 계획이든지 못 이루실 것이 없는 줄 아오니"(욥기42:2)라고 고백했던 것입니다. 즉 사람으로는 할 수 없는 것도 하나님은 다 하실 수가 있으신 것입니다(마태복음19:26).

하나님께서는 그 백성을 도와주시기 위해서라면 초자연적인 방법, 즉 기사와 이적과 능력으로 역사하셔서 바다를 갈라서라도 길을 열어 주시며, 광풍을 불게 해서라도 필요를 공급해 주시고, 천사를 동원해서라도 적군을 물리쳐 승리를 얻게 해 주시며, 사자의 입을 막아서라도 죽음의 자리에서 피할 길을 마련해 주시고, 죽음의 질병에서라도 치료하여 소생하게 만들어 주시며, 의술로 치료할 수 없는 병도 치료해 주십니다.

(4) 하나님은 영원하신 분이십니다

기독교의 하나님은 영원에서 영원까지 존재하시는 분, 즉 시작과 끝이 없으셔서 "주의 연대는 무궁하다"는 말로 표현하는 것입니다(시편90:2, 102:27). 하나님은 "이제도 있고 전에도 있었고 장차 올 자"(계시록1:8)로서 변화가 없으신 분이십니다.

하나님은 그의 본질과 그의 속성에서도, 그의 계획과 목적에서도, 그의 말씀과 약속에서도 변화가 없으신 불변(不變, Immutability)하신 하나님이십니다(말라기3:6). 하나님은 변함도 없으시고 회전하는 그림자도 없으시며 후회하심도 없으신 우리의 영원한 하나님이십니다(야고보서1:17).

(5) 하나님은 참되신 분이십니다

성경은 "사람은 다 거짓되되 오직 하나님은 참되시다"(로마서3:4)라고 했고, 또 "하나님은 사람이 아니시니 거짓말을 하지 않으시고 인생이 아니시니 후회가 없으시도다"(민수기23:19)라고 말씀하고 있습니다.

하나님의 진실성(veracity)과 신실성(faithfulness)은 그의 본질에서뿐만 아니라 그의 말씀과 약속에서도, 그의 행하시는 모든 일과 성취하심에서도 거짓과 불의가 없이 진실무망(眞實無妄)하십니다.

그러므로 우리는 참되신 하나님을 믿고, 그 약속을 붙들고, 그의 역사하심을 신뢰하면서 신앙생활을 할 수 있습니다.

3
기독교 하나님의 만남의 경험들

기독교의 하나님은 비록 눈에 보이지 않고 손으로 잡을 수 없는 영적 존재이지만 실재(實在)하시는 실체(實體)적 존재라는 것을 주장해 왔습니다. 만약에 하나님께서 막연한 상상적 존재가 아니라 실존(實存)하는 참 하나님이시라면 어떤 방법을 통해서라도 교감(交感)할 수 있을 것이고 만남의 경험을 할 수 있을 것입니다.

성경에서는 ① 인간의 내면에 있는 종교성을 통하여 하나님의 존재를 알 수 있다고 했습니다. 즉 인간의 내면에는 '하나님을 알 만한 것', 곧 영성 또는 종교성을 통하여 하나님의 존재를 감지

할 수 있는 능력이 있습니다(로마서1:19). ② 또한 자연 만물을 통하여 하나님의 존재를 알 수 있습니다. "창세로부터 그의 보이지 아니하는 것들 곧 그의 영원하신 능력과 신성이 그가 만드신 만물에 분명히 보여 알려졌다"(로마서1:20)고 했습니다. ③ 가장 중요한 것은 예수 그리스도를 통하여 하나님의 존재를 알 수 있다는 것입니다. 예수님은 "아버지 품속에 있는 독생하신 하나님이 나타나신" 것이기에(요한복음1:18) 예수님을 본 것은 바로 하나님 아버지를 본 것과 마찬가지가 되는 것입니다(요한복음14:9). 예수님은 "하나님의 영광의 광채시오 그 본체의 형상"(히브리서1:3)이십니다. 그러므로 예수님을 통하여 하나님의 실체를 명확히 알 수 있는 것입니다. ④ 뿐만 아니라 성경 말씀을 통해서도 하나님의 존재를 깨닫고 알 수가 있습니다. 솔직히 성경에서는 하나님의 존재를 설명하거나 증명하려는 의도가 전혀 없습니다. 그것은 하나님의 존재는 실재한다는 것을 이미 전제(前提)로 하고 있기 때문입니다. 성경에는 하나님의 나타나심, 말씀하심, 활동하심에 대한 것들이 기록되어 있기 때문에 그 내용들을 살펴보게 되면 하나님의 존재를 명확히 알 수가 있습니다.

　앞에서 설명했던 것들을 통해서도 하나님의 존재를 증명할 수 있지만, 가장 명확하고 확실한 것은 내 자신이 직접 하나님의 존재를 경험하는 것입니다.

(1) 우리는 예배를 통해 하나님의 임재를 경험할 수 있습니다

예배(禮拜, worship)는 종교 의식을 거행하거나 그 의식에 참여하는 것이 아닙니다. 예배는 하늘의 높은 보좌에 계신 우주의 절대자, 인간의 창조자이신 하나님의 위엄과 위대하심을 찬양하고 경배하고 섬기는 행위입니다. 예배는 영적 존재이신 하나님과 교제할 수 있는 유일한, 또는 가장 중요한 방법 중에 하나입니다.

① 예배는 하나님의 존재를 인정하고 높여드리는 것입니다.

요한 계시록에 보면, 하나님을 찬양하고 경배하는 장면이 여러 차례 나옵니다. 하늘의 영적 존재 중에 하나인 네 생물이 밤낮 쉬지 않고 찬양합니다.

"거룩하다 거룩하다 거룩하다 주 하나님 곧 전능하신 이여 전에도 계셨고 이제도 계시고 장차 오실 이시라"(계시록4:8)

또한 하늘에서 흰 옷 입은 큰 무리가 하나님 보좌 앞에 서서 찬양합니다.

"구원하심이 보좌에 앉으신 우리 하나님과 어린 양에게 있도다."(계시록7:10)

또 하늘의 허다한 무리가 소리를 지르며 찬양합니다.

"할렐루야 주 우리 하나님 곧 전능하신 이가 통치하시도다"(계시록19:6)

예배란 하나님만이 상천하지(上天下地)의 유일하신 참 하나님이시며, 천지의 창조주이시오, 인생의 구원자이심을 인정하고, 그의 존재와 이름을 높이 찬양하고, 그의 행하심의 위대한 능력을 인정하고 찬양하며, 그 앞에 엎드려 경배하는 것을 가리킵니다.

② 예배를 드리면 하나님은 영광 중에 강림하십니다.

하나님은 지극히 높으신 분이시지만 예배를 받으시면 그 예배자들 가운데 찾아오십니다. 특히 하나님의 영광(榮光)이 강림하여 그들 가운데 머무르고 그 영광을 눈으로 볼 수 있게 하십니다. 하나님의 영광이란 보이지 아니하시는 영이신 하나님이 그 백성들 사이에 자신이 현존(現存)하는 존재라는 것을 보여 주는 신비한 현상입니다. 구약 시대에는 하나님의 영광이 임한 곳에 구름이 덮이기도 했고(출애굽기40:34-35, 열왕기상8:10-11, 역대하5:13-14), 불이 나타나기도 했습니다(레위기9:23-24, 역대하7:1). 신약시대에는 성령의 역사를 통하여 하나님과 그리스도의 임재를 경험했습니다(사도행전2:1-4). 오늘날에도 우리들이 예배를 드릴 때에 불과 같은 성령이, 또는 안개 같은 성령의 역사가 일어나고 있지만 보편적으로는 눈으로 볼 수 없습니다. 오직 마음과 육체적 감각을 통하여 하나님의 임재를 경험하게 되는 것입니다.

③ 예배는 예배 중에 임재하신 하나님을 만나는 시간입니다.

예수님께서 "두세 사람이 내 이름으로 모인 곳에는 나도 그들 중에 있느니라"(마태복음18:20)고 하신 약속의 말씀처럼, 존재적으로 그의 존재는 하늘에 계시지만 영적으로는 예수 그리스도를 섬기기 위해 모여진 예배의 현장에 임재(臨在)해 계십니다. 이것은 예배자의 감정적 흥분 상태를 말하는 것이 아닙니다. 실재적인 영적 접촉, 살아계신 예수 그리스도와의 영적 만남의 경험을 뜻하는 것입니다.

그러므로 예배는 살아 계신 하나님을 만나는 시간이요 경험하는 시간입니다. 또한 그 만남을 통하여 영적 교제를 나누게 되고, 은혜를 받고, 치료를 받고, 응답을 받게 되는 것입니다(고린도전서1:9, 요한일서1:3, 7).

④ 예배를 통하여 살아 계신 하나님과의 관계가 확립이 되고 다짐하게 됩니다.

하나님의 임재를 통하여 하나님의 실존(實存)을 경험하게 되면, 우리는 하나님의 살아 계심, 그의 말씀의 신실하심, 그의 능력의 위대하심을 경험하고 깨닫고 확신하게 됩니다(욥기42:5). 그리하여 '하나님은 나의 하나님이시다. 나는 그의 백성이다'는 고백과 함께 하나님과의 언약(言約)적 관계가 새로워지고 갱신(更新)되어 더 친밀하고 가까워지게 됩니다(여호수아24:18, 요한복음20:28). 그리고 눈에는 보이지 않고 손으로 잡히지 않는다 할지라도 살아 계신 하나님을 확신하면서 힘차게 세상을 향하여 하나님의 백성으로서 살아가겠다고 다짐하게 됩니다.

(2) 우리는 하나님의 영이신 성령을 통해 하나님의 실존을 경험할 수 있습니다

성령(聖靈, the Holy Spirit) 하나님은 '하나님의 영', '그리스도의 영'이시기에 성령이 임하는 곳에서 하나님을 경험할 수 있고, 예수 그리스도를 경험할 수도 있습니다. "성령은 모든 것 곧 하나님의 깊은 것까지도 통달"(고린도전서 2:10)하시는 분이시기에 영적 세계와 영적 지식들을 경험하고 깨닫게 만들어 주십니다.

또한 "약속의 성령으로 인 치심을 받았으니"(에베소서 1:13)라는 말씀 가운데서 '인 치다'(σφραγίζω, 스프라기조)라는 단어의 뜻을 음미(吟味)해 볼 필요가 있습니다. 그것은 '~이 진실이라는 것을 증명하다'(to attest), '~임을 확신시키다'(to certify)라는 뜻으로 어떤 것이 사실(事實)이라는 것을 확인시켜 주고 확증시켜 준다는 의미입니다. 즉 약속의 성령이 우리 신자들에게 임하는 이유는 하나님의 약속한 은총들이 사실이라는 것을 적용시키고 확인하고 체험하게 만들어 주려는 목적 때문입니다. 다시 말해, 성경에 있는 말씀, 하나님이 주신 약속들이 허황된 것이 아니라 실재적으로 이루어지고 적용된다는 사실을 확증(確證), 즉 사실화(事實化)시켜 체험하게 해 주려는 것입니다(고린도후서1:22).

성령님은 영이신 하나님이 막연한 상상의 신이 아니라 확실히 살아서 존재하시는 참 하나님이심을 확인시켜 주고, 경험하게 만들어 주며, 교제하게 만들어 줍니다. 그러므로 기독교의 하나님은 성령의 역사를 통하여 그 실존을 경험할 수 있습니다.

그래서 기독교 신자들 가운데서 성령의 영적 역사를 체험한 사람들은 하나님의 살아 계심을 경험했기 때문에 확신을 가지고 담대하게 신앙생활을 하는 것입니다.

(3) 우리는 기사와 이적을 통해 살아 계신 하나님을 경험할 수 있습니다

사도 요한은 요한복음서의 결론 부분에서 예수님께서 행하신 표적들을 기록하게 된 이유를 "오직 이것을 기록함은 너희로 예수께서 하나님의 아들 그리스도이심을 믿게 하려 함이요"(요한복음 20:30)라고 밝히고 있습니다. 즉 예수님이 행하신 기사와 이적들이 예수님께서 어떤 존재인지를 알게 하고, 어떤 신적 존재인지를 깨닫게 하여 믿게 하려는 의도가 있다는 것입니다.

마찬가지로 하나님께서는 자신의 존재를 알리고, 그 말씀의 권위를 보증하기 위하여 기사와 표적과 능력으로 역사하십니다(로마서15:18-19, 히브리서2:4). 우리 인간에게 하나님이 살아 계신 신적 실체(實體)이심을 증명하기 위하여 그가 행하시는 역사, 그의 위대한 능

121

력을 통해 그의 존재와 살아 계심을 경험하게 하는 것입니다.

우리는 오늘날에도 인간의 이성으로 상상할 수 없는 초자연(超自然)적인 역사를 행하시는 하나님, 곧 불가능한 일을 행하시고, 죽음의 병을 고쳐 주시고, 기도에 응답해 주시는 그의 신적 능력을 경험하고, 목격하면서 하나님의 살아 계심, 하나님의 위대하심, 하나님의 전능하심을 깨닫고 그 앞에 머리를 숙이고 엎드리게 됩니다.

우리 시대의 가장 뛰어난 지성 중에 한 사람으로 꼽히는 이어령(李御寧) 전 문화부 장관은 지성(知性)으로 종교를 논하였고, 종교를 하나의 문화 현상으로 인식해 왔던 분이셨습니다. 그러던 그가 변호사로 전도(前途)가 유망했던 딸이 갑상선 암으로 투병하는 모습을 안타깝게 지켜보면서, 또 한편 그녀의 삶 속에서 기적적인 하나님의 역사가 일어나는 모습을 보면서 "내가 가장 사랑하는 딸에게 못 해준 것을 해준 분이 있다면 대단한 것 아니냐"는 말과 함께 심경의 변화를 일으키게 되었습니다. 결국 그가 기독교로 귀의(歸依)하게 된 것은 기적적인 사건을 통하여 딸의 삶 속에서 역사하시는 살아 계신 하나님의 실체를 보았기 때문이었습니다.

기독교의 하나님은 비록 영적 존재이기에 눈으로 볼 수는 없고, 만질 수는 없지만 오늘도 살아 계셔서 역사하시는 전능하신 분이십니다. 그러므로 기독교는 단순한 인간 수련의 종교, 또는 종교

하나님의 존재를 믿는 종교

의식에 참여함을 통하여 신비와 경건함에 들어가려는 종교가 아
니라 실제로 살아 계신 하나님을 믿고 체험하고 섬기는 종교인 것
입니다.

"오직 이것을 기록함은 너희로
예수께서 하나님의 아들 그리스도이심을 믿게 하려 함이요
그 이름을 힘입어 생명을 얻게 하려 함이라"

(요한복음20:31)

기독교는 예수 그리스도를
하나님으로 믿는 종교입니다

작곡가 헨델(G. F. Handel)의 작품 가운데 '메시아'는 교회뿐만이 아니라 일반 사회에서조차 가장 위대한 작품 중에 하나로 손꼽히고 있습니다. '메시아'(Messiah)는 인류의 구세주, 우주의 왕이신 예수 그리스도의 일대기를 노래한 것으로, 그의 세상에 태어나심과 십자가의 고난, 그리고 부활과 승천하심을 찬양하고 있습니다. 그 중에서도 "왕의 왕, 구주 예수, 전능하신 주 하나님이 다스리신다. 할렐루야" 부분은 정말 압권(壓卷)입니다.

1743년 3월 23일 '메시아'가 런던에서 처음 연주될 때에 그 자리에 참석했던 영국 황제 조지 2세가 '우주의 왕 앞에 세상의 임금인 내가 그냥 앉아 있을 수 없다'고 생각하여 벌떡 일어났었던 것이 전통이 되어 지금도 '할렐루야' 부분을 합창할 때는 사람들이 일어나는 관습을 지키고 있습니다.

그렇습니다.

기독교는 예수 중심의 종교, 예수를 믿는 종교입니다.

기독교는 예수님께서 인류의 구세주, 우주의 왕, 오늘도 살아 계신 하나님이라고 믿는 종교입니다.

1

예수님은 본래 영원하신 신적 존재이십니다

우리는 학교에서 예수 그리스도는 성인(聖人) 중에 한 분, 기독교라는 종교의 창시자, 또는 2천 년 전에 활동하셨던 역사적 인물로 배웠습니다.

그러나 기독교에서는 예수님은 역사적 인물이기 이전에 영원부터 존재하시던 신적 존재라는 것을 믿습니다.

(1) 예수님은 본래 하나님의 본체이십니다

성경에서는 예수님에 대하여 "그는 근본 하나님의 본체시니 하나님과 동등 됨을…"이라고 설명하고 있습니다(빌립보서2:6). 이 말씀에서 우리는 예수님의 존재에 대하여 세 가지 점을 생각할 수가 있습니다.

첫째는, 예수님은 처음부터 신적 존재로 존재해 있었다는 것입니다.

여기 '근본'(ὑπαρχων, 후팔콘)이라는 단어는 '시작하다'(to begin), '존재해 오다'(to come into existence), '생존하다'(to subsist), '소유하고 있다'(to be in possession)라는 뜻을 가지고 있습니다.

이것은 예수님께서는 처음부터 "하나님의 본체"를 소유한 상태에서 존재해 있었다는 의미입니다. 예수님은 그의 존재가 언제부터 출발했다고 말할 수 없는, 즉 영원 전부터 신적 본질을 소유하고 존재해 왔던 하나님이십니다.

둘째는, 예수님은 하나님의 본질이라는 것입니다.

여기 '본체'(μορφή, 몰페)라는 단어는 변할 수 없는 본질적인 모습(essential form)을 가리킵니다. 예수님께서는 처음부터 하나님의 실체(實體, substance), 즉 그의 존재 자체가 순수한 신적 본질을 가지신 하나님이십니다. 그래서 예수님을 가리켜 "보이지 아니하는 하나님의 형상"이라고 표현하는 것입니다(골로새서1:15).

셋째는, 예수님은 하나님과 동등한 존재라는 것입니다.

여기 '하나님과 동등 됨'(to be equal with God)이라는 말은 예수님은 처음부터 하나님과 함께 동등(同等)한 위치, 동등한 권위, 동등한 신적 본질을 가지신 하나님 자체라는 의미입니다.

그러므로 기독교는 예수님에 대하여 영원 전부터 하나님 아버지와 함께하셨던 동질(同質)의 신적 존재이시며, 참 하나님이라고 믿고 고백하는 것입니다.

(2) 예수님은 영원부터 하나님과 함께하셨던 하나님이십니다

성경은 예수님에 대하여 "태초에 말씀이 계시니라 이 말씀이 하나님과 함께 계셨으니 이 말씀은 곧 하나님이시니라"(요한복음1:1)고 설명하고 있습니다. 여기 '말씀'(ὁ λόγος, 호 로고스)이란 예수님께서 창세 전부터 존재하는 신적 존재라는 것을 표현하는 상징적인 용어입니다. 예수님은 천지 창조 이전, 즉 시간을 초월한 영원한 때부터 존재하셨던 영원한 존재, 알파(α)와 오메가(ω)이십니다(계시록 22:13).

그래서 성경은 "예수 그리스도는 어제나 오늘이나 영원토록 동일하시니라"(히브리서13:8)고 말씀하고 있습니다.

말씀이신 예수 그리스도는 영원 전부터 "하나님과 함께 계셨던" 하나님이십니다. 성부 하나님과 시간적 차이가 전혀 없이, 신적 위치와 권위 면에서도 전혀 차별이 없이 동등(同等)한 위치에서 존재하시던 하나님이십니다. 그래서 예수님께서는 성부 하나님께 "아버지여 창세 전에 내가 아버지와 함께 가졌던 영화로써 지금도 아버지와 함께 나를 영화롭게 하옵소서"(요한복음17:5)라고 요청했던 것입니다.

예수님을 '말씀'으로 표현한 것은 하나님의 비밀을 계시하는 존재라는 의미에서, 또한 하나님의 영원하신 뜻을 인류에게 계시하는 존재라는 사실을 보여 주기 위해서였습니다.

(3) 예수님은 우주 만물을 창조한 창조주이십니다

성경은 말씀이신 예수님에 대하여 "만물이 그로 말미암아 지은 바 되었으니 지은 것이 하나도 그가 없이는 된 것이 없느니라"(요한복음1:3)고 설명하고 있습니다. 또한 "만물이 그에게서 창조되되 하늘과 땅에서 보이는 것들과 보이지 않는 것들과 혹은 왕권들이나 주권들이나 통치자들이나 권세들이나 만물들이 다 그로 말미암고 그를 위하여 창조되었고"(골로새서1:16)라고 했습니다.

예수님은 근본적으로 하나님의 본질(本質)이시오, 실체(實體)이시기에 영원히 찬송 받으실 조물주(造物主)이십니다(로마서1:25). 피조(被造) 세계에 존재하는 것들 중에 어느 하나라도 예수님으로 말미암지 않고 존재하는 것은 없습니다. 즉 예수님께서는 물질계의 보이는 모든 것, 또한 우주 안에서 보이지 않는 것들까지, 심지어 영적 세계에 존재하는 것들까지도 창조하신 것입니다.

그래서 예수님께서는 이 땅에 계실 때에 죽은 자를 살리고, 바람과 파도를 명령으로 잔잔하게 만들고, 보리떡 다섯 개로 5천 명을 먹이고도 12바구니를 남기는 창조적 능력을 행하셨던 것입니다.

2
예수님은 인류에게 약속되어진 '메시아'이셨습니다

　구약성경 시대 때, 이스라엘 민족의 왕에게는 기름 붓는 거룩한 의식(儀式)이 있었습니다. 기름 붓는 의식을 거행하고 나면 그때부터 그에게는 신적(神的) 능력이 나타나서 위대한 지도자로 거듭나게 됩니다. 그리하여 백성들을 위험과 위기에서 구출하는 구원자의 면모(面貌)를 보여 주게 됩니다(사무엘상11:6-11, 16:13).

　그러나 이스라엘 민족의 역사에서 다윗 왕 이후에 하나님이 찾으시는 제대로 된 '기름 부어진 왕'의 모습은 발견할 수가 없었습니다. 하나님의 뜻에 따라 신적 통치 이념(the ideology of divine rule)을 자신이 통치하는 나라에 실현하려는 왕들이 하나도 없었던 것입니다. 오직 자신들의 권력욕과 불의한 탐욕에 의하여 온갖 불법과 불의를 자행(恣行)하므로 백성들이 신음과 도탄(塗炭)에 빠지게 만들었던 것입니다.

오랜 세월 동안 기다리시던 하나님께서는 마침내 '이상적인 통치자', 즉 거룩한 하나님의 기름을 부은 왕 메시아(Messiah)를 세상에 보내시기로 작정하신 것입니다(시편2:6).

(1) 이상적인 왕, 메시아는 정의와 공의로 통치할 것입니다

구약성경 시대의 이사야 선지자는 "보라 장차 한 왕이 공의로 통치할 것이요 방백들이 정의로 다스릴 것이다"(이사야32:1)라고 예언(豫言)했었습니다. 여기 '장차 한 왕'이란 미래에 나타날 이상적인 왕, 메시아 왕을 가리킵니다. 그는 하나님의 거룩한 영(靈)에 의한 기름 부음을 받아서 가장 이상적인 통치를 이 세상에 펼칠 것입니다.

① 여기 '정의'(正義, righteousness)란 일차적으로는 어느 한쪽으로 치우치지 않고 균형(均衡, balance)있게 판단하고 행동하는 것을 가리킵니다. 구체적으로는 죄의 굴레와 삶의 속박에 있는 사람을, 또는 인권적(人權的) 침해(侵害)를 당한 자리에 있는 사람들을 해방시켜 주는 사역을 가리킵니다.

더 쉽게 설명한다면, 하나님의 마음을 가지고 인간을 불쌍히 여기고, 사랑하고, 자비를 베풀어 줄 뿐 아니라 인간의 생명을 귀하게 여기고, 그의 인격과 삶을 존중히 여겨 주며, 삶의 위기와 절망에서 구원해 주며, 모든 속박에서 벗어나게 만들어 주고, 모든 사람들을 공평하게 대해 주어서 인간답게 또는 행복하게 살아갈 수 있도록 만들어 주는 것입니다.

② 또한 '공의'(公義)란 악을 제거하여 사회와 사람들을 완전하게 회복시켜 주는 것을 가리킵니다. 특별히 사회에서 약하고 힘없는 사람들을 긍휼히 여기고 보살펴서 활력을 불어넣고, 절망의 자리에서 일어날 수 있도록 일으켜 주는 일을 하는 것입니다. 그리하여 다른 사회 구성원들과 어울려서 정상적인 삶을 살아가도록 도와주는 일을 하는 것을 말합니다.

(2) 이상적인 왕, 메시아는 세상 사람들에게 공의를 베풀어 주실 것입니다

이사야 선지자는 하나님의 성령으로 기름 부어진 메시아의 사역에 대해 "그가 이방에 정의를 베풀리라…상한 갈대를 꺾지 아니하며 꺼져 가는 등불을 끄지 아니하고 진실로 정의를 시행할 것" (이사야42:2-3)이라고 예언했습니다.

여기에서의 '정의'란 앞에서 설명했던 '공의'(公義. justice)의 의미를 가리킵니다. 공의란 사람들을 공평하고 경우에 타당하게 대해 주는 것, 또는 비천한 사람에게 충분한 은총을 베풀어 주는 것을 가리킵니다. 이것을 한글 공동번역 성경에서는 '바른 인생길을 펴 준다'라는 의미로 번역을 했습니다. 구겨지고 망가져서 엉망이 되어버린 인생의 길을 쫙 펴서 인간답게 살아갈 수 있도록 만들어 준다는 말입니다.

바로 장차 올 메시아, 인류의 이상적인 왕은 망가진 인생들의 삶을 아름답게 만들어 줄 것입니다.

① 먼저는 '이방'(異邦, the nations)에게 바른 인생길을 펴 줄 것입니다.

'이방'이란 하나님도 모르고, 약속도 없고, 소망도 없는 모든 열방(列邦) 나라 사람들을 가리킵니다. 장차 올 메시아를 통하여 주시는 하나님의 은총은 이스라엘 백성, 유대인에게만 국한된 것이 아니었습니다. 세상에 사는 모든 인생들에게 희망의 삶을 약속하는 것입니다.

② 다음으로 상한 갈대, 꺼져 가는 등불 같은 인생들에게도 바른 인생길을 펴 주실 것입니다.

인생의 삶에서 실패하고, 상처투성이가 되고, 희망을 잃어버린 사람들에게도 사랑과 은총의 손길을 펴실 것입니다. 상한 갈대는 싸매어주실 것이며, 꺼져 가는 등불 같은 인생에게는 새로운 희망과 용기를 불어넣어 줄 것입니다.

(3) 예수님이 바로 예언되어졌던 메시아, 즉 그리스도이십니다

　신약성경의 저자들, 초대교회 사도들의 한결같은 주장은 구약 시대에 예언되어졌고, 유대인들이 고대(苦待)하였던 메시아(Messiah)가 바로 예수님이라고 했습니다.

　"이스라엘 온 집은 확실히 알지니 너희가 십자가에 못 박은 이 예수를 하나님이 주(Lord)와 그리스도(Christ)가 되게 하셨느니라"(사도행전2:36)

　"그들이 날마다 성전에 있든지 집에 있든지 예수는 그리스도라고 가르치기와 전도하기를 그치지 아니하니라"(사도행전5:42)

　여기 '그리스도'(Christ)라는 말은 히브리어 '메시아'를 헬라어로 번역한 것입니다. 즉 예수님이야말로 유대인들이, 또한 인류가 기다리고 고대하던 기름 부어진 이상적인 왕, 구원자라는 말입니다. 그를 통하여 정치적인 세상 나라가 건설되는 것이 아니라 영적인 하나님의 나라가 건설되는 것입니다. 그리고 예수 그리스도가 통치하고 다스리는 곳마다 정의와 공의가 실현되고, 속박(束縛)에 묶여 있던 인생들이 자유와 해방을 받게 되며, 상한 갈대, 꺼져가는 등불과 같은 인생들의 인생길이 쫙~~ 펴지는 것입니다.

　그래서 예수님은 인류의 희망, 고대하던 메시아, 그리스도이십니다.

3

예수님은 인류 구속을 위해
잠깐 동안 육체로 오셨습니다

성경은 예수님께서 세상에 태어난 것을 "말씀이 육신이 되어 우리 가운데 거하시매"(요한복음1:14)라고 표현했습니다. 이는 영원한 존재가 유한(有限)한 존재가 되었다는 말이며, 영적 존재가 육체적 존재가 되었다는 말입니다.

어떻게 이런 일이 가능할 수 있겠습니까?

그것은 전능(全能)하신 하나님의 역사로, 또는 창조의 영이신 성령의 역사로 이루어진 초자연적인 사건입니다. 영원한 신적 존재가 처녀 마리아의 몸을 빌려서 "성령으로 잉태"되었다고 했고(마태복음1:18, 20), 마리아가 '처녀에게 어떻게 이런 일이 일어날 수 있느냐'고 반문하자 천사는 "성령이 네게 임하시고 지극히 높으신 이의 능력이 너를 덮으시리니 이러므로 나실 바 거룩한 이는 하나님의 아들이라 일컬어지리라"(누가복음1:35)고 설명해 주었던 것입니다.

산부인과 의사들도 결혼하지 않은 처녀에게 '인공수정'(人工受精)을 통하여 잉태하게 하고 아이를 낳을 수 있도록 시술(施術)할 수 있거든 하물며 전지전능(全知全能)하신 창조주 하나님께서 무엇인들 못 하시겠습니까?

그러면 참 하나님께서 왜 참 인간이 되어야만 했는지, 그 이유를 살펴보기를 원합니다.

성경은 예수님에 대해 설명하기를 "천사보다 훨씬 뛰어난"(히브리서1:4) 신적 존재가 "천사들보다 잠시 동안 못하게 하심을 입은 자"(히브리서2:9)가 되었다고 했습니다. 이는 영원하신 신적 존재가 '잠깐 동안'(for a little while) 인간의 육체를 입고 세상에 오셨다는 말입니다. 그 이유와 목적은 다음과 같습니다.

첫째는, 하나님의 신실한 대제사장이 되어 백성의 죄를 속량하시려는 것이었습니다(히브리서2:17).

대제사장의 직무는 "사람을 위하여 예물과 속죄하는 제사를 드리"(히브리서5:1)는 역할을 감당하는 것입니다. 인간들이 범한 죄를 용서받을 수 있는 길을 마련하기 위해 속죄(贖罪) 제사를 대신 드리는 중보자(仲保者)의 역할입니다.

예수님께서는 "영원히 온전하게 되신 아들"(히브리서7:28)로서 인간들을 사랑하시고 불쌍히 여기셔서 인류의 죄를 속죄하기 위해 대제사장의 자격으로 세상에 오신 것입니다. 예수님은 자신의 몸과 자신의 피를 속죄 제물로 삼아 십자가에서 "한 번의 제사로 영원히 온전하게"(히브리서10:10, 14) 속죄 제사를 완성하신 것입니다. 그리하여 "자기에게 순종하는 모든 자에게 영원한 구원의 근원이 되어"(히브리서5:9) 주신 것입니다.

예수님께서는 인류의 구속주(救贖主)가 되시려고 세상에 오신 것입니다.

둘째는, 많은 아들들을 이끌어 영광에 들어가게 하는 구원의 창시자가 되려는 것이었습니다(히브리서2:10).

성경은 "모든 사람이 죄를 범하였으매 하나님의 영광에 이르지 못하더니"(로마서3:23)라고 말씀하였습니다. '하나님의 영광'이란 일차적으로는 하나님의 존귀와 위엄의 상태에 있는 것을 가리킵니다(출애굽기33:18-23, 베드로후서1:17). 하늘에는 하나님의 영광이 가득하고 천사들은 그의 영광을 찬양하는 것입니다(이사야6:1-3). 이차적으로는 보이는 하나님의 임재의 현상을 가리킵니다(출애굽기13:21). 즉 영이신 하나님께서 인간들 사이에 임재하는 현현(顯現)의 현상으로 어느 때는 연기의 모습으로, 어느 때는 불의 모습으로 나타났던 것입니다. 사람들은 하나님의 임재의 현상을 경험하면서 그 앞에 엎드렸던 것입니다(열왕기상8:11-13).

죄인 되어 더럽고 추한 인간은 거룩하신 하나님의 영광의 자리에 감히 접근할 수 없는 존재가 되었습니다. 그것은 인간이 하나님께로부터 버림받은 존재가 되었다는 의미입니다.

예수님은 이 문제를 해결하기 위하여 인간의 육체의 옷을 입고 이 땅에 오셨습니다. 그리고 "원수된 것을 십자가로 소멸하시고"(에베소서2:16) 하나님과의 관계를 회복시키셨습니다. 하나님의 영광에 들어갈 수 있는 길을 활짝 열어 놓으셨기에 '많은 아들들', 즉 전 인류를 이끌고 하나님의 영광의 자리로 나아갈 수 있는 길잡이가 되신 것입니다. 그리하여 예수님은 인생들로 하여금 하나님 앞에 나아갈 수 있게 하는 구원의 창시자(創始者, the author)가 되어 주신 것입니다(히브리서2:10, 베드로전서5:1).

셋째는, 죽기가 무서워 일평생 마귀에게 종노릇하는 자들을 해방시켜주려는 것이었습니다(히브리서2:15).

성경은 "죄를 짓는 자는 마귀에게 속하나니 마귀는 처음부터 범죄함이라"(요한일서3:8)고 했습니다. 인간은 범죄하여 타락한 이후 공중 권세를 잡은 자, 곧 악한 영의 종이 되어 추종하고, 섬기고, 또한 그 영향과 지시를 받으면서 악마적 삶을 살게 되었습니다(에베소서2:2). 특히 악한 마귀는 죽음의 권세를 가지고 사람들을 죽음과 죽음의 도구인 질병, 또는 불행한 일들을 이용하여 위협하고, 복종하게 하여 자기를 경배하게 만들고, 자기의 손아귀에서 벗어나지 못하게 만들었습니다(히브리서2:14).

예수님께서는 인간 스스로 악마의 손아귀에서 벗어날 수 없는 것을 해방시켜 주시려고 세상에 오신 구세주이십니다. 예수님께서 십자가에서 "죽음을 통하여 죽음의 세력을 잡은 자 곧 마귀를 멸하여"(히브리서2:14) 이기셨습니다(골로새서2:15). 그로 인하여 마귀에게 종노릇하는 인간들을 해방시켜 주셨습니다.

그러므로 누구든지 예수 그리스도 앞에 나오기만 하면 마귀의 손아귀에서 자유와 해방을 받게 되는 것입니다.

4
예수님은 십자가에서
인류 문제를 해결하신 구세주이십니다

예수님이 세상에 오셔서 행하신 사역 중에 가장 중요한 것이 십자가 사건이었습니다. 십자가에서의 죽음의 사건은 외형적으로 볼 때 예수님께서 기존 종교 집단 세력과 정치 세력에게 무참하게 죽음을 당한 실패자의 모습으로 비춰지는 사건이었습니다. 그러나 하나님께서는 예수님의 십자가의 죽음 속에 놀라운 비밀의 전략을 숨겨 놓으셨습니다.

예수님이 세상에 태어나기 700년 전에 이사야 선지자는 이렇게 예언하였습니다.

"우리는 다 양 같아서 그릇 행하여 각기 제 길로 갔거늘 여호와께서는 우리 모두의 죄악을 그에게 담당시키셨도다"(이사야53:6)

여기 고난 받는 종으로 묘사되어 있는 '그'(He)는 장차 나타날 메시아 예수님을 가리킵니다. 그는 사람들을 해방시키는 통치자, 왕일 뿐 아니라 인류의 죄악의 문제를 해결하기 위해 오시는 구속주(救贖主)이시기도 합니다.

(1) 예수님은 세상 죄를 지고 가는 하나님의 어린양이 되셨습니다

구약시대 유대 종교에서는 사람이 범죄했을 때 속(贖)함 받는 제도가 있었습니다. "죄의 삯은 사망이다"(로마서6:23)는 우주적 철칙에서 벗어나기 위해서 범죄한 사람은 대속(代贖)의 제물로 흠 없는 어린양 한 마리를 제사장에게 바쳐 대신 죽임을 당하게 함으로 죄 용서의 의식을 거행했습니다.

하나님께서는 이 원리를 예수님에게 그대로 적용하신 것입니다. 예수님은 "세상 죄를 지고 가는 하나님의 어린양이"(요한복음1:29) 되어 전 인류의 죄악을 짊어지고 십자가에서 대속(代贖)의 고난과 죽음을 당하신 것입니다.

(2) 예수님은 자신을 화목제물로 드려 구속 사역을 완성하셨습니다

'화목제물'이란 죄에 대한 하나님의 분노를 진정시키고 누그러지게 하는 희생 제사를 가리킵니다. 예수님은 "온 세상의 죄를 위한" 화목제물이 되셔서(요한일서2:2), 십자가에서 피 흘리는 희생적 죽음을 통하여 '단번에' '영원한 제사'가 되게 하시고, '완전한 제사'를 드림으로 영원히 하나님의 진노를 제거하였고, 하나님과 화목할 수 있는 길을 마련하신 것입니다(히브리서10:10, 12).

"우리가 생각하건대 한 사람이 모든 사람을 대신하여 죽었은즉 모든 사람이 죽은 것이라"(고린도후서5:14)

그렇습니다.

예수님께서 인류를 대표하는 희생제물이 되어 영원한 속죄 제사를 드려 주시므로 인류를 위한 구속 사역은 마침내 완성된 것입니다.

(3) 하나님은 예수님의 십자가 죽음을 근거로 인류에게 은총을 약속하셨습니다

예수님의 십자가 죽음 속에는 "중간에 막힌 담을 헐어 버리고"(에베소서2:14), "법조문으로 된 계명의 율법을 폐하시고"(에베소서2:15), "원수된 것을 소멸하시는"(에베소서2:16) 놀라운 전략이 들어 있었습니다. 그로 인해 죄는 용서되고, 율법의 저주에서 속량되고, 사탄의 사슬에서 해방되어지며, 하늘에 속한 신령한 복에 참여할 자격이 부여(附與)되어지게 된 것입니다.

이제 그리스도 안에서 믿기만 하면, 즉 믿음이라는 조건만 갖추게 되면 값없이 은혜로 죄 사함 받고, 하나님 앞에서 흠 없이 설 자격인 의롭다 하심을 받고, 하나님과 화평의 관계를 이루어 친밀한 관계와 함께 자녀의 자격이 부여될 수 있게 하셨습니다.

예수님께서는 십자가의 죽음을 통하여 세상에 오신 목적, 인류를 죄의 속박(束縛)에서 해방시켜 주는 사역을 완성하신 것입니다.

5
예수님은 부활과 승천을 통해
우주의 왕이 되셨습니다

예수님은 그 본질이 신적 존재이셨기에 언제까지 육체적 죽음의 상태에 있을 수가 없었습니다. 비록 잠시 동안이지만 인간의 육체적 존재가 되셨기에 죽음을 맛보아야만 했지만, 삼 일 만에 신적 존재로서 사망의 권세를 깨뜨리고 부활하셨습니다.

'부활과 승천'이란 예수님께서 십자가 죽음으로 장사(葬事) 지낸 바 되었으나 죽은 자 가운데서 다시 살아나시고 하늘로 승천(昇天)하여 영광의 보좌에 앉으신 것을 가리킵니다.

(1) 예수님의 부활은 구속 사역을 완성하였다는 마침표와 같은 것입니다

사람이 죽은 자 가운데서 삼 일 만에 다시 살아난다는 것은 있을 수 없는 불가사의(不可思議)한 일입니다. 그러나 예수님의 부활 사건은 이미 구약시대에 예언되었던 것이며(시편16:10, 사도행전2:27), 예수님께서도 세 번씩이나 미리 예견하여 말씀하셨던 것입니다(마태복음16:21, 17:23, 20:19).

분명히 알 것은, 예수님의 부활은 분명한 육체적 부활이면서도(누가복음24:39, 마태복음28:9), 또한 "육체로 이루어진 영광을 받은 몸"으로서의 신령한 부활이었습니다(빌립보서3:21). 그것은 인간의 육체를 가진 신적 존재로서의 환원(還元)을 위한 신비한 현상이었습니다.

① 예수님의 부활은 그가 의로운 분이라는 증거였습니다.

예수님은 분명히 죄인의 죄목을 언도(言渡)받고 사형을 받으셨으며(마태복음17:37), 또한 실제적으로 전 인류의 죄악을 대신 걸머지고 죽으셨습니다(요한일서2:2). 그러나 예수님 자신은 전혀 죄가 없는 의인이셨습니다. 성경은 예수님에 대하여 "모든 일에 우리와 똑같이 시험을 받으신 이로되 죄는 없으시니라"(히브리서4:15)고 말씀하셨습니다. 정말 예수님은 유대교 지도자들의 시기와 질투에 의한 억울한 죄명(罪名)을 쓰고 십자가형을 당하셨을 뿐입니다.

예수님의 부활은 '그가 의인이다'는 사실을 입증하기 위한 하나님의 역사였습니다(사도행전3:14).

② 예수님의 부활은 십자가 구속 사역에 대한 완성의 증표였습니다.

"그리스도께서 만일 다시 살아나지 못하셨으면 우리가 전파하는 것도 헛것이요 또 너희 믿음도 헛것이며…너희가 여전히 죄 가운데 있을 것이요"(고린도전서15:14, 17)라는 말씀이 보여 주듯이, 만일 예수님께서 죽은 자 가운데서 부활하지 않았다면 다른 사람들의 죽음과 동일한 죽음이 되었을 것이고, 십자가의 구속 사건도 미완성으로 끝나 버리고 말았을 것입니다.

그러나 그리스도의 부활을 통하여 그가 의롭게 되었다는 사실을 보여 주었고(디모데전서3:16), '영광 가운데서' 하늘로 승천하는 모습, 즉 부활을 통하여 이미 영광을 받으셨고, 또한 승천을 통하여 최종적으로 영광스러운 모습을 보여 주므로 구속 사역이 완성되었습니다.

그로 인해 그를 믿는 자마다 의롭다 하심을 얻게 하고(로마서4:25), 구원을 얻고(로마서5:10), 새 생명 가운데 살 수 있는 길을 마련하신 것입니다(로마서6:4).

③ 예수님의 부활은 미래에 나타날 신자의 부활의 증표였습니다.

기독교 신자의 최대의 소망은 장차 그리스도의 날에 "우리의 낮은 몸을 자기 영광의 몸의 형체와 같이 변하게"(빌립보서3:21) 되는 것입니다. 즉 우리의 천하고 썩어질 육체가 예수 그리스도와 같은 신령한 몸, 부활체와 같은 형체로 변화하는 것입니다(고린도전서15:42-44, 52-53).

예수님의 부활은 바로 미래에 나타날 신자들의 부활의 '첫 열매'가 되어 주신 것입니다(고린도전서15:20).

(2) 예수님께서 승천(昇天)하심으로 만왕의 왕으로 등극(登極)하셨습니다

예수님께서 인간의 육체를 입고 이 세상에 태어난 것은 영원한 존재가 자기 스스로를 낮추신 사건이었습니다(빌립보서2:7). 잠시 동안이지만 하나님의 영원한 목적을 성취하기 위하여 자기 존재를 낮추어 인간의 육체를 입으신 것입니다. 하나님의 목적대로 죽음을 통해 구속 사역을 완성하자 하나님께서는 예수님을 살리시어 하늘로 승천하게 하셨습니다.

이것을 성경은 "하나님이 그를 지극히 높여 모든 이름 위에 뛰어난 이름을 주사"(빌립보서2:9)라고 표현했습니다. 신적 본질(本質)을 가지신 존재가, 하나님과 동등한 위치와 자격을 지녔던 존재가 자기를 낮추어 인간의 형상으로 나타나고, "십자가에 죽기까지 복종하셨으니"(빌립보서2:8), 어찌 이 모습을 본 성부(聖父) 하나님께서 그 냥 있을 수 있었겠습니까?

① 하나님께서는 예수님을 지극히 높여 우주의 주(主)가 되게 하 셨습니다.

"하늘에 있는 자들과 땅에 있는 자들과 땅 아래 있는 자들"(빌립보 서2:10), 심지어 영적 세계에 있는 존재들, 이 세상뿐만 아니라 장차 오는 세상에 있는 모든 존재들로 하여금 예수 그리스도 앞에 무릎 꿇게 하시고, 복종하게 하셨으며, 입으로 예수 그리스도를 '주'라 시인하게 하셨습니다(에베소서1:21-22, 빌립보서2:10-11).

그리하여 예수 그리스도는 '만왕의 왕, 만주의 주'가 되신 것입 니다(요한계시록17:14)

② 하나님은 예수님을 하늘의 영광의 보좌에 앉히셨습니다.

하나님께서 예수님을 "높은 곳에 계신 지극히 크신 이의 우편에 앉히셨다"(히브리서1:3, 12:2)고 했습니다. 하나님의 보좌 우편에 앉으 셨다는 것은 권위와 능력과 위엄에 있어서 원래의 신적 상태로의 회복, 환원(還元)되어졌다는 말입니다. 다시 우주의 왕으로 등극(登 極)했다는 말입니다(히브리서8:1).

십자가에서 죽었을 때는 실패자같이 보였으나 부활과 승천을 통하여 승리의 개선장군처럼 영광의 보좌에 앉아 하나님 아버지와 동등한 위치에 서게 된 것입니다. 즉 만물의 소유주, 구속자, 섭리자, 통치자로 만유의 주(Lord)가 되신 것입니다.

그래서 하늘의 천천만만의 천사들이 "죽임을 당하신 어린양은 능력과 부와 지혜와 힘과 존귀와 영광과 찬송을 받으시기에 합당하도다"(계시록5:12)라고 찬송하였으며, 구속함을 받은 흰 옷 입은 무리들까지도 "구원하심이 보좌에 앉으신 우리 하나님과 어린양에게 있도다"(계시록7:10)라고 찬양하였던 것입니다.

③ 하나님은 영생과 심판의 권한을 예수님께 위임하셨습니다.

예수님께서 만왕의 왕으로 등극하자 하나님께서는 모든 것을 예수님께 위임(委任)해 주셨습니다. 인류를 구원하는 것도 예수님이 유일한 길이 되게 하시고(사도행전4:12), 사람들로 생명을 얻어 영

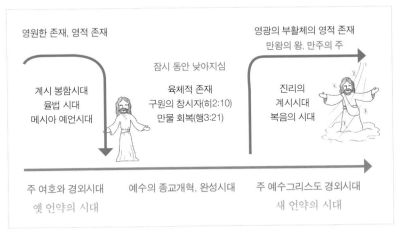

〈그림 11〉

147

생을 얻게 하심도, 마지막 날에 살리는 것도, 마지막 날에 심판하시는 것도(요한복음 5:25-27), 하나님의 나라도(누가복음 22:29) 예수님께 전부 위임해 주신 것입니다(요한복음5:25-27).

(3) 예수님의 부활과 승천을 통하여 그가 참 하나님이심을 다시 확인시키셨습니다

예수님의 부활과 하늘로의 승천은 창세 전에 가졌던 하나님의 영화로운 모습으로의 환원(還元)이었습니다(요한복음17:5). 뿐만 아니라 경배와 찬양, 구원과 심판에 있어서 예수님께서 전면(前面)에 나타나시고, 주도권(主導權)을 가지고 우주와 역사와 인류 구속사까지도 경영하시게 된 것입니다. 그래서 예수님을 경배하는 것이 하나님 아버지를 경배하는 것이 되었고, 예수님을 찬양하는 것이 아버지를 찬양하는 것이 되었으며, 예수님께 기도하는 것이 하나님께 기도하는 것이 된 것입니다(요한일서2:23).

① 그래서 기독교 신자는 예수님을 '나의 하나님'으로 고백하는 것입니다.

예수님의 제자 가운데 도마(Thomas)는 가장 의심이 많았고, 회의적 질문을 많이 했던 인물입니다. 그런데 부활하신 예수님을 만나자 그 앞에 엎드려 "나의 주님이시오 나의 하나님이시니이다"라고 고백을 했습니다(요한복음20:28).

이 도마의 신앙고백은 바로 기독교 신자들의 고백을 대표하는 것입니다. 기독교 신자들은 예수님을 '나의 하나님'으로 고백하고, 믿고, 그 앞에 기도하면서 신앙생활을 합니다. 예수님만이 신앙의 출발이시며 완성이라고 믿고 따르는 것입니다(히브리서12:2).

② 기독교 신자는 예수님을 '주'로 고백합니다.

'주'(κυριος, 큐리오스)라는 말은 '나의 주인', '나의 임금'이라는 뜻입니다. 구약성경에서는 하나님을 '여호와'라고 불렀습니다. 이는 스스로 존재하시는 분, 어제나 오늘이나 영원토록 스스로 계시는 하나님이라는 뜻입니다. 그런데 구약의 히브리어를 헬라어로 번역하는 학자들이 '여호와'를 '큐리오스'로 바꾸어 번역하였습니다. 그리하여 신약성경에서 예수님을 '주와 그리스도'라고 부르는 것 역시 예수님은 구약성경의 여호와 하나님과 같다는 의미가 되게 했으며, 또한 구약성경에서 예언되어졌던 '메시아'라는 사실을 증거하는 것입니다.

그러므로 기독교는 예수님이 약속되어진 메시아이시며, 여호와 하나님이라고 믿고 고백하는 종교, 즉 예수님을 하나님으로 믿는 종교인 것입니다(이사야9:6).

③ 기독교 신자는 예수님을 '영원히 찬송을 받으실 하나님'으로

경배합니다.

　우리가 예수님을 하나님으로 믿는 이유는, 구약시대처럼 영이 신 하나님을 막연히 믿거나 멀리 계신 분으로 인식하는 것이 아니라, 바로 우리 곁에 찾아오신 하나님으로, 또한 육체를 입고 이 땅에 오셨기에 우리 연약함을 잘 아시는 하나님으로, 우리를 위하여 십자가의 희생을 치르셨기에 우리를 극진히 사랑하시는 하나님으로, 오늘도 하늘 보좌 우편에서 우리를 위하여 간구하시는 친밀한 하나님으로 믿기 위함입니다.

　다시 말해, 예수님을 믿는다는 것은 막연한 하나님이 아니라 구체적인 우리의 표상(表象)이 되시는 하나님을 믿고 본받고 따르게 되었다는 말입니다.

　결론적으로 다시 강조하지만, 기독교는 예수 그리스도가 하나님이라고 믿는 종교입니다.

문 두드리는 예수님

유명한 화가 윌리엄 헌트(William Holman Hunt)는 〈세상의 빛〉이라는 제목의 성화(聖畵)를 그렸습니다. 그 그림을 보면, 예수님께서 굳게 닫힌 문 밖에 서서 한 손에는 등불을 들고, 다른 손으로는 문을 두드리는 모습이 있습니다. 그런데 그 문에는 밖에서 열 수 있는 문고리가 없고 오직 안에서 문을 열어주어야만 들어갈 수 있습니다.

여기 문은 '인간의 마음'을 상징합니다. 예수님은 세상의 빛으로 오셔서 어둠에 있는 인생들에게 빛을, 즉 희망의 여명(黎明)을 비춰주기 위하여 인간의 마음을 두드리고 계십니다.

어느 때는 양심을 통해서, 어느 때는 이성을 통해, 어느 때는 슬픔과 절망, 고통과 질병 등을 통해서, 어느 때는 친구와 이웃의 권면을 통해서, 또는 인터넷과 책 등을 통하여 계속 두드리고 계십니다.

예수님은 우리의 마음을 강제로 열지 않습니다.

우리 자신이 결단하여 마음의 문을 열 때에 들어오셔서 어두움과 절망을 몰아내시고, 희망과 행복을 안겨주시는 것입니다.

"그의 십자가의 피로 화평을 이루사
만물 곧 땅에 있는 자들이나 하늘에 있는 것들이
그로 말미암아 자기와 화목하게 되기를 기뻐하심이라"

(골로새서1:20)

기독교는 예수 그리스도의
십자가 죽음의 진리를 믿는 종교입니다

인도의 선교사였던 보우먼(I. W. Bowman) 박사가 인도 캘커타에서 나환자 수용소와 결합된 한 예배당을 건립하게 되었습니다. 그런데 82세가 넘은 한 노파가 거기에 있는 설교자에 의해 하나님 앞으로 인도함을 받게 되었습니다.

마침 그곳에 있던 한 주민이 그 노파에게 물었습니다.

"당신이 믿었던 종교의 그 많은 남신(男神)들과 여신(女神)들로 만족할 수 없었나요?"

그러자 그 노파는 다음과 같이 말해 주었습니다.

"그들 가운데 나를 위해 죽어 준 신이 아무도 없었소."

인간의 구원을 위해 죽어 주는 신,

그렇습니다.

역사 이래로 일반적인 종교에서는 찾아볼 수 없는 일입니다.

그런데 여기에 한 예가 있습니다. 바로 그 노파가 발견한 하나님입니다.

인류의 구원을 위해 자신을 희생한 신, 아니, 나 자신을 죄의 구렁텅이에서 구원하기 위해서 대신 죽어 주신 신(神)은 예수 그리스도 이외에 어디에도 없습니다.

기독교는 예수 그리스도께서 우리를 위해 십자가에서 죽으셨다는 진리를 믿고, 전파하는 종교입니다.

1
우리는 십자가의 진리가
하나님의 지혜요 능력이라 믿습니다

성경에는 "십자가의 도가 멸망하는 자들에게는 미련한 것이요 구원을 받는 우리에게는 하나님의 능력이라"(고린도전서1:18)고 했습니다. 여기 '십자가의 도'란 '십자가의 말씀', 또는 '십자가의 진리'라는 뜻으로 예수 그리스도의 십자가 사건 때문에 일어난 역사, 또는 그 결과, 또한 그로 인하여 인생들에게 주어지는 은총에 관한 가르침을 가리킵니다.

이 말은 기독교 신자들이 "십자가에 못 박힌 그리스도를 전파"(고린도전서1:23)하여 '십자가에 못 박힌 예수 그리스도를 믿으면 구원을 받는다'는 메시지를 전하는 것을 가리킵니다. 이런 가르침은 세상에 있는 믿지 않는 사람들의 입장과 관점에서 볼 때에 정말 어이가 없고, 미련하기 그지없는 행동처럼 보일 것입니다. 어떻게 사형수로 십자가에서 죽은 자가 인류의 구원자가 되며, 어떻게 그를 믿기만 하면 구원을 받을 수 있느냐고 의문을 제기할 수가 있을 것입니다.

그러나 구원을 받는 기독교 신자의 입장에서 보면 그렇지가 않습니다.

(1) 기독교 신자의 입장에서 보면 십자가의 진리는 하나님의 지혜입니다

사실 예수님의 십자가 사건은 우연히, 또는 갑자기 일어난 사건이 아니었습니다. 십자가 사건은 창세(創世) 전부터 하나님께서 그리스도 예수 안에서 인류를 구원하시려고 "정하신 계획"(사도행전2:23)이었습니다. 그래서 초대교회 사도들은 예수님을 십자가에서 죽이기 위해 헤롯 왕과 빌라도 총독이 연합한 것은 "일어나기로 예정된 하나님의 계획과 섭리들을 행하려고"(사도행전4:28) 모였다고 진술하였습니다.

그렇습니다.

예수님의 십자가 사건은 우연한 것이 아니라 하나님의 지혜로운 계획과 놀라운 섭리에 의하여 이루어진 일이었습니다. 그 안에 인류를 구원하시려는 놀라운 하나님의 전략(戰略)이 들어 있었던 것입니다.

그중에 하나가 "죽음을 통하여 죽음의 세력을 잡은 자 곧 마귀를 멸하"려는(히브리서2:14) 지혜로운 전략이었습니다.

(2) 기독교 신자의 입장에서 보면 십자가의 진리는 하나님의 능력입니다

성경에는 "이 복음은 모든 믿는 자에게 구원을 주시는 하나님의 능력이 됨이라"(로마서1:16)는 말씀이 있습니다. 이 복음 속에는 예수 그리스도께서 십자가에서 죽으셨다는 진리가 들어 있습니다. 이 진리를 받아들이고 믿는 사람에게는 놀라운 하나님의 구원하는 능력이 나타나게 됩니다.

초대교회에 빌립이라는 집사가 사마리아 성읍에 가서 사람들에게 복음의 진리를 전파하였습니다. 그러자 "많은 사람에게 붙었던 더러운 귀신들이 크게 소리를 지르며 나가고"(사도행전8:7) 병자들이 치료받는 역사가 일어났습니다. 그것은 십자가의 진리에는 신적 능력과 권세가 있기 때문입니다.

예루살렘 성전 앞에서 구걸하던 태어나면서부터 다리를 못 쓰는 장애인에게 사도 베드로가 이렇게 외쳤습니다.

"은과 금은 내게 없거니와 내게 있는 것을 네게 주노니 나사렛 예수 그리스도의 이름으로 일어나 걸으라."

그런데 놀라운 이적이 일어났습니다. 40년 동안 한 번도 걷지 못했던 사람의 "발과 발목이 곧 힘을 얻고 뛰어 서서 걸었다."고 했습니다(사도행전3:1-8).

이것은 십자가에 못 박혀 죽었다가 다시 살아나신 예수 그리스도의 이름을 믿음으로 말미암아 일어난 이적이었습니다(사도행전 3:15-16). 예수 그리스도의 십자가의 진리 안에는 위대한 하나님의 능력이 있습니다. 그래서 믿는 자에게 자유와 해방과 함께 운명의 변화를 가져다주는 것입니다.

2

예수 그리스도는 인류의 죄를 위해
십자가에서 화목제물로 죽으셨습니다

　'죄의 삯은 사망'이라는 원칙에 의하여 죄인 된 인간은 필연적으로 죽어야만 합니다. 여기에서의 '사망'이란 일차적으로는 생명이신 하나님과의 관계의 단절로서의 '영적 죽음'을 가리킵니다(에베소서4:18, 2:1). 이것이 인생의 모든 불행의 원인입니다. 다음으로는 육체와 영혼이 분리되는 것으로서의 '육체적 죽음'입니다. 인간에게서 영혼이 떠나가면 한 줌의 흙으로 돌아가는 것입니다. 최종적인 것은 '영원한 멸망의 형벌'로서의 죽음으로 '둘째 사망'이라고 부릅니다(데살로니가후서1:9). 둘째 사망은 불과 유황이 타는 불 못에 던짐 받는 것으로 영원히 괴로움과 고통 속에 들어가는 형벌의 죽음입니다(요한계시록20:14).

　이것은 인류 스스로가 해결할 수 없는 절망적 문제입니다.

(1) 하나님께서는 인류의 형벌을 대신할 화목제물을 마련하셨습니다

　긍휼이 풍성하신 하나님께서 형벌에 처한 인간을 불쌍히 여겨 그 죗값을 간과(看過), 즉 죄를 처벌하지 않고 그냥 넘어갈 수 있는 방도(方途), 형벌을 면제할 수 있는 방책(方策)을 모색하셨습니다(로마서3:25). 그런데 만약에 분명한 죄악 때문에 형벌을 받아야 마땅한 사람을, 또한 이미 정죄(定罪)되어 심판 아래 놓인 사람을 그냥 놓아주거나 용서해 준다면 공의(公義)의 원칙에 맞지 않을 뿐 아니라, 하나님 자신의 의로우심에도 손상을 입히게 될 것입니다.

그리하여 하나님께서 마련한 것이 대속(代贖)의 죽음의 방법이었습니다. 어떤 한 사람이 다른 사람의 죄악을 대신 걸머지고 죽어 준다면, 그것이야 말로 죄의 값은 죗값대로 형벌을 지불하게 되고, 용서해 주시는 하나님도 정당하고, 용서받는 사람의 입장에서도 떳떳할 수 있는 묘책(妙策)이었던 것입니다(로마서3:26).

그리하여 "영원히 온전하게 되신 아들을 세워"(히브리서7:28) "세상 죄를 지고 가는 하나님의 어린양이 되게"(요한복음1:29) 하여 십자가 위에서 "온 세상의 죄를 위한" 화목제물이 되게 하신 것입니다(요한일서2:2).

"우리는 다 양 같아서 그릇 행하여 각기 제 길로 갔거늘 여호와께서는 우리 무리의 죄악을 그에게 담당시키셨도다."(이사야53:6)

"한 사람이 모든 사람을 대신하여 죽었은즉 모든 사람이 죽은 것이라"(고린도후서5:14)

여기 '화목제물'이라는 말 속에는 '죄 값을 치르다'(to expiate), 진노 중에 있는 하나님의 마음을 '달래다'(to propitiate)는 의미를 가지고 있습니다. 그래서 화목의 제물을 드린다는 것은 그 제물을 통하여 하나님께서 죄인 된 인간에게 긍휼을 베풀어 주시고, 진노를 돌이키시고, 내려지기로 정해진 형벌을 면제(免除)해 주는 것을 가리킵니다.

(2) 예수님은 십자가의 죽음을 통해 완전히 죄의 문제를 해결하셨습니다

하나님의 계획에 따라 예수님께서는 전 인류를 위한 대속(代贖)의 죽음을 위하여, 화목제물로서 자신의 몸을 '십자가'라는 제단 위에 올려놓으셨습니다(히브리서10:10).

① 예수님은 십자가에서 '단번의 죽음'으로 끝내셨습니다.
예수님께서는 사람이 세상에 태어나서 "한 번 죽는 것은 정해진 것"(히브리서9:27)이라는 우주의 철칙에 따라 십자가에서 "많은 사람의 죄를 담당하시려고 단번에" 희생 제물로 자신을 죽음에 내어놓으신 것입니다(히브리서9:26, 28). '단번에'라는 말은 인류의 속죄의 문제의 모든 것을 한 번(once for all)의 죽음으로 끝내버리시고, 완성시키셨다는 말입니다.

② 예수님은 십자가의 희생의 죽음으로 '영원한 제사'가 되게 하셨습니다.

예수님께서는 자신의 몸과 피를 화목제물로 삼아 드릴 때에 한 번의 죽음으로 끝내시기로 하셨기에 "그리스도께서 죄를 위하여 한 영원한 제사를 드리게"(히브리서10:12) 되었습니다.

십자가의 화목제물로서 2천 년 전의 죽음이었지만 그 효력에서는 영원까지 미치는 제사가 되게 하신 것입니다. 그러므로 2천 년 전의 사람들도 예수님의 십자가 죽음 앞에 나오면 그 은총으로 구원을 받고, 현재를 살아가는 우리들에게도 그 효력은 동일하게 적용되어 전 인류가 모든 죄의 문제를 해결 받게 하신 것입니다.

③ 예수님의 십자가 죽음을 통해 '완전한 속죄'를 이루게 하셨습니다.

성경에는 예수님의 화목제물로서의 죽음에 대하여 "그가 거룩하게 된 자들을 한 번(one)의 제사로 영원히(forever) 온전하게(perfect) 하셨느니라"(히브리서10:14)고 선언하고 있습니다. 이는 그리스도의 십자가의 죽음을 통하여 인류의 죄의 문제를 완전하게 해결하셨고, 완전한 구원의 길을 마련하셨다는 말입니다.

그러므로 더 이상의 속죄 방법을 논할 필요가 없게 되었으며, 또 '죄를 위한 다른 제사를 드릴 것이 없게' 만들어 놓으신 것입니다(히브리서10:18).

(3) 예수님의 고난과 죽음은 바로 나 자신의 죽음이 되었습니다

오늘 인생들은 이 사실을 깨닫지 못하고, 예수 그리스도의 십자가 사건과 자신은 아무런 관련이 없다고 생각하는 경우가 많습니다.

먼저 분명히 알아야 할 것은 예수님의 죽음 속에 나를 포함시켰기 때문에 예수님의 죽음이 곧 나의 죽음이라는 사실입니다. 내죄 때문에 내가 죽어야 하고, 심판받아야 하는데 예수님께서 나를 대신하여 심판의 죽음을 당하셨다는 것입니다. 그러므로 내가 이미 심판을 받은 것과 마찬가지가 되었기 때문에 나는 형벌 받을 필요가 없게 된 것입니다. 이것이 대속(代贖)의 죽음의 의미인 것입니다.

"그리스도께서 우리를 위하여 저주를 받은 바 되사 율법의 저주에서 우리를 속량하셨으니"(갈라디아서3:13)

여기 '속량'(續良, ἐξαγοράζω, 엑사고라조)이라는 단어는 값을 지불하고 노예상태에서 사서 해방시켜 주었다는 뜻입니다. 예수님의 십자가의 죽음은 나를 해방시킨 사건입니다. 이것을 깨닫고 인정해야만 합니다.

두 번째는 내가 예수 그리스도를 '믿을 때'에 십자가 사건이 나의 것으로 적용된다는 사실입니다.

예수님께서 십자가 위에서 전 인류를 위한 화목제물이 되었고,

전 인류의 죄와 사망과 심판의 문제를 완전하게 해결하셨지만 그것은 2천 년 전의 사건이었습니다. 그런데 이때 2천 년 전의 사건이 바로 나를 위한 것이라고 인정하고 받아들일 때에 나의 것이 되는 것입니다(로마서6:4). 그것은 예수님의 속죄의 죽음은 '영원한 속죄'가 되기 때문입니다.

만일 오늘 예수님의 십자가 사건과 그 진리를 인정하고 받아들인다면, 즉 "네가 만일 네 입으로 예수를 주로 시인하며 또 하나님께서 그를 죽은 자 가운데서 살리신 것을 네 마음에 믿으면"(로마서10:9) 십자가의 사건은 '나 자신의 것'으로 지금 적용이 되는 것입니다.

그러므로 예수님의 십자가 고난과 죽음의 사건을 자신의 것으로 받아들여야만 합니다.

"그가 찔림은 우리의 허물 때문이요 그가 상함은 우리의 죄악 때문이라 그가 징계를 받으므로 우리가 평화를 누리고 그가 채찍에 맞으므로 우리가 나음을 받았도다"(이사야53:5)

여기 '우리'라는 단어 안에 자신의 이름을 넣고 다시 한번 읽어 보시기 바랍니다.

"그가 찔림은 (   )의 허물 때문이요

그가 상함은 (   )의 죄악 때문이라

그가 징계를 받으므로 (   )가 평화를 누리고

그가 채찍에 맞으므로 (   )가 나음을 받았도다"

3
예수님의 십자가 죽음을 통해
하나님은 놀라운 결과를 만들어 내셨습니다

십자가의 진리가 믿는 자에게는 하나님의 지혜가 된다고 말한 이유, 예수님의 십자가의 죽음 속에 놀라운 하나님의 구속 전략이 들어 있다고 말한 이유에 대하여 설명하려고 합니다. 다음의 성경 구절들을 통하여 그 속에 어떤 놀라운 비밀의 전략이 들어 있는지를 깨달을 수가 있을 것입니다.

(1) 예수님의 십자가 죽음을 통하여 모든 장애물을 제거해 주었습니다(에베소서2:14-16)

성경은 믿지 않는 불신앙의 상태를 '하나님이 없는 자', '그리스도 밖에 있는 자', '약속의 언약들에 대해 외인'이라고 했습니다(에베소서2:12). 이렇게 하나님과는 관계가 없었던 자에게 "이제는 전에 멀리 있던 너희가 그리스도 예수 안에서 그리스도의 피로 가까워졌느니라"고 말하고 있습니다(에베소서2:13). 그 이유는 예수님의 십자가 사건을 통하여 인생들 앞에 놓여 있는 장애물들을 전부 철폐(撤廢)하셨기 때문입니다.

① 예수님은 십자가로 "중간에 막힌 담을 헐어" 버리셨습니다(에베소서2:14).

인간이 하나님의 은혜를 받음에 있어 가로막고 있었던 모든 제도, 그것이 종교적인 것이든, 인종적인 것이든, 피부 색깔적인 것이든, 사회적인 관습이든, 법으로 규정된 것이든 그리스도 예수 안에서 전부 철폐하시고 '하나' 되게 하신 것입니다.

유대인에게 약속되어졌던 것들이 그리스도 안에서 이방인에게도 그대로 적용되게 하신 것입니다. 즉 하나님은 유대인의 하나님만 아니라 이방인의 하나님도 되어 차별이 없게 하신 것입니다(로마서3:29, 10:12). 동일한 하나님의 은총에 참여할 자격을 마련하신 것입니다.

② 예수님의 십자가 사건을 통해 걸림돌 역할을 하던 "계명의 율법을 폐지"하셨습니다(에베소서2:15).

구약시대 때, 이스라엘 민족이 받았던 은총과 약속을 받으려면 반드시 서약(誓約)하여 실천해야 할 것이 '율법의 준수'였습니다. 이것은 이방인의 입장에서 엄청난 장애물이요 제약(制約)이었습니다. 육체를 가진 인간이 율법을 완전하게 지킨다는 것은 거의 불가능한 일이었습니다(갈라디아서3:10-11).

그런데 예수님께서 십자가의 죽음을 통해 그 제도의 적용을 폐지하신 것입니다. 예수 그리스도 안에 들어오기만 하면 율법의 실천 유무(有無)에 상관없이 누구든지 그리스도를 믿기만 하면 구원의 은총에 참여하게 하신 것입니다.

③ 예수님의 십자가 사건을 통해 하나님과 "원수 된 것을 소멸"하셨습니다(에베소서2:16).

인간관계의 단절도 중요한 일이지만 그것보다 더 중요한 것은 하나님과의 단절입니다. 성경은 "우리가 원수 되었을 때에 그의 아들의 죽으심으로 말미암아 하나님과 화목하게 되었다"(로마서5:10)고 했습니다. 즉 예수님께서 하나님과 인간 사이에 있는 적대 감정, 관계를 가로막는 모든 장애물들을 전부 소멸(消滅)하신 것입니다.

이제 그리스도 안에 있는 사람은 때를 따라 돕는 은혜를 얻기 위하여 하나님의 은혜의 보좌 앞에 담대히 나아갈 수 있게 된 것입니다(히브리서4:16)

(2) 예수님의 십자가 죽음을 통하여 승리의 기반을 마련하셨습니다 (골로새서2:13-15)

성경은 범죄하여 타락한 인간의 상태를 속박(束縛)되어 자신의 노력과 힘으로 그 손아귀에서 벗어날 수 없는 노예 신분이라고 표현하였습니다. 그런데 예수님의 십자가 죽음의 사건 속에는 노예로 속박 상태에 있는 인류를 해방시키는 전략이 들어 있습니다.

① 예수님은 십자가로 죄와 사망에 속박된 자들을 사망에서 살리시고 모든 죄를 면제해 주셨습니다(골로새서2:13).

인간이 범죄하여 "죄 아래 있다"(로마서3:9)는 것은 죄의 통치 세력 아래(under sin's dominion) 있다는 말로 죄의 종이 되었다는 말입니다. 그로 인해 사망이 죄인들 위에 군림하여 왕 노릇 하게 되어(로마서5:14) 죄인 된 인류는 죄와 사망의 손아귀에서 벗어날 수 없는 존재가 되고 말았습니다.

예수님께서 십자가에서 하신 사역은 바로 죄와 사망의 속박 문제를 완전하게 해결하신 것입니다. 모든 죄는 용서받고 면책(免責)을 받게 해 주셨고, 사망의 문제는 그리스도와 함께 살리심으로 영원한 생명의 자리에 나아가게 만들어 준 것입니다.

② 예수님은 십자가로 인간을 괴롭히던 율법의 속박의 증서를 도말(塗抹)해 주셨습니다(골로새서2:14).

인간은 율법적 요구를 이행(履行)해야 한다는 법적 채무 증서를 쓴 사람과 같았습니다. 율법이 요구하는 대로 모든 율법의 조항들을 날마다 실천해야 할 의무를 지닌 존재였습니다. 그러나 인간의 육신의 연약함은 율법(도덕)의 요구를 실행할 수 없어 인간은 날마다 실패와 함께 죄책감과 절망 속에서 살아갈 수밖에 없는 가련한 존재가 되었습니다.

그런데 예수님께서 바로 이 문제를 십자가에서 해결하셨습니다. 예수님께서 정죄하는 율법의 세력을 십자가에 못 박으시고, 인간을 율법의 세력과 그 저주에서 해방시키신 것입니다(갈라디아서 3:13, 4:5).

그러므로 예수 그리스도 안에 있는 자들을 이제부터 율법의 행함이 없이, 오직 믿음이라는 조건만 가지고 하나님 앞에 나아가게 만들어 놓으신 것입니다.

③ 예수님은 십자가로 인간을 종노릇하게 하던 사탄의 속박의 사슬을 벗겨 내 주셨습니다(골로새서2:15).

인간은 "죽음의 세력을 잡은 자 곧 마귀"에게 "죽기를 무서워하므로 한평생 매여 종노릇"(히브리서2:15-16)하는 신세로 전락(轉落)해 버리고 말았습니다. 마귀를 자신의 주(主)로 섬기고, 마귀의 지시와 영향력을 받아 사악한 행동을 하고, 일평생 추종하며 살아가는 존재가 된 것입니다(에베소서2:2).

그런데 예수님께서 십자가에서 사탄의 세력을 이기시고, 무력화시키므로 사탄의 세력에 속박되어 있었던 인생들이 그 묶임에서 해방되고 자유를 얻게 된 것입니다. 그래서 예수 그리스도의 복음이 전파되는 곳에서는 지금도 "포로 된 자에게 자유를…눌린 자를 해방시키는"(누가복음4:18) 역사가 일어나는 것입니다.

죄의 속박
율법의 억압
사탄의 사슬

해방과 자유

〈그림 12〉

(3) 예수님의 십자가 사건을 통하여 새로운 은혜의 길을 활짝 열어 주셨습니다(로마서5:9, 17-21, 6:4)

인류의 조상 아담의 범죄로 그 후손들은 타락한 죄성(罪性)을 가지고 세상에 태어나 사망과 정죄와 심판이라는 불행을 끌어안고 살아가는 존재가 되었습니다. 즉 인류의 불행은 "한 사람으로 말미암아 죄가 세상에 들어오고 죄로 말미암아 사망이 들어왔나니 이와 같이 모든 사람이 죄를 지었으므로 사망이 모든 사람에게 이르렀느니라"(로마서5:12)는 말씀에 집약(集約)되어 있습니다.

그러나 예수님께서는 십자가에서 인류의 가장 근본적인 문제를 해결하셨습니다. 아담 안에서 죽은 모든 사람을 그리스도 안에서 살리신 것입니다(고린도전서15:22).

169

① 예수님의 십자가의 구속으로 하나님의 진노하심에서 구원받게 하셨습니다(로마서5:9).

종말적 하나님의 진노는 '큰 환난'(마태복음24:2)을 가리키며, 또한 '꺼지지 않는 불'(마태복음3:12), '바깥 어두운 곳'(마태복음 8:12), '지옥'(누가복음12:5) 등으로 표현했습니다. 예수 그리스도의 십자가 죽음은 장차 올 영원한 멸망의 형벌과 하나님의 진노하심에서 구원을 보장하셨습니다.

② 예수님의 십자가 구속으로 말미암아 새 생명 가운데 살게 하셨습니다(로마서6:4).

"모든 사람이 죄를 지었으므로 사망이 모든 사람에게 이르렀고"(로마서5:12), "사망이 왕 노릇 하였다"(로마서5:13)고 했습니다.

그러나 예수님께서 죽었다가 부활하시므로 사람들에게 새 생명을 얻는 길을 마련해 주셨습니다(로마서6:4). 그러므로 이제부터는 그리스도 안에 있으면 생명이 왕 노릇 하는 가운데 살아가게 됩니다(로마서5:17).

③ 예수님의 십자가 구속으로 많은 은혜의 선물을 받게 하셨습니다(로마서5:15).

성경은 "너희 허물이 이러한 일들을 물리쳤고 너희 죄가 너희로부터 좋은 것을 막았느니라"(예레미야5:25)고 했습니다. 죄가 하나님과의 관계를 단절시켰고, 그로 인한 하나님의 영광에 이를 수도 없었고(로마서3:23), 하늘의 신령한 은총들도 받을 수 없었던 것입니다.

그런데 예수님의 십자가 사역은 하나님과의 원수된 것을 해결함으로 하나님의 은총을 받을 수 있는 자격을 회복하였습니다. 그리하여 "그리스도 안에서 하늘에 속한 모든 신령한 복"(에베소서1:3)을 받을 수 있게 하셨고, 또한 "측량할 수 없는 그리스도의 풍성"(에베소서3:8)한 은총과 선물들이 넘칠 수 있게 하셨습니다.

④ 예수님의 십자가 구속으로 영생에 이르게 하셨습니다(로마서5:21).

그리스도의 십자가 사역의 결과는 "하나님의 은혜로 값없이 의롭다 하심을 얻은 자"(로마서3:24), 즉 하나님 앞에 당당하게 설 수 있는 무죄선언을 받게 된 것입니다. 그로 인하여 하나님의 은혜와 생명을 풍성히 받을 수 있는 자격이 주어졌고, 또한 형벌의 면제로 인하여 영원한 생명에 이르는 은총을 얻을 수 있게 된 것입니다.

171

4
십자가의 진리는 우리 인생에게
놀라운 은총을 베풀어 줍니다

하나님이 마련하신 놀라운 계획에 따라, 또한 예수님께서 십자가 죽음을 통하여 준비해 놓은 놀라운 은총들이 우리들에게 적용될 수 있게 하셨습니다.

(1) 이제는 십자가의 진리가 전파되는 곳이라면 어디에서든지 그리스도 안에 있는 놀라운 은총이 주어집니다

첫째는, 의롭다 하심($\delta\iota\kappa\alpha\iota\sigma\sigma\upsilon\nu\eta$, Justification)의 은총을 주십니다.

예수님의 "한 행동으로 말미암아 많은 사람이 의롭다 하심을"(로마서5:19) 받게 된 것입니다. 여기 '의롭다 하심'이란 죄인을 의롭게 만들어 주는 것을 말하는 것이 아니라 하나님이 의롭다고 인정해 주시는 법적인 선언을 말합니다. 예수님의 십자가의 대속적 죽음을 보고 하나님께서 죄인 된 인간을 의롭다고 선언해 주신 것입니다(고린도후서5:21). 다시 말해, 하나님 앞에 거룩하고 흠이 없고 책망할 것이 없는 모습으로 설 자격을 부여해 주시는 것입니다(에베소서1:4).

지금 예수님을 믿는 순간 하나님께서는 우리를 의롭다고 여겨 주셔서 무죄 선언을 해 주시고, 하나님과의 관계를 회복시켜 주시며, 영원한 멸망의 형벌을 면제해 주십니다.

둘째는, 속죄(ἀπολυτρωσις, atonement)의 은총을 주십니다.

속죄(贖罪)란 '속전을 받고 자유롭게 한다'는 기본적인 의미가 있습니다(로마서3:24). 그러나 이는 구출(deliverance)의 의미보다는 '죄의 용서'(forgiveness of sins)를 강조하는 말로 사용하는 단어입니다(히브리서9:15, 골로새서1:14, 에베소서1:7). 속전(贖錢)을 지불함으로 모든 죄가 사면(赦免)되었다는 말입니다.

그리하여 사람들이 그리스도 안에서 죄의 사면, 곧 죄 사함을 받게 됩니다(에베소서1:7, 골로새서1:14). 지금 내가 그리스도 안에 들어오면 그의 피로 모든 죄가 깨끗해지는 은총을 경험하게 되며(요일1:7), 죄 사함으로 인하여 마음에 유쾌(愉快)함을 얻는 은총을 받게 됩니다(사도행전3:19, 10:43). 그로 인하여 우리는 감사와 감격이 넘치게 됩니다.

셋째는, 구속(λυτρον, redemption)의 은총을 주십니다.

구속(救贖)이란 '값을 지불하여 사람을 구출해 내는 것', 또는 '노예로 잡혀 있는 자를 위하여 값을 지불하고 되돌려 사는 것'을 의미합니다.

예수님께서 십자가에서 "많은 사람의 대속물"이 되어 주셨으므로(마태복음20:28, 마가복음10:45), 즉 "모든 사람을 위하여 자기를 속전으로"(디모데전서2:5-6) 지불하여 줌으로 인하여 사람들로 하여금 해방을 받게 만든 것입니다(갈라디아서5:1).

그래서 지금 율법의 저주에서 구속해 주십니다(갈라디아서3:13).

율법 자체에서 해방을 주십니다(로마서 7:6, 갈라디아서4:5).

죄의 권세와 굴레에서 자유하게 하십니다(로마서6:6-7).

사탄의 손아귀에서 해방시켜 주십니다(히브리서2:15).

사망권세에서 구속해 주십니다(고린도전서15:55-57).

뿐만 아니라 인간을 얽매었던 각종 속박에서도 자유와 해방을 주시는 것입니다(누가복음4:18).

넷째는, 화해($καταλλασσω$, reconciliation)의 은총을 주십니다.

화해(和解)란 문자적으로는 '완전히 변하다'는 뜻으로 화해와 평화를 이룬 것을 의미합니다. 예수님께서 십자가에서 원수된 것을 소멸하여 화평이 되어 주시므로 하나님과 인간 사이에는 관계가 회복되었고, 화해가 이루어지게 되었습니다(로마서5:10, 고린도후서5:18-19). 하나님과의 관계만 회복된 것이 아니라 자격도, 누릴 영광과 축복도 회복된 것입니다(에베소서2:18).

그러므로 이제는 언제라도 하나님의 자녀로서, 또한 약속의 기업의 상속자로서 "때를 따라 돕는 은혜를 얻기 위하여 은혜의 보좌 앞에 담대히 나아갈"(히브리서4:16) 수 있는 것입니다.

(2) 이제는 믿음이라는 조건만 있으면 값없이 이 모든 은총들이 적용됩니다

예수님께서 십자가 위에서 인류를 대신한 대속(代贖)의 죽음을 이루셨고, 또한 인간의 모든 불행의 문제들을 원천적으로 해결해 주셨기 때문에, 하나님께서 마련하신 은총들을 적용해 줌에 있어서 인간의 어떠한 행위도, 어떠한 노력도 요구되지 않게 되었습니다. 그것은 하나님께서 그리스도를 통하여 모든 것을 마련하셨기 때문에 인간에게 다른 수고를 요구할 필요가 없게 되었기 때문입니다. 그래서 오직 '믿음'이라는 조건만 요구하는 것입니다.

"무슨 법으로냐 행위로냐 아니라 오직 믿음의 법으로니라"(로마서3:27)

그렇습니다.

믿음이라는 것은 어떤 행위나 공로가 아닙니다. 하나님께서 마련해 주신 은총에 대해 감사하여 인정하고 받아들이는 반응일 뿐입니다. 구원은 하나님께서 주시는 값없는 은총이고 선물이기에 자랑할 것이 없는 것입니다(에베소서2:9). 오직 받은 은혜에 감격하여 감사와 찬송을 돌리고 충성만 맹세하면 되는 것입니다.

지금까지 예수 그리스도의 십자가의 죽음을 통하여 이루어진 일들, 그로 말미암아 해결된 것, 또한 하나님께서 마련해 주신 은

175

총들에 대하여 살펴보았습니다.

　결론적으로, 우리 기독교 신자는 예수님의 십자가 사건, 십자가
에 관한 말씀이야말로 인류를 위한 하나님의 최고의 지혜로운 전
략이자 우리를 구원하시는 하나님의 놀라운 능력이라고 믿습니
다. 그리고 십자가의 진리만이 인류를 회복시키는 유일한 희망(希
望)이라고 믿기에 열심히 전파하려는 것입니다.

종교 개혁자이신 예수 그리스도

예수 그리스도께서 이 세상에 오신 목적 중에 하나를 이렇게 설명하고 있습니다.

"보시옵소서. 내가 하나님의 뜻을 행하러 왔나이다…그 첫째 것을 폐하심은 둘째 것을 세우려 하심이라"(히브리서10:9)

여기 "첫째 것"은 옛 종교, 구약 성경에 제시된 종교, 유대교를 말하고, "둘째 것"은 예수 그리스도로 말미암아 개혁된 새로운 종교, 신약 성경의 종교, 기독교를 말합니다. 예수님은 옛 종교를 폐지하시고 개혁하여서 새로운 종교를 창시(創始)하셨습니다.

	옛 종교	새로운 종교
속죄 방법	짐승 피 제사 "능히 죄를 없이 못함"(히10:1)	십자가 희생 "단번에, 영원히, 완전히 해결"(히10:14)
구원 방법	율법을 행함 "율법의 행위로 의롭다 하심 못함" (롬3:20)	복음을 믿음으로 "믿기만 하면 의롭다 하심 받음"(롬3:28)
거룩한 삶	물로 씻고, 부정한 것 만지지 않음 (외적 정결)	성령의 새롭게 하심 받음 (내적 변화)
예배 방법	성전 중심 예배	공동체 중심 예배 (두세 사람 모인 곳)
예배일	안식일 준수	안식일의 주인이신 예수님 모시고 신령과 진정으로 예배 드림
종교 범위	유대인 중심 종교	세계 모든 민족을 위한 종교

"이와 같이 성령도 우리의 연약함을 도우시나니
우리가 마땅히 기도할 바를 알지 못하나
오직 성령이 말할 수 없는 탄식으로
우리를 위하여 친히 간구하시느니라"

(로마서8:26)

기독교 신앙은
성령의 도우심으로 성장하는 종교입니다

성경에서 하나님의 성령을 '보혜사'(保惠師)라고 부릅니다. 보혜
사(παρακλητος, 파라클레토스)의 문자적 의미는 특별한 목적을 위해서
'곁에 부름을 받은 분'을 가리킵니다. 곁에 와서 '돕는 자', '위로자',
'상담자', '변호자', '안내자' 등 다양한 뜻을 가지고 있습니다.

아프리카 카레(Kare)족에게 선교하던 에스텔라 메이어즈(Estella
Meyers) 선교사가 보혜사를 '우리 곁에 구푸리는 분'이라고 번역을
했다고 합니다.

아프리카의 짐꾼들은 무거운 짐을 걸머지고 길고 먼 여행을 하
는데 보통은 3개월 이상 걸린다고 합니다. 멀고 험한 여행을 하다
보면 도중에 학질이나 이질에 걸려 쓰러지는 사람들이 생기게 마
련입니다. 만약에 그들을 그냥 방치한다면 길거리에 쓰러져서 밤

179

에 맹수들의 밥이 되고 말 것입니다. 이때 곁에 있던 친구, 또는 이웃들이 그를 불쌍히 여겨 부축하고 어깨에 들쳐 메고 구푸린 상태에서 다음 동리가 나올 때까지 데려간다고 합니다. 그래서 원주민들은 그들을 '우리 곁에서 구푸린 사람'이라고 부른다는 것입니다.

그렇습니다.

카레 족이 표현한 대로, 기독교 신자들에게는 곁에 와서 돕는 자, 붙들어 주고 일으켜 주기 위하여 허리를 구푸린 분이 계십니다. 바로 성령 하나님, 보혜사이십니다.

1
보혜사 성령(聖靈)은 삼위일체 중에 제삼위 하나님이십니다

기독교 초창기 교부시대 때에 이단으로 지목받은 아리우스 (Arius)파 사람들이 있었습니다. 그들은 보혜사 성령에 대해 창조된 세상에 나타나는 '하나님의 활동하는 힘'(exerted energy of God)이라고 주장하였습니다. 즉 신적인 힘, 또는 영향력이라고 본 것입니다. 지금도 그런 관점으로 똑같이 주장하는 이단의 집단이 있습니다.

그러나 그것은 엄청난 착각입니다.

성경은 어디에도 보혜사 성령을 가리켜 신적 능력이나 영향력으로 말하는 곳이 없습니다.

(1) 보혜사 성령은 인격적인 신(神)이십니다

성경의 곳곳에서는 "성령이 빌립더러 이르시되"(사도행전8:29), "성령께서 그에게 말씀하시되"(사도행전10:19), "주를 섬겨 금식할 때에 성령이 이르시되"(사도행전13:2), "또한 성령이 우리에게 증언하시되"(히브리서10:15) 등에서 기록되어진 것처럼 보혜사 성령께서 사람들에게 지시하고 명령하고 있습니다.

이것은 인격적 존재가 아니고는 할 수 없는 일입니다. 어떻게 인격이 없는 '영향력'에 불과한 것이 인격을 가진 존재처럼 말을 할 수 있고, 지시할 수 있단 말입니까?

우리가 성령을 가리켜 '보혜사'(保惠師)라고 호칭하는 이유도, 그는 인격적 존재로서 신자들 곁에 와서 돕는 자로서 활동하시기 때문입니다. 보혜사 성령이 인격적 존재임이 분명한 이유는, "성령은 모든 것 곧 하나님의 깊은 것까지도 통달"(고린도전서2:10)하시는 지적(知的) 요소를 가지고 계시며, 성령은 근심하시며(에베소서4:30), 말할 수 없는 탄식으로 간구하시며(로마서8:26), 사랑하시는 정적(情的) 요소를 지니셨으며(로마서15:30), 또한 어떤 일을 지시하시며(사도행전10:18-19), 선교 현장을 이끌어 주시며(사도행전16:6-7), 어떻게 행동해야 할지를 하나하나 이끌어주시는(누가복음4:1) 의지적(意志的) 요소를 지니신 분이심을 보여 주고 있기 때문입니다.

(2) 보혜사 성령은 하나님의 속성을 가진 신이십니다

성경에서 성령께서 활동하시는 모습을 살펴보면, 어떤 인간이나 천상적 존재가 아니라 절대자 하나님만이 가지고 계신 신적 속성(屬性)들을 지니셨음을 발견할 수가 있습니다.

"주의 영을 보내어 그들을 창조하사 지면을 새롭게 하시나이다"(시편104:30), "그 만상(萬象)이 그의 입의 기운(spirit)으로 이루었도다"(시편33:6)라는 표현처럼 보혜사 성령은 천지만물을 만드신 창조주의 창조성을 보여 주고 있으며, 또한 동정녀 마리아를 통한 예수 그리스도의 잉태를 설명할 때에 "마리아가 요셉과 동거하기 전에 성령으로 잉태된 것이 나타났더니"(마태복음1:18), "성령이 네게 임하시고 지극히 높으신 이의 능력이 너를 덮으시리니 이러므로 나실 바 거룩한 이는 하나님의 아들이라"(누가복음1:35)고 말씀하고 있으며, 또한 빌립 집사가 광야에 있을 때에 "주의 영이 빌립을 이끌어 가서"(사도행전8:39) 다른 지역에 옮기시는 등의 활동하는 모습을 볼 때, 오직 하나님만이 할 수 있는 신적 전능성(全能性)을 보여 주고 있습니다.

뿐만 아니라 "내가 주의 영을 떠나 어디로 가며 주의 앞에서 어디로 피하리이까"(시편139:7)라는 표현에서 보여 주듯이 우주 만물에 편만하여 계시는 신적 편재성(遍在性)을 나타내고 있으며, "성령은 모든 것 곧 하나님의 깊은 것까지도 통달하시느니라"(고린도전서2:10)는 말씀처럼 신적 전지성(全知性)을 소유하고 계시며, "영원하신 성령으로 말미암아"(히브리서9:14)라는 표현과 같이 신적 영원성(永遠性)까지도 소유하고 계신 하나님이심을 분명히 보여 주고 있습니다.

(3) 보혜사 성령은 우리가 경배하는 하나님이십니다

보혜사 성령을 호칭할 때에 보편적으로 '여호와의 영', '하나님의 신', '주의 성령', '예수의 영' 등으로 다양하게 표현하고 있습니다. 그것은 성령님께서 활동하는 상황에 따라서 표현하였기 때문입니다.

그러나 구약(舊約) 성경에서부터 성령에 대하여 '하나님 자신'이라는 것을 보여 주는 표현법을 사용하고 있었습니다. 이스라엘 백성들이 하나님의 은총에 거역했던 행동을 지적하면서 "그들이 반역하여 주의 성령을 근심하게 하셨으므로 그가(He) 돌이켜 그들의 대적이 되사 친히 그들을 치셨더니"(이사야63:10)라는 표현을 통해 '성령'(Holy Spirit)께서 친히 '하나님 자신'이라는 것을 보여 주고 있습니다.

신약(新約) 성경에서는 더 정확하게 성령께서 하나님 자신이라는 사실을 보여 주고 있습니다. 신약의 저자들은 구약 성경에서 "여호와께서 이르시되 가서…"(이사야6:9)라고 표현했던 내용을 인용하면서 "성령이 선지자 이사야를 통하여 너희 조상들에게 말씀하신 것이 옳도다."(사도행전28:25)라고 표현하여 구약의 여호와 하나님이 바로 신약의 성령 하나님이라는 사실을 증거하였습니다(렘31:31-34=히10:15-16, 시95:7-11=히3:7).

사도 베드로는 거짓 속임수를 썼던 아나니아를 책망하면서 "네가 성령을 속이고…"(사도행전5:3)라고 말했던 것을 돌이켜 "사람에게 거짓말한 것이 아니요 하나님께로다"(사도행전5:4)라고 표현하므로 '성령'(the Holy Spirit)이 바로 '하나님'(God) 자신이라는 사실을 분명히 증거하였습니다.

무엇보다 중요한 것은 보혜사 성령에 대하여 성부 하나님과 성자 예수님과 동등한 권위와 위치에 놓고 설명한다는 사실입니다.

예수님께서 제자들에게 최후의 명령을 하시면서 "모든 족속을 제자로 삼아 아버지(the Father)와 아들(the Son)과 성령(the Holy Spirit)의 이름으로 세례를 베풀고"(마태복음28:19)라고 말씀하셨습니다. 여기에서 성령의 존재를 성부(聖父) 하나님과 성자(聖子) 예수님과 동등한 하나님의 위치에 놓고 사역할 것을 명령하셨습니다.

또한 사도 바울도 고린도교회에게 축원(祝願)의 말을 하면서 "주 예수 그리스도의 은혜와 하나님의 사랑과 성령의 교통하심이 너희

무리와 함께 있을지어다"(고린도후서13:13)라고 하여, 여기에서도 마찬가지로 성령께서 성부와 성자와 동등한 신적 위치, 동등한 신적 권위를 가지신 하나님이시라는 사실을 분명히 보여 주었습니다.

그렇습니다.

보혜사 성령은 성부와 성자와 함께 영원히 영광과 존귀와 찬양을 받으실 '하나님'이십니다. 구약시대의 성부 하나님이 멀리 계시는 초월적 신이셨다면, 신약시대의 성자 예수님은 우리 곁에 찾아오신 임마누엘의 신이시고, 성령 하나님은 믿는 자 안에 들어오신 내주(內住)하는 신으로 영원히 우리와 함께하는 하나님이신 것입니다.

2
성령은 기독교 신자의 생애에
가장 중요한 사역을 하십니다

기독교 신자로서, 성령의 도우심과 역사하심이 없이는 신앙생활을 할 수가 없습니다. 성령의 역사는 불신하는 세상 사람들은 받을 수도 없고 알지도 못하는 것이지만, 기독교 신자들에게는 보혜사(保惠師)로 곁에 오서서 함께하시고 우리들 안에 들어오서서 활동하시는 것입니다(요한복음14:17).

예수님께서 제자들에게 "내가 아버지께 구하겠으니 그가 또 다른 보혜사를 너희에게 주사 영원토록 너희와 함께 있게 하시리니"(요한복음14:16)라고 약속한 것과 같이 보혜사 성령은 기독교 신자들과 영원히 함께하시는 하나님이십니다. 즉 성령께서는 우리의 신앙생활 시작부터 마지막까지 우리 곁에 오서서 우리를 도와주시는 분이십니다.

여기에서는 보혜사 성령께서 기독교 신자의 생애 속에서 역사하시는 변화(變化)의 세 가지 핵심 사역에 대해서만 살펴보기를 원합니다.

(1) 성령 하나님은 거듭남을 통하여 우리 존재를 변화시키십니다

범죄하여 타락한 인간은 생명이신 하나님과의 단절 상태, 영이 죽어 있고, 심령이 부패한 상태, 삶의 세속적이고 욕망적이고 사탄적인 것 중심으로 살아가는 진노의 자식들이라고 했습니다(에베소서2:1-3).

"못된 나무가 아름다운 열매를 맺을 수 없다"(마태복음7:18)는 말씀처럼, 부패하고 타락한 인간의 본질을 가지고는 아름다운 행동, 아름다운 삶을 기대할 수는 없습니다.

이렇게 타락한 인간의 본질(本質)을 변화시킬 수 있는 것은 성령 하나님의 역사밖에 없습니다. 인간의 타락한 내면(內面)에 찾아오셔서 역사하시는 성령의 "중생의 씻음과 성령의 새롭게 하심"(디도서3:5)과 성령에 의하여 "심령이 새롭게 되어 하나님을 따라 의와 진리의 거룩함으로 지으심을 받은 새 사람"(에베소서4:23-24)으로 본질 변화가 일어나게 하는 것입니다.

다시 말해, 기독교 신자에게 일어나는 '거듭남'(Born again)의 역사는 성령에 의한 역사로서(요한복음3:5) "그리스도 안에서 새 피조물"로의 변화입니다(고린도후서5:17). 즉 타락한 인간의 본질의 변화, 옛 사람은 죽고 그리스도 안에서 새 사람으로 태어나는 것, "신의 성품에 참여하는"(베드로후서1:4) 첫 출발의 역사가 바로 성령으로 말미암아 이루어지는 것입니다.

그러므로 성령의 역사 없이는 기독교적 삶 자체가 출발될 수 없습니다.

(2) 성령 하나님은 성화의 역사를 통해 우리의 삶을 변화시키십니다

인간의 본질이 새 피조물로 변화된 사람이라 할지라도 이제부터 구습(舊習)을 쫓는, 즉 과거에 몸에 배어서 습관이 되어 있었던 옛 기질, 옛 성격, 옛 버릇, 옛 행동 등을 벗어 버리는 작업이 일어나야만 합니다. 이것이 거룩한 열매를 맺는 길이며, 예수 그리스도의 형상으로 닮아 가는 발걸음이고, 내 인생이 점점 성화(聖化)되어지는 삶의 길인 것입니다.

이미 앞에서 설명했던 것처럼 '삶의 변화'는 내가 열심히 종교적 삶을 산다고, 인간적 노력과 수련(修鍊)의 길을 걷는다고, 도덕과 율법적 계율을 지킨다고 이루어지는 것이 아닙니다. 인간의 삶의 변화는 내가 아닌, 보혜사 성령께서 도와주셔야만 이루어질 수 있는 것입니다.

① 성령께서 육체의 욕망과 싸워 주셔야만 가능합니다.

인간은 누구든지 마음으로 선하게 살고 싶고, 아름다운 것을 찾아 살고 싶고, 신앙인이라면 하나님의 말씀을 즐거워하여 살기를 원합니다. 그러나 인간의 육신 안에 욕망이 역사하여 죄를 범하고 악을 행하게 만들며, 하나님의 말씀에서 벗어난 행동을 하게 만드는 것입니다(로마서7:15-21).

인간의 내면(內面) 안에서는 날마다 내 마음과 육신의 욕망이 싸우고 있습니다. 그런데 마음의 힘이 육체의 욕망의 힘을 이기지 못하여 패배하고, 범죄하고, 실수하고, 죄의 구렁텅이에 빠져서 괴로워하고 신음하는 것입니다(로마서7:23).

여기서 우리는 분명히 한 가지 사실을 깨달아야만 합니다. 인간은 육신이 연약하여 자기 스스로의 의지, 결심, 노력으로 육체의 욕망의 영향력을 이길 수 없다는 사실입니다. 내가 욕망과 싸우려고 하면 백발백중(百發百中) 실패하고 말 것입니다.

그런데 보혜사 성령은 우리 연약함을 돕기 위하여 우리 곁에 오신 거룩한 영(靈)이십니다(로마서8:26). 거룩한 성령께서 우리 안에 오셔서 육체의 욕망과 싸워 주신다면 승리할 수가 있는 것입니다(갈라디아서5:17).

그렇습니다.

기독교 신앙은 신자 자신의 노력으로 거룩한 삶, 거룩한 열매를 맺는 것이 아닙니다. 성령께서 나를 대신해서 싸워 주셔야만 가능한 일입니다. 그러므로 내가 성령을 의지하고, 성령의 뜻을 따르고, 성령과 동행하는 삶을 살면 성령께서 욕망을 이기어 거룩한 삶의 길을 갈 수 있게 만들어 주시는 것입니다(갈라디아서5:16).

② 성령께서 죄와 사망의 세력을 제거해 주시고 해방시켜 주어야만 가능합니다.

기독교 신자가 예수님을 믿어 존재가 변했고, 인간의 본질이 새 피조물이 되었다 할지라도 금방 천사같이 거룩해지는 것은 아닙니다. 오랜 세월 동안 몸에 밴 옛날의 나쁜 기질, 못된 성격, 비틀어진 인격, 악한 습성들이 아직도 남아 있습니다.

그렇다 할지라도 우리가 새 사람이 되었으니, 옛것들은 낡은 옷을 벗어 버리듯이 훌훌 벗어 버려야만 합니다.(골로새서3:8). 그런데 여기서 우리가 분명히 알아야 할 것이 있습니다. 나쁜 성질, 악한 습관은 내가 벗기려고 몸부림친다고 벗겨지는 것이 아니라는 것입니다. 분 내는 성질을 죽이겠다고 가슴을 친다고 되는 것이 아니며, 입버릇이 나쁘다고 자기 주둥이를 친다고 되는 것이 아니며, 손버릇이 나쁘다고 손목을 때린다고 되는 것이 아닙니다.

구습(舊習)을 쫓는 옛 버릇, 옛 습관을 벗겨내는 것은 보혜사 성령이 도와주서야만 가능한 일입니다. 그것은 "그리스도 예수 안에 있는 생명의 성령의 법이 죄와 사망의 법에서 해방"(로마서8:2)시켜 줄 때에 이루어지는 것입니다. 여기 '법'이란 '행동에 압박을 가하는 힘과 영향력'(a force or influence impelling to action)을 가리킵니다. 하나님의 성령의 영향력(影響力)은 죄의 영향력보다 더 강한 힘을 가지고 있습니다. 그러므로 죄악의 딱지, 사망의 딱지들이 더덕더덕 붙어 있는 것들이 생명의 성령의 능력, 또는 성령의 강력한 영향력으로 인하여 벗겨져 나가게 되는 것입니다. 그 결과 우리 안에 있던 나쁜 습성, 괴악한 기질들에게서 하나하나 해방을 받는 역사가 일어나는 것입니다.

③ 이제 내가 보혜사 성령을 의지하고 붙들고 따라가면 거룩한 변화는 계속해서 일어날 것입니다.

죄와 사망의 습성들이 하루아침에 벗겨져 나가는 것은 아닙니다. 그래서 이제부터 우리들은 '생명의 성령'을 의지하고 따라가고 도움을 요청해야만 합니다. 그리할 때에 보혜사 성령께서 우리 안에서 악한 기질들과 싸워 주실 것이고, 승리하여 그 손아귀에서 벗어나게 만들어 줄 것입니다. 그리고 나도 모르는 사이에 나쁘고 악한 습성들이 떨어져 나아간 것을 발견하게 될 것입니다.

이러한 일이 반복될 때에 우리의 삶은 영광에서 영광으로 변화되어 가게 될 것이고, 마침내 예수 그리스도의 형상으로 점점 닮아가게 될 것입니다(에베소서4:13).

성령의 역사 없이는 절대로 인격의 변화, 삶의 변화는 일어날 수가 없는 것입니다.

(3) 성령 하나님은 부활의 역사를 통해 우리의 육체를 변화시키실 것입니다

종말의 날이 되면, 곧 장차 예수 그리스도께서 세상에 다시 강림하실 때에 기독교 신자들에게 최후 승리의 날이 올 것입니다. 즉 천사의 나팔소리가 울릴 때, 우리의 몸이 순식간에 홀연히 변화되는 역사를 경험하게 될 것입니다(고린도전서15:51).

지금까지 우리의 거룩한 삶을 방해했던 육신, 늘 나를 괴롭혔던 욕망의 요소를 지녔던 육체가 홀연히 변화될 것입니다. 육신의 몸이 신령한 몸으로, 썩을 몸은 썩지 아니할 것으로, 욕된 것은 영광스러운 것으로, 약한 것은 강한 것으로, 땅의 것이 하늘의 것으로 변화될 것입니다(고린도전서15:42-44, 52-54).

그것도 보혜사 성령의 역사로 이루어지는 일입니다. "예수를 죽은 자 가운데서 살리신 이의 영(靈)이 너희 안에 거하시면…너희 죽을 몸도 살리시리라"(로마서8:11)는 말씀처럼 성령께서 종말의 날에 우리의 육체를 부활시키고, 변화시킬 것입니다. 그것은 예수님께서 부활하시므로 육체가 신령한 부활체(復活體)로 변화되었듯이 "우리의 낮은 몸을 자기 영광의 몸의 형체와 같이 변하게"(빌립보서3:21) 만들어 주시는 위대한 역사인 것입니다.

　　우리는 그것을 완전 성화(完全 聖化)라고도 하며, 영광스러움에 참여하는 영화(靈化)라고도 부르며, 최종 승리의 "몸의 속량"(贖良)이라고도 말하는 것입니다(로마서8:23).

　　기독교 신자는, 신앙의 첫 출발부터 마지막 완성 단계까지 보혜사 성령의 역사가 아니고는 어떠한 변화도 이루어지지 않으며, 경험할 수도 없습니다. 성령님만이 우리 인생의 변화의 주체이십니다. 그래서 "하나님의 성령을 근심하게 하지 말라 그 안에서 너희가 구원의 날까지 인(印)치심을 받았느니라"(에베소서4:30)고 권면하고 있는 것입니다. 그러므로 나를 돕기 위하여 내 곁에 오신 보혜사 성령을 귀하게 여기시고 친밀하게 동행(同行)하는 삶을 사시기 바랍니다.

3
보혜사 성령은 기독교 신자 곁에 와서 여러 가지 돕는 사역을 하십니다

예수님께서 이 세상을 떠날 때가 가까이 왔다는 사실을 이야기하자 제자들은 불안과 근심이 가득하였습니다. 그때 예수님께서 이런 말씀을 하셨습니다.

"내가 너희에게 실상을 말하노니 내가 떠나가는 것이 너희에게 유익이라 내가 떠나가지 아니하면 보혜사가 너희에게로 오시지 아니할 것이요 가면 내가 그를 너희에게로 보내리니"(요한복음16:7)

예수님께서 세상을 떠나신 후에 기독교 신자들에게는 보혜사 성령이 오셨습니다. 보혜사 성령이 신자 곁에 오셨다는 것은 엄청난 축복인 것입니다. 또한 이것은 다른 종교에서는 찾아볼 수 없는 특별한 은총인 것입니다.

여러분, 기억하십시오. 보혜사 성령은 신자들 곁에서, 또는 그 안에서 연약함을 돕는 사역을 하시기 위하여 찾아오신 하나님(God)이십니다.

(1) 성령은 하나님을 경외하는 신으로 참 신앙을 갖게 해 줍니다

성경은 "하나님을 경외하는 것…이것이 모든 사람의 본분"(전도서12:13)이라고 했습니다. 그래서 요한계시록에서도 "땅에 거주하는 자들 곧 모든 민족과 종족과 방언과 백성에게 전할 영원한 메시지"(요한계시록14:6)로 "하나님을 두려워하여 그에게 영광을 돌리라…하늘과 땅과 바다와 물들의 근원을 만드신 이를 경배하라"(요한계시록14:7)고 선포했습니다.

하나님을 경외하는 것은 인간에게 주어진 필연적 의무 사항입니다.

'경외'(敬畏)란 하나님이 참 하나님이라는 사실을, 천지만물과 나를 창조하신 창조주라는 사실을 인정하여 그를 높이고, 존경하고, 무릎 꿇어 경배하고, 찬양하고, 영광을 돌리는 행위를 가리킵니다. 그런데 '하나님 경외'라는 것이 내가 생각하는 대로 쉽게 되는 것이 아닙니다.

이상적인 왕, 메시아의 예언에 보면 이런 말씀이 있습니다.

"그의 위에 여호와의 영 곧…여호와를 경외하는 영이 강림하시리니 그가 여호와를 경외함으로 즐거움을 삼을 것이며"(이사야11:2-3)

보혜사 성령은 '하나님을 경외하는 영'이시기에, 우리에게 성령이 임하시면 하나님을 경외하고자 하는 마음과 열정이 불타오르게 됩니다. 그래서 하나님을 경외하고, 섬기고, 찬양하면서 즐거 위하는 것입니다.

혹시 여러분 주변에서 기독교 신앙생활에 냉냉(冷冷)하고 미지근했던 사람이 영적 체험을 한 후에 갑자기 뜨거운 열정으로 하나님을 섬기는 경우를 보지 않았는지요?

바로 보혜사 성령께서 그에게 하나님을 섬기는 불을 붙여 주었기 때문입니다.

(2) 성령은 예수의 영으로 예수님을 체험하게 해 줍니다

예수님께서 성령을 가리켜 "다른 보혜사"라고 지칭하였습니다 (요한복음14:16). 그것은 자신이 지금까지 제자들의 보혜사 역할을 했다면 자신이 그들 곁을 떠난 후에 그 자리를 빈 공간으로 남겨 두지 않고 다른 보혜사인 성령이 오셔서 채워 줄 것이라는 뜻이었습니다.

그렇습니다.

보혜사 성령은 예수님의 자리를 대신하는 보혜사로서 예수의 영이십니다.

뿐만 아니라 예수님께서는 제자들에게 "내가 너희를 고아와 같이 버려두지 아니하고 너희에게로 오리라"(요한복음14:18)고 약속하셨습니다. 그것은 종말의 날에 다시 오신다는 말이 아니라 보혜사 성령을 통하여 그들 가운데 찾아오신다는 약속이었습니다.

그러므로 성령이 우리들에게 오심은 바로 영적으로 예수님이 오시는 것이며, 성령의 체험은 바로 영적으로 예수님을 체험하는 것입니다. 그래서 어떤 신학자는 '성령은 예수 자신의 영성화된 인격'(the person of Jesus Himself spiritualized)이라고 표현하였습니다.

부활하신 예수님께서는 실체적(實體的) 존재로서는 하늘의 보좌에 앉아 계시지만, 영성적(靈性的)인 존재로서는 성령을 통하여 신자들 가운데 찾아오시는 것입니다. 그래서 "두세 사람이 내 이름으로 모인 곳에 나도 그들 중에 있느니라"(마태복음18:20)고 약속하신 것입니다.

그러므로 기독교 신자는 신앙의 표상(表象)이신 예수님을 막연하게 믿는 것이 아니라 성령을 통하여 만나는 경험을 하는 것입니다. 그래서 확신 있는 예수 신앙을 갖게 되는 것입니다.

(3) 성령은 인(印) 치시는 영으로 신적 은총들을 체험하게 해 줍니다

하나님께서는 그리스도 예수 안에서 "하늘에 속한 모든 신령한 복"(에베소서1:3)을 주시기로 약속하셨습니다. 그 이외에도 하나님의 모든 약속은 그리스도 안에서 '예'(yes)로 이루어질 것을 허락해 주셨습니다(고린도후서1:20).

이것을 실제적으로 누리고 체험하게 하는 것은 보혜사 성령의 역사로 이루어지는 것입니다. 성경에 "약속의 성령으로 인 치심을 받았다"(에베소서1:13)는 말씀이 있습니다. 여기 '인 치다'(σφραγίζω, 스프라기조)라는 단어는 단순히 도장을 찍는 '소유'의 의미보다는 '~이 진정한 것임을 증명하다'(to authenticate)는 뜻으로, '적용'의 의미를 가지고 있습니다. 즉 하나님께서 약속한 모든 영적 은사, 축복들이 막연한 것이 아니라 실제적으로 우리의 삶 가운데서 성취되어지고 적용되어지도록 역사하게 된다는 뜻입니다.

그렇습니다.

기독교의 진리는 탁상공론(卓上空論)의 이론이 아닙니다. 실제적으로 이루어지고 성취되고 나에게 적용되어지는 것입니다. 그러므로 보혜사 성령을 통하여 하늘의 신령한 복들을 나의 것으로 경험할 수가 있는 것입니다. 자유와 해방의 기쁨을 맛보게 하며, 하늘의 평안을 체험하게 하며, 그 이외에 모든 은총들을….

(4) 성령은 보증의 영으로 미래의 은총을 경험하게 해 줍니다

하나님께서는 그리스도 예수 안에 들어오는 사람들에게 현세적인 은총만 약속한 것이 아닙니다. 미래의 '하나님의 나라의 기업'도 약속하셨습니다(에베소서5:5). 사도 베드로는 그것을 하늘에 간직한 것으로 "썩지 않고 더럽지 않고 쇠하지 아니하는 유업"(베드로전서1:4)이라고 했습니다. 사도 바울은 미래에 나타날 은총이 얼마나 좋은지 "생각하건대 현재의 고난은 장차 우리에게 나타날 영광과 비교할 수 없도다."(로마서8:18)고 고백하였습니다.

　그러나 현세를 살아가는 우리들에게는 장차 하늘나라에서 얻게 될 영광과 은총이 어떤 것인지 솔직히 실감할 수가 없는 것입니다. 그런데 그것을 보혜사 성령께서 확실히 경험하게 만들어 주고 있습니다.

　성경에는 성령을 가리켜 "우리 기업의 보증"(에베소서1:14)이라고 했습니다. 여기 '보증'(ἀρραβων, 아라본)이라는 단어는 착수금으로 먼저 지불해 주는 '계약금'(down payment), 미래에 완불해 줄 것을 약속하면서 일부분을 지불해 주는 '보증금'(pledge)을 가리킵니다.

　미래에 받게 될 영광과 영생, 하늘나라의 찬란한 은총을 우리는 알 수 없지만 보혜사 성령이 임하시면 그 일부분을 경험하게 하시고 누리게 하십니다.

　세상에서 맛볼 수 없는 신령한 기쁨, 어디에서도 찾을 수 없는 영적 평안, 황홀한 영적 경험, 표현할 수 없는 힘을 주시는 신령한 언어 등,

　이런 경험들 때문에 현세의 고난 속에 살아가면서도 장차 올 영광의 나라를 바라보면서 소망 중에 즐거워하며 힘차게 살아갈 수 있게 되는 것입니다.

　정말 기독교 신앙은 막연한 신앙, 허황된 진리가 아닙니다. 확실하고 분명한 진리인 것입니다.

(5) 성령은 속사람을 강건하게 하여 승리로운 삶을 살게 해 줍니다

기독교 신자가 이 땅을 살아간다는 것은 날마다 유혹과 싸우면서 살아야 하는 전투적 삶을 의미합니다. 사회에 만연되어 있는 죄악들과의 투쟁, 우리를 잘못된 길로 이끌려는 마귀의 역사와의 싸움, 세상의 방탕의 삶에 빠지게 하려는 세속(世俗)과의 싸움, 무엇보다 우리 안에 있는 육체의 욕망과의 투쟁은 날마다 치열한 전투인 것입니다.

성경은 "우리의 씨름은 혈과 육을 상대하는 것이 아니요 통치자와 권세들과 이 어두움의 세상 주관자들과 하늘에 있는 악의 영들을 상대함이라"(에베소서6:12)고 했습니다. 이것은 기독교 신자의 싸움은 인간들과의 육체적 전투가 아니라는 것입니다. 영적 전투, 세상 배후에서 역사하는 각종 악한 세력들과의 전투인 것입니다.

여기에서 승리하려면 보혜사 성령의 도우심이 절대로 필요합니다. 사도 바울은 "그의 성령으로 말미암아 너희 속사람을 능력으로 강건하게 하시오며"(에베소서3:16)라고 기도하고 있습니다. 성령께서 우리의 겉사람, 곧 육체가 아니라 속사람, 즉 영혼, 심령을 강건하게 만들어 줄 때에 영적 전투에서 승리할 수 있는 것입니다.

기독교는 인간적 노력과 수련의 몸부림으로 자기를 다스리는 종교가 아니라, 속사람을 강건하게 만들어 주시는 성령의 도우심을 통하여 자기를 이기며 강하게 되어 승리하는 삶을 살게 하는 종교인 것입니다.

(6) 성령은 진리의 영으로 하나님의 말씀을 실천하게 해 줍니다

하나님의 백성의 과제는 말씀을 실천하는 것입니다. 이스라엘 민족에게 주었던 옛 언약도 "너희가 내 말을 잘 듣고 내 언약을 지키면…"(출애굽기 19:5) 은총을 베풀어 주시겠다고 약속하였으며, 예수님께서 주신 새 언약도 잘 지켜 행할 것을 명령하셨고(요한일서2:3-5), 예수님께서도 말씀을 듣고 행하는 자가 반석 위에 집을 지은 자와 같다고 교훈하셨습니다(마태복음7:24).

말씀의 실천, 이것이 내 마음대로 잘되는 것이 아닙니다.

감사한 것은, 하나님께서는 일찍이 에스겔 선지자를 통하여 "내 영을 너희 속에 두어 너희로 내 율례를 행하게 하리니 너희가 내 규례를 지켜 행할지라"(에스겔36:27)고 약속하셨습니다. 예수님께서도 보혜사 성령은 "진리의 영"으로 우리 가운데 오셔서 우리를 진리 가운데로 인도하신다고 했습니다(요한복음16:13).

그렇습니다.

보혜사 성령은 우리 가운데 오셔서 말씀을 생각나게 하시고, 말씀의 뜻을 깨닫게 하시고, 말씀을 실천할 수 있는 의지와 능력을 부여(賦與)하여 실천할 수 있게 하십니다. 그리하여 신앙의 아름다운 열매를 풍성히 맺게 하십니다.

기독교 신자에게 있어서 기도 생활은 대단히 중요한 신앙 덕목 (德目) 중에 하나입니다. 기도는 인간이 하나님 앞에 나아가는 시간 이며, 하나님과 대화를 요청하는 시간이고, 하나님과 친밀한 교제 를 나누는 시간이기도 합니다. 기도를 통하여 나의 사정과 문제에 대해 도움을 요청하고, 미래의 소원을 간청하는 것입니다. 무엇보 다 기도 가운데서 하나님의 뜻을 깨닫고 실천할 수 있도록 도움을 요청하는 것입니다.

그러나 우리는 기도생활에 게으름을 피우고, 또한 막상 기도 하고자 해도 무엇을 어떻게 구해야 할지를 모를 때가 많이 있습 니다. 성경은 이런 현상을 "우리는 마땅히 기도할 바를 알지 못한 다."(로마서8:26)고 표현하였습니다. 뿐만 아니라 기도생활에서 영적 세력에게 짓눌려서 열정적인 기도를 하지 못하고 영적 기력(氣力) 을 상실한 채 영적으로 쇠락(衰落)해 갈 때도 있습니다.

여기에서도 감사한 것은, 보혜사 성령이 '간구(懇求)의 영'으로 우 리의 연약함을 도우시기 위하여 우리 가운데 오셨다는 것입니다 (스가랴12:10). 우리들이 마땅한 기도를 하지 못할 때에 "오직 성령이 말할 수 없는 탄식으로 우리를 위하여 친히 간구하여"(로마서8:26) 주 십니다. 그리하여 열정적인 기도의 길로 갈 수 있도록 도와주십니 다. 그래서 "항상 성령 안에서 기도하라"(에베소서6:18)고 했습니다.

기독교 신앙생활은 보혜사 성령의 도우심이 없이는 신앙 자체를 유지할 수 없을 뿐만 아니라 정상적인 신앙생활을 할 수가 없습니다. 다시 말해, 기독교 신앙은 막연하고 허황된 이론이 아니라 보혜사이신 성령의 도우심을 통하여 실제적이고 체험적인 신앙생활을 하는 신앙입니다. 또한 기독교는 자기의 노력과 정성으로 수련을 쌓아가는 자력(自力) 종교가 아니라 하나님께서 도와주셔야만 할 수 있는 타력(他力) 종교입니다.

　　보혜사 성령과 함께하는 신앙생활, 이것이 기독교의 특징입니다.

진짜 아버지와 가짜 아버지

노벨문학상 작품인 「닥터 지바고」에 보면,

여주인공 타냐와 장군이 대화하는 마지막 장면이 인상적입니다.

장군이 타냐에게 물었습니다.

"어떻게 아버지와 헤어지게 되었니?"

"혁명 중 길거리는 불바다가 되었고 사람들이 너무 많아 복잡한 상황에서 아버지와 헤어졌습니다."

장군이 다시 묻습니다.

"정말 아버지와 어떻게 헤어졌니? 솔직히 말해 봐."

"사실은 아버지가 제 손을 놓았습니다. 그리고 군중 사이로 달아나셨습니다."

아버지가 딸의 손을 잡고 도망치다가 딸의 손을 놓고 혼자 도망쳤다는 것입니다.

이 말을 들은 장군은 타냐에게 진실을 말해 줍니다.

"내가 사실을 말해 주마. 도망친 로마노프는 사실 네 친아버지가 아니다. 만일 그가 네 친아버지였더라면 아무리 거리에 불이 나고 사방이 복잡해도 결코 네 손을 놓치지 않았을 것이다. 너의 친아버지는 닥터 지바고야."

진짜 아버지와 가짜 아버지의 차가 바로 여기 있습니다.

세상에는 가짜 신들이 참 많이 있습니다.

참 하나님은 이렇게 말씀하십니다.

"여인이 어찌 그 젖 먹는 자식을 잊겠으며 자기 태에서 난 아들을 긍휼히 여기지 않겠느냐 그들은 혹시 잊을지라도 나는 너를 잊지 아니할 것이라"(이사야 49:15)

사명을 가진
종교

"이 잠언은 지혜와 훈계를 알게 하며 명철의 말씀을 깨닫게 하며,
정의와 공평과 정직을 지혜롭게 실행하도록 훈계를 받게 하며"

(잠언1:2-3, 표준새번역)

Yes, This is Christianity

기독교는 신적 통치 이념을
이 땅에 실현하려는 종교입니다

토마스 모어(Thomas More, 1477-1535)는 『최선의 국가 형태와 새로운 섬 유토피아에 관하여』라는 책을 썼습니다. 그 책이 『유토피아』(Utopia)라는 이름으로 알려져 있습니다. 모어는 16세기 유럽, 특히 영국에서 정치와 경제의 모순을 풍자적으로 비판하면서 이상적(理想的)인 공동체가 이 땅에 있기를 희망하였습니다. 국왕이 없어서 지배와 통치, 억압받을 필요가 없고, 모든 국민은 빈부의 귀천과 신분의 차이가 없어서 모든 차별이 사라지며, 라틴어를 공부할 필요 없이 자기 모국어로 공부할 수 있으며, 특히 그곳에는 금전과 화폐가 없어서 각종 범죄, 사기, 도적질, 강탈, 싸움, 살인, 배신과 같은 것이 없어 두려움과 슬픔이 사라진 사회를 이야기했습니다.

그러나 이러한 이상향(理想鄕) 같은 사회는 이 땅에 없다(no+place)

207

는 뜻으로 '유토피아'라고 했다고 합니다. 그럼에도 불구하고 Utopia는 '좋은'(eu)+'장소'(topia)라는 의미도 있기에 지금 우리의 사회에는 없지만 얼마든지 가능성이 있다는 의미도 포함하고 있는 것입니다.

그렇습니다.

우리들이 사는 이 세상에 이상향, 유토피아가 없기 때문에 허황된 꿈과 망상(妄想)이라고 말할 수 있습니다. 그러나 언젠가는 반드시 실현되기를 희망하는 나라이기도 합니다.

우리 기독교 신자들은 이 땅 위에 하나님의 나라를 건설하기를 원하는 과제를 가지고 있으며 희망하고 있습니다. 어쩌면 그것이 토마스 모어(Thomas More)가 말한 '유토피아'일지 모릅니다.

1
하나님은 천지의 왕이십니다

세계를 정복하고 거대한 제국(帝國)을 건설했던 바빌로니아의 느브갓네살(Nebuchadnezzar) 왕이 하늘의 하나님을 발견한 후에 그 앞에 무릎을 꿇고 "나는 하늘의 왕을 찬양하며 칭송하며 경배하노니"(다니엘4:37) "그의 권세는 영원한 권세요 그 나라는 대대에 이르리로다"(다니엘4:34)라고 고백하였습니다.

그가 하늘의 하나님을 '하늘의 왕'이라고 표현한 것은, 곧 자신이 지상의 왕으로서 제국을 건설하였지만 그 권한은 하늘의 왕의 손에 달려 있어 그가 지상의 왕을 얼마든지 높일 수도 있고 낮출 수 있으며, 지상 나라의 흥망성쇠(興亡盛衰)까지도 주관하신다는 사실을 고백한 것이었습니다.

(1) 기독교의 하나님은 천지의 주재이십니다

창세기에서는 하나님을 "지극히 높으신 하나님, 천지의 주재"라고 부르고 있습니다(창14:19). '지극히 높다'는 것은 신분이 높아서 다른 존재들과는 비교할 수 없는 위엄(威嚴)을 가진 존재라는 뜻입니다. 즉 지극히 높으신 하나님은 신들 위에 참 신이시며, 왕들 위에 진정한 왕이라는 것입니다. 특히 시편에는 '지극히 높으신 이'(the Highest)라는 칭호가 많이 나오는데, 천지를 주관하시는 전능한 존재임을(시편18:13), 또는 "주만이 온 세계의 지존자"로서 우주적 존재임을(시편83:18), "온 땅의 큰 왕"이심을(시편47:2), 모든 신들 위에 계신 분이심을(시편97:9) 강조하고 있습니다. 이는 하나님만이 가장 높으신 지상주권(至上主權)을 가진 존재라는 것을 보여 주려는 것입니다.

또한 '천지의 주재'(主宰)라는 말은 천지 만물을 창조하신 하나님이 우주를 통치하시는 왕이라는 뜻입니다. 하나님께서 영적 세계(욥기38:4-7, 골로새서1:15-18)뿐만 아니라 천지 만물까지도 창조하셨기에 우주를 다스리는 유일한 주권자(主權者)라는 말입니다.

그렇습니다.

기독교의 하나님은 천지의 절대 주권(絕對 主權)을 가지신 하나님, 우주의 왕이십니다. 뿐만 아니라 지구상에 존재하는 모든 나라의 주재이시기도 합니다(시편22:28). 즉 이스라엘 민족의 왕일 뿐만 아니라 열국(列國)의 왕이시며, 모든 인생의 왕이시고, "만군의 여호와로 일컬어지는 왕"(예레미야46:18, 48:15, 51:57)이십니다.

(2) 하나님이 통치하는 곳이 바로 하나님의 나라입니다

하나님께서 천지의 주재(主宰)이시며 왕(王)이시기에, 그는 자신이 가지고 있는 통치권(統治權, sovereignty)으로 천지와 그 만상(萬象)들을 다스리시며, 역사와 그 안에 있는 나라들을 다스리시고, 인생들의 삶까지도 주관하십니다.

그래서 이스라엘 백성들은 홍해 바다를 건너는 기적을 체험한 후에 "여호와께서 영원무궁하도록 다스리시도다."(출애굽기15:18)라고 찬양했던 것입니다.

하나님께서는 천지를 살피시고(시편113:6), 그 가운데서 일어나는 모든 일들을 가장 적절하게 다스리시고, 섭리(攝理)하셔서 그의 목적을 이루어 가십니다(호세아2:21-22). 또한 나라와 열국을 통치하셔서 그의 목적에 따라 흥망성쇠(興亡盛衰)를 결정하시고 이끌어 가십니다. 앗시리아(Assyria) 제국을 일으켜 범죄한 사마리아 성을 파멸(破滅)하게 하셨으며, 바빌로니아(Babylonia)를 몽둥이로 사용하여 유다 왕국을 침략하여 백성들을 포로로 끌어가게 하셨으며, 역사적 섭리의 시간이 되었을 때에 페르시아(Persia)의 고레스 왕을 통하여 유대민족이 고국 땅으로 귀환(歸還)할 수 있도록 섭리, 역사하셨습니다(이사야45:1-7).

뿐만 아니라 하나님께서는 개인의 삶 속에서도 그의 통치의 섭리에 따라 높일 자를 높이시고 낮출 자를 낮추시며, 가난하게도 하시고 부하게도 하시며, 죽이기도 하시고 살리기도 하시고, 비천한 자를 존귀한 자리에 앉히시기도 하십니다(사무엘상2:6-8).

그러므로 온 우주는 왕이신 하나님이 다스리시고 통치하는 하나님의 나라입니다.

2
하나님은 자신의 통치 이념에 따라
다스리십니다

　시편 33편에는 하나님께서 자신이 창조하신 자연과 인간의 역사에 대하여 어떤 자세로 통치하시는지를 보여 주고 있습니다. 한마디로 인간 나라들의 계획과 사상들은 폐지하시고 무효하게 하시지만, 그 대신에 "여호와의 계획은 영원히 서고 그의 생각(사상)은 대대에 이르게"(시편33:10-11) 하신다고 했습니다. 하나님의 통치 계획에 따라 역사를 이끌어 가신다는 말입니다.

　하나님의 통치 사상의 핵심이 무엇인지 4-5절에 잘 나와 있습니다.

　"여호와의 말씀은 정직하며 그가 행하시는 일은 다 진실하시도다. 그는 공의와 정의를 사랑하심이여 세상에는 여호와의 인자하심이 충만하도다"

　여기 나오는 '정직과 진실', '공의와 정의', '인자하심'이 자연과 인간 역사를 통치하시는 하나님의 기본 이념, 또는 하나님의 생각입니다.

　'통치 이념'(統治 理念, ruling ideology)이라는 것은 한 나라의 통치자가 그 나라를 어떤 원칙을 가지고 다스릴 것인지에 대한 것으로,

즉 한 나라를 통치함에 있어서 "이상적으로 여겨지는 생각이나 견해"를 말합니다.

하나님이 우주의 왕으로 통치하신다면 자신의 신적 통치 이념을 가지고 계시는 것은 당연한 일입니다. 그럼으로 이제부터 구약성경과 신약성경에 깊이 내재(內在)되어 있는 하나님의 통치 이념이 무엇인지 찾아 간략하게 살펴보려고 합니다.

(1) 선을 창조하는 것입니다

'선 창조'는 하나님이 그의 사역 중에서 가장 첫 번째로 행하신 사역이었습니다. "땅이 혼돈하고 공허하며 흑암이 깊음 위에 있을"(창세기1:2) 때에 하나님께서 창조 사역을 전개하여 어두움을 몰아내고 밝은 빛이 비치게 하시고, 혼돈을 몰아내시고 질서정연하게 만드셨으며, 공허함을 몰아내시고 하늘과 땅과 바다에 생물들이 가득하게 만드셨습니다. 그때마다 하나님께서 외치신 것이 "하나님이 보시기에 좋았더라"(창세기1:4,10, 12, 18, 21, 25), 그리고 인간을 창조하여 마무리를 지으시면서 "보시기에 심히 좋았더라"(창세기1:31)고 했습니다.

여기 '좋았더라'(טוב, 토브)는 단어가 바로 '아름답다', '멋지다', '선하다'는 뜻입니다. 즉 하나님께서 창조하신 세상을 볼 때마다 보시기에 심히 선했다는 말입니다.

'선 창조'는 창조 원리이며, 또한 율법의 가르침의 핵심이기도 하며(신명기6:18, 12:28), 기독교의 복음이 추구하는 목적이기도 합니다(누가복음6:9, 베드로전서3:17).

하나님께서는 그 자신이 선하시며(시편25:8), 그 말씀도 선하시고, 그의 행하시는 모든 일이 선한 것들이기에(시편145:9) 선 창조가 그의 통치 이념의 가장 중요한 근본입니다.

그래서 하나님께서는 이 땅과 인생들에게서 악에 관한 모든 요소들, 불행과 저주의 문제들, 세상을 어지럽히고 혼돈하게 만드는 사건들, 인간들을 고통과 절망에 빠지게 하는 문제들이 전부 사라지기를 원하십니다.

(2) 정의와 공의를 실현하는 것입니다

"의와 공의가 주의 보좌의 기초라"(시편89:14)고 했습니다. 즉 의와 공의가 하나님의 나라 통치 이념의 가장 근본적인 초석(礎石)이라는 말입니다. 하나님은 이 땅 위에 그의 정의와 공의가 펼쳐지고 실현되기를 원하고 계십니다.

정의와 공의라는 개념은 이미 여섯 번째 테마(theme)에서 설명했던 것입니다.

① '정의'(正義, righteousness)란 어느 한쪽으로 치우치지 않고 균형

(均衡, balance) 있게 판단하고 행동하는 것을 가리킵니다. 구체적으로는 죄의 굴레와 삶의 속박(束縛), 그리고 인권적(人權的) 침해(侵害)를 당한 자리에 있는 사람을 해방시켜 주는 행위를 가리킵니다.

"여호와는 의로우사 의로운 일을 좋아하신다"(시편11:7)고 했습니다. 그리하여 인간을 불쌍히 여기시고, 사랑하시고, 자비를 베풀어 줄 뿐 아니라 인간의 생명을 귀하게 여기시고, 그의 인격과 삶을 존중히 여겨 주시며, 삶의 위기와 절망에서 구원해 주시고, 모든 속박에서 벗어나게 만들어 주시고, 모든 사람들을 공평하게 대해 주시어 인간답게 또는 행복하게 살아갈 수 있도록 만들어 주십니다.

② '공의'(公義, Justice)란 악을 제거하여 사회와 사람들을 완전하게 회복시켜 주는 것을 가리킵니다. 특별히 사회에서 약하고 힘없는 자들, 즉 고아와 과부와 나그네 등 사회의 소외자(疏外者)들을 긍휼히 여겨 주는 것입니다(시편68:5).

하나님은 "공의의 하나님"(이사야30:18)이시며, "공의를 사랑"(이사야61:8)하시기에 상처받은 자는 싸매 주시고, 약한 것은 보듬어 주시고, 주저앉은 자는 일으켜 세워 주시고, 힘이 없는 자에게는 활력을 불어넣으시고, 절망의 자리에서 일어날 수 있도록 일으켜 주어서 다른 사회 구성원들과 어울려서 정상적인 삶을 살아가도록 만들어주는 일을 하십니다.

"공의와 정의를 사랑"(시편33:5)하시는 하나님께서는 인생들에게 "선행을 배우며 정의를 구하며 학대받는 자를 도와주며 고아를 위하여 신원하며 과부를 위하여 변호하라"(이사야1:17)고 요구하십니다.

(3) 진실과 정직을 구현해 내는 것입니다

모세는 하나님을 이렇게 소개하였습니다.

"그는 반석이시니, 그의 사역은 완전하시도다. 이는 그의 모든 길이 공의로우시며, 진리의 하나님이시며 부당한 것이 없으시고, 그는 정의로우시고 정직하시도다"(신명기32:4, He is the Rock, His work is perfect; For all His ways are justice, A God of truth and without injustice; Righteous and upright is He. NKJV)

그렇습니다.

하나님의 성품과 그 행하시는 사역 중의 하나가 진실과 정직입니다.

① '진실'(眞實, faithfulness)이란 거짓됨이나 불의함이 없이 신실하고 참된 것을 가리킵니다. 하나님 자신이 "인자와 진실이 많은 하나님"(출애굽기34:6)이시기 때문에 우리는 "사람은 다 거짓되되 하나님은 참되시다"(로마서3:4)라고 말하는 것입니다. 하나님 자신의 본

질과 성품이 진실하시기 때문에 그의 말씀도 진실하고(시119:160), 그의 행하시는 일들도 진실하고(시편33:4), 또한 마음이 진실한 자, 모든 일에 진실하게 행하는 자를 찾아서 그와 함께해 주시는 것입니다(열왕기상2:4, 시편15:2).

무엇보다 하나님은 진실이 기반이 되는 사회를 건설하기를 원하시고(이사야1:21, 26), 진실을 실천하는 사람을 사용하십니다(스가랴8:16).

② '정직'(正直, upright)이란 '곧음'(straightness), '의로움'(righteousness), '공정'(equity)이라는 뜻으로 삶 가운데서 선과 악을 바르게 분별하여 부끄럼이 없이 행동하는 것을, 또한 한쪽으로 치우침이나 편법(便法)함이 없이 공정하게 행하는 것을 가리킵니다.

"여호와는 선하시고 정직"(시편25:8)하시기 때문에 정직한 자를 좋아하시고 가까이하시며 친밀하게 교제하시고 함께 일하십니다(잠3:32). 그래서 구약 역사서를 보면, 하나님께서 '보시기에 정직한 자'를 위하여 항상 가까이하시고, 자기의 뜻을 보여 주시고, 그를 통하여 그 뜻을 이루어 가셨습니다(역대하26:4-5, 29:2, 34:2).

"의인의 길은 정직함이여 정직하신 주께서 의인의 첩경을 평탄하게 하시도다"(이사야26:7)

하나님은 진실하고 정직한 자들을 찾으시고 그들을 통하여 이 땅에 진실하고 정직한 사회가 건설되기를 원하시는 것입니다.

(4) 인자하심을 실현하는 것입니다

'인자하심'(仁慈)이란 '자비'(loving-kindness), '변치 않는 사랑'(steadfast love), '은총'(mercy), '친절'(goodness) 등의 뜻으로 구약 성경에서 가장 중요하게 강조되는 개념 중에 하나입니다.

하나님은 긍휼과 인자하심이 풍부하신 분이시기에 그의 영원한 자비하심으로 인생들을 긍휼히 여기십니다(이사야54:8). 그래서 인생들에게 베풀어지는 모든 혜택(惠澤)들이 전부 하나님의 인자하심의 사랑에서 나오는 것들입니다(시편136편).

주님의 인자하심을 통하여 그 백성의 허물과 죄악을 용서해 주시며(민수기14:18-19), 고난과 환난을 살피시어 건져 주시며(시편31:7-8), 비천한 자리에서 일어나게 하시며(시편136:23), 영혼을 괴롭히는 자들을 제거해 주시고(시편143:12), 절망의 자리에서 구속하여 안전한 곳으로 인도해 주십니다(출애굽기15:13).

'인자하심'의 신약적 개념은 아가페적 사랑을 실천하는 것에서 찾을 수가 있습니다(딛3:4).

천지의 왕이신 하나님께서는 자신이 통치하는 우주와 역사와 인간 세계를 자신의 통치 이념에 따라 다스리십니다. 그리고 인간들에게 자신들의 삶 가운데서 신적 통치 이념을 실현하면서 살아가도록 요구하십니다.

3

인간은 하나님의
통치 이념 실현에 실패했습니다

영적 세계에 놀라운 반역 사건이 벌어졌습니다. 하늘에서 "자기 지위를 지키지 아니하고 자기 처소를 떠난 천사들"(유다서1:6)이 발생한 것입니다. 요한계시록에서는 그 무리들을 "큰 붉은 용, 곧 마귀라고도 하고 사탄이라고도 하며 온 천하를 꾀는 자"와 그를 따르는 악한 천사들이라고 했습니다(요한계시록12:9). 그들은 하늘에서 선한 천사의 군대와 영적 전투를 벌여 패배하자 크게 분을 내면서 땅으로 쫓겨났습니다(요한계시록12:7-12).

문제는 하나님께서는 반역한 악한 천사의 무리를 당장에 완전히 진멸하여 없애 버리지 않으시고 땅으로 쫓겨난 상태로 '결박하여 무저갱에 넣을 때'까지 그냥 놓아두셨다는 것입니다(요한계시록 20:2-3, 이사야24:21-22). 그것은 영적 세계의 어쩔 수 없는 필연적 조치였다고 볼 수밖에 없습니다. 그들을 결박하는 최후의 날은 예수 그리스도께서 재림하시는 날이며, 또한 경건한 자와 경건하지 않은 자를 구별해 내는 날이기도 합니다(베드로후서2:9, 3:7).

또 한 가지 문제는 사탄의 무리가 반역한 사건이 단순히 영적 세계의 문제만이 아니라 이 땅에서 하나님의 통치와 통치 이념을 실현시키는 일에 장애(障碍)를 초래(招來)하게 되었다는 것입니다.

(1) 타락한 인간은 하나님의 통치 이념 실현의 실패자입니다

하나님께서는 자신의 형상을 따라 인간을 창조하셨습니다(창세기1:26-27). '하나님의 형상'이란 하나님의 본질과 그 속성 가운데 있는 요소를 인간의 내면(內面)에 있게 하여 하나님과 교제할 수 있는 존재로 창조하신 것을 가리킵니다. 그것은 다른 생물(生物)들에게서는 찾아볼 수 없는 인간만이 갖게 된 독특한 요소입니다. 인간은 하나님의 대리자 역할을 감당하게 하려는 목적으로 하나님의 형상을 따라 창조된 것입니다.

① 인간은 하나님의 협력자(協力者)로서 신적 통치 이념을 실현할 사명을 부여받았습니다.

하나님께서 인간에게 "땅을 정복하라…모든 생물을 다스리라"(창세기1:28)고 명령하신 것은 하나님의 통치 이념을 실현하는 역군(役軍)이 되라는 말씀이었습니다. 하나님의 형상으로 창조된 인간이라면, 필연적으로 하나님의 대리(代理) 통치자로서 하나님의 의도와 목적에 따라서 세상을 관리해야만 하는 것입니다. 즉 하나님의 통치 이념에 따라 가는 곳마다 선(good)을 창조하고, 인간들에 대하여 정의와 공의를 실현하고, 자신이 살아가는 사회에서 진실과 정직을 구현(具顯)해 내어야만 하며, 인간과 세상을 향하여 인자함을 베풀어야만 하는 것입니다. 그것은 인간에게 주어진 필연적 사명(mission)이요, 책임이요, 반드시 이루어야 할 임무였던 것입니다.

② 그러나 인간은 마귀에게 속아 그 종으로 전락(轉落)해 버리고 말았습니다.

이것은 엄청난 불행의 사건이었습니다. 하나님의 기대를 완전히 저버린 타락이며 반역(叛逆)의 사건입니다.

인간이 마귀의 유혹의 말에 속아서 하나님의 말씀을 거역하고 범죄함으로 저주를 받고 에덴동산에서 쫓겨난 것만이 문제가 아니었습니다. 하나님께서 인간에게 주신 권리와 축복을 모두 마귀에게 넘겨주게 되었고(누가복음4:6), 자신에게 맡겨준 사명은 팽개쳐 버리고, 마귀의 종으로 전락해 버린 것입니다.

인간은 "죽음의 세력을 잡은 자 곧 마귀"에게 "죽기를 무서워하므로 한평생 매여 종노릇"(히브리서2:14-15)하게 된 것도 문제이지만, 또한 마귀를 따라다니고 추종하는 자가 되어(에베소서2:2) 그 삶이 악마적, 사탄적 삶을 살게 되었습니다. 뿐만 아니라 사탄의 부하인 귀신들의 간섭과 눌림과 공격을 늘 받으면서 살아가는 가련한 신세로 전락(轉落)해 버렸습니다.

이것이 인간의 비극입니다.

③ 인간은 하나님의 통치 이념에 역행(逆行)하는 삶을 살게 되었습니다.

선을 창조해야 할 인간이 악을 만드는 악마 같은 존재가 된 것입니다. 그것을 유다서에는 이렇게 설명하고 있습니다.

"소돔과 고모라와 그 이웃 도시들도 그들과 같은 행동으로 음란하며"(유다서1:7)

여기 '그들과 같은 행동'이란 바로 앞 절에서 설명했던 '자기 지위를 지키지 아니하고' 타락한 천사들, 즉 사탄의 무리들과 마찬가지로 인간들이 하나님을 향하여 반역하고, 그의 뜻을 저버리고, 신적 통치 이념에 역행하는 행동을 하여 타락 도시, 멸망의 도성(都城)을 만들었다는 뜻입니다.

노아(Noah) 시대의 인간들과 그 사회상을 살펴보면, 하나님의 통치 이념과는 완전히 거리가 먼, 반대 현상들이 나타난 것을 발견할 수 있습니다. 인간들이 "그의 마음으로 생각하는 모든 계획이 항상 악할 뿐"만 아니라 "그때에 온 땅이 하나님 앞에 부패하여 포악함이 땅에 가득"하여 무법천지(無法天地)를 만들므로 하나님께서는 인간을 지으셨음을 한탄하는 지경까지 이르게 된 것입니다(창세기 6:5-6, 11-12).

이런 현상이 찬란한 과학 문명을 이룬 현대에까지 지속되고 있다는 것은 정말 불행한 일입니다. 그것은 인간이 인간답게 살지 못했고, 자신들에게 주어진 사명과 역할을 제대로 감당하지 못했다는 증거입니다.

(2) 이스라엘 민족도 하나님의 통치 이념을 실현하지 못했습니다

하나님께서는 아브라함과 그 후손인 이스라엘 민족을 하나님의 통치 이념을 실현할 수 있는 특별한 민족으로 선택해 주셨습니다 (신명기10:15). 그것은 그들만 사랑하고, 그들만 구원하시겠다는 뜻이 아니었습니다. 그들을 택하신 목적은 그들을 '이방의 빛'으로 삼아 하나님의 구원을 땅 끝까지 베풀어 무지한 이방 민족을 깨우치며, 흑암에 갇힌 자들을 해방시켜 주며, 절망에 몸부림치는 사람들을 건져 내기 위한 것이었습니다(이사야42:6, 49:6).

그래서 하나님께서는 이사야 5장에 나오는 '포도원의 노래'처럼 이스라엘 민족에게 엄청난 정성을 쏟으셨던 것입니다. 기름진 산에 포도원을 만들어 놓고, 땅을 파고 돌들을 제거하고, 극상품 포도나무를 심고, 망대를 세워 철저히 지키기까지 해 주었습니다. 그것은 좋은 포도 열매 맺기를 기대하는 희망 때문이었습니다.

하나님께서 이스라엘 민족을 향하여 엄청난 정성을 쏟으신 것은 그들을 통하여 우상 숭배하는 나라들이 참 하나님을 발견하기를 원했고, 불법과 폭력이 난무하는 세상에 정의와 공의가 실현되며, 타락함이 가득한 세상이 거룩하고 진실한 세상으로 바꾸어지기를 기대했기 때문이었습니다.

그러나 이스라엘 민족은 하나님의 기대와 희망을 완전히 저버리고 말았습니다. 하나님께서는 그들을 평가하시기를 "그들에게 정의를 바라셨더니 도리어 포학이요 그들에게 공의를 바라셨더니 도리어 부르짖음이었도다"(이사야5:7)라며 탄식하셨고, 그들의 사회를 향하여 "정의가 뒤로 물리침이 되고 공의가 멀리 섰으며 성실이 거리에 엎드러지고 정직이 나타나지 못하는도다"(이사야59:14)라며 실망하셨던 것입니다.

　　세상의 열방(列邦) 사람들은 어디가 참 길인지, 어떤 것이 참된 진리인지, 어느 신이 참 신인지를 알지 못하여 눈먼 사람처럼 더듬고, 정의와 공의가 실현되지 않은 세상 속에서 학대와 학정(虐政)으로 시달리며 곰처럼 부르짖고 비둘기처럼 슬피 울며 방황하며 살고 있었습니다. 그러나 이스라엘 민족은 그들의 울부짖는 소리에 대해 외면하였고 오히려 자신들만이 택한 백성이라는 선민의식(選民意識)의 착각과 오해에 빠져 사명적 실패 민족이 되고 말았던 것입니다(이사야59:9-11).

4
하나님은 예수님을 통해
하나님의 나라 회복 전략을 마련하셨습니다

하나님의 목적을 깨닫지 못한 이스라엘 민족과 그 왕들을 보면서 하나님께서는 다른 계획을 세우시게 되었습니다. 사실 이 계획은 만세전부터 세워졌던 것이지만 이스라엘 민족의 행동을 보시면서 선지자들을 통하여 구체적으로 밝히기 시작한 것입니다.

(1) 이상적인 메시아 왕을 통해 신적 통치 이념을 실현할 것을 약속하셨습니다

이스라엘 민족에서 하나님의 뜻을 실현할 수 있는 가장 중요한 위치에 있는 사람은 나라를 통치하는 왕들이었습니다. 자신의 통치 이념 속에 하나님의 통치 이념을 반영(反映)하여 실시하면 되는 것입니다. 그러나 이스라엘 왕들 가운데서 신정정치(神政政治)을 이념으로 삼는 왕은 제대로 없었습니다. 자신의 왕좌에 앉았다 하면 권력욕에 사로잡혀 제왕적(帝王的) 통치를 일삼아 백성들 가운데 탄식과 신음소리가 끊이지 않았던 것입니다.

① 그래서 이새의 줄기에서 이상적인 왕을 주실 것을 예언하였습니다.

"이새의 줄기에서 한 싹이 나며…그의 위에 여호와의 영이…강림하리니…공의로 가난한 자를 심판하며 정직으로 세상의 겸손한 자를 판단할 것이며…공의로 그의 허리띠를 삼으며 성실로 그의 몸의 띠를 삼으리라"(이사야11:1-5)

장차 오실 메시아 왕은 하나님의 통치 이념의 중요한 요소들, 즉 공의, 정직, 성실로 통치할 것을 약속하고 있습니다. 이는 그를 통하여 진정한 하나님의 통치 세계, 하나님의 나라가 회복될 것을 약속한 것입니다(예레미야23:5).

② 메시아 왕의 통치를 통하여 사람들이 참된 안식을 얻게 될 것입니다.

"보라 장차 한 왕이 공의로 통치할 것이요 방백들이 정의로 다스릴 것"(이사야32:1)이라는 예언대로 메시아 왕의 통치시대가 되면 정의와 공의에 입각한 정책이 실천되어 인간다운 삶을 사는 세상이 될 것입니다. 폭력자(暴力者)들로 고난을 겪을 때에 메시아 왕은 그들의 피난처가 되어 줄 것이고, 거친 폭풍우를 가리우는 처소와 같이 인생들의 안식처가 되어 줄 것이며, 메마른 땅에서 목말라 허덕이는 인생들에게 샘물과 같은 역할을 할 것이며, 뜨거운 태양 아래서 곤고한 자들에게는 피할 수 있는 큰 바위 그늘과 같은 역할을 하게 될 것입니다(이사야25:4-5, 32:2). 그는 인생들이 참된 안식과 행복을 얻을 수 있는 이상적인 세상을 건설할 것입니다.

(2) 마침내 예수님께서 그리스도(메시아)로 오셔서 하나님의 나라 회복 사역을 전개하셨습니다

"보라 주 여호와께서 장차 강한 자로 임하실 것이요"(이사야40:10)라는 예언의 약속대로 마침내 메시아 예수님께서 강한 자로 세상에 나타나셨습니다.

① 예수님께서는 하나님의 나라를 선포하셨습니다.

예수님께서 자신의 사역을 시작하시면서 "때가 찼고 하나님의 나라가 가까이 왔으니 회개하고 복음을 믿으라"(마가복음1:15)고 외치셨습니다. 메시아 예언의 성취의 때, 곧 하나님의 나라의 통치 이념이 실현될 수 있는 때가 되었기 때문에 '하나님의 나라가 가까이 다가왔다'고 한 것입니다. 메시아 예수로 말미암아 하나님의 통치의 시대가 시작된 것입니다.

여기에서 '하나님의 나라가 가까이 왔다'는 말은 이 땅에 존재하지 않았던 하나님의 나라가 새롭게 생기게 되었다는 말이 아닙니다. '하나님의 나라'는 하나님의 통치와 다스림이 있는, 즉 하나님의 주권(主權)이 미치는 곳은 어디든지 전부 하나님의 나라임을 나타내는 것입니다. 그러므로 전 우주와 천지가 하나님의 통치 아래 있는 하나님의 나라인 것입니다.

원초적(原初的)으로 창조 때부터 세상과 인간들은 하나님의 통치를 받는 하나님의 나라였습니다. 그런데 인간들이 타락하여 마귀의 종노릇을 하는 자로 전락(轉落)하면서 사탄의 왕국이 생기게 된 것입니다. 이에 대해 예수님께서도 마귀를 "이 세상 임금"이라고 인정하며 사탄의 통치를 이야기한 것입니다(요한복음12:31, 16:11). 마귀가 인간을 지배하고, 그 인간들이 활동하는 범위 안에서 마귀는 자신의 왕국을 건설한 것입니다.

예수님께서 오신 것은 "하나님의 나라 복음을 전파하여"(누가복음4:43) 잃어버린 하나님의 나라를 회복하려는 목적 때문입니다.

② 예수님은 하나님의 나라 건설을 위해 마귀의 세력을 몰아내셨습니다.

예수님께서 많은 병자를 고치시고 귀신을 쫓아내시는 사역을 전개하시면서 "내가 하나님의 성령을 힘입어 귀신을 쫓아내는 것이면 하나님의 나라가 이미 너희에게 임하였느니라"(마태복음12:28)고 말씀하셨습니다.

이는 마귀의 수하인 귀신들이 축출(逐出)된 것이 바로 하나님의 나라의 도래(到來)를 가져왔다는 말입니다. '이미 임하였다'는 말은 예수님의 말씀과 그의 증거하는 복음으로 말미암아 귀신이 쫓겨

나가는 순간, 마귀의 세력은 패주(敗走)하게 되고, 그의 왕국은 무너져 버리고, 그곳에 하나님의 나라가 세워지게 되었다는 말입니다. 이것이 바로 하나님의 나라 통치 이념 중에서 묶임과 억압(抑壓)에서 해방시켜 주는 '정의'가 실현된 증거입니다.

또한 바리새인들이 '하나님의 나라가 어느 때에 임하느냐'고 물었을 때에 예수님께서 "하나님의 나라는 볼 수 있게 임하는 것이 아니요 또 여기 있다 저기 있다고도 못 하리니 하나님의 나라는 너희 안에 있느니라"(누가복음17:20-21)고 답해 주셨습니다.

여기 '너희 안에'(within you)라는 말은 우리의 심령에 임했다는 심령(心靈) 천국을 말하는 것이 아닙니다. 이 말은 '너희들 가운데'(midst, among you), 즉 예수 그리스도의 복음을 받고 믿는 순간 사탄의 세력에서 해방이 되어진 곳, 바로 그곳에 하나님의 나라가 임하게 되고, 그로 인하여 하나님의 나라가 형성된 신자들이 모이면 그 자리가 하나님의 나라가 되었다는 말입니다.

하나님의 나라는, 즉 하나님의 통치는 미래에 실현되는 것이 아니라, 이미 예수님을 믿는 순간, 거듭나는 순간 그 통치가 시작되는 것입니다. 그리고 하나님의 통치의 나라가 하나 하나 확장되어 교회 공동체와 사회 가운데 형성되어 가는 것입니다.

③ 예수님께서 십자가로 마귀의 세력을 꺾으셨습니다.

악마의 세력을 축출하는 일, 인간들을 그 손아귀에서 해방시키는 일, 하나님의 나라를 확장시켜 가는 일은 예수님 혼자서만 이룰 수 있는 일이 아니었습니다. 예수님께서는 자신의 사역을 그의 사도(使徒)들에게 위임, 위탁(委託)하기를 원하셨습니다. 그리하여 한 가지 중요한 사역을 하셨는데, 그것은 사탄의 세력을 한풀 꺾어 놓는 일이었습니다.

"통치자들과 권세들을 무력화하여 드러내어 구경거리로 삼으시고 십자가로 그들을 이기셨느니라"(골로새서2:15)

여기 '통치자들과 권세들'이란 악마의 세력들을 가리킵니다. 붉은 용 곧 사탄이라는 악마의 우두머리를 중심으로 공중권세 잡은 악한 영들, 그 수하의 귀신들입니다. 예수님께서는 십자가 사역을 통해서 악마의 세력을 이겨 승리하셨습니다. 죽음을 통한 승리, 그것은 놀라운 하나님의 승리의 전략이었습니다(히2:14). 예수님의 승리로 인하여 악마의 세력들은 무력화(無力化)되었고, 그들이 패배했다는 사실은 만천하에 알려지게 되었습니다.

이것으로 예수님께서는 자신의 제자들을 통하여 하나님의 나라를 확장시켜 가기 위한 기틀을 마련해 놓은 것입니다.

5
우리에게는 하나님의 통치 이념을
실현해야 할 과제가 남아 있습니다

기독교 신자들은 이제부터 예수님께서 십자가에서 이루어 놓으신 것들, 즉 죄와 사망에서의 해방, 율법의 속박에서의 자유, 악마의 손아귀에서의 해방과 그 세력을 꺾어 놓은 것들을 기반으로 하여 하나님의 나라를 건설하고 확장해 갈 수 있게 되었습니다.

(1) 기독교 신자는 인생들을 사탄의 권세에서 해방시키는 사역을 전개해야 합니다

기독교 신자는 자신이 악마의 종노릇에서 해방을 받은 것뿐만 아니라 한 걸음 더 나아가서 "모든 귀신을 제어하며 병을 고치는 능력과 권위"(누가복음9:1)까지 부여받았으며, 마귀를 예수 그리스도의 이름으로 대적하면 물리칠 수 있는 권세까지도 갖게 되었습니다. 그러므로 이제부터 그 능력과 권세를 가지고 아직도 악마의 세력에 붙잡혀 있는 인생들을 해방시켜 주고 자유를 얻게 만들어 주려고 합니다.

① 기독교 신자는 예수님의 사역을 계승(繼承)해야 합니다.

예수님에게 성령이 부어진 것은 "가난한 자에게 복음을 전파하고, 포로 된 자에게 자유를, 눈 먼 자에게 다시 보게 함을, 눌린 자를 자유롭게 하는"(누가복음4:18) 사역을 전개하려는 것이었습니다.

오늘 기독교 신자들에게도 성령을 부어 주시는 목적은 예수님의 사역을 계승하여 실천하라는 것입니다. 참된 진리, 영적 세계를 보지 못하는 사람들에게 눈을 열어 주고, 악한 영에게 사로잡혀 있는 사람은 해방시켜 주고, 각종 억압과 제도에 억눌린 사람들에게 자유로운 환경을 만들어 주어야 합니다.

이것이 사탄의 왕국을 무너뜨리고 하나님의 나라를 건설하는 길인 것입니다.

② 기독교 신자는 하늘의 비전을 성취해야 합니다.

사도 바울은 자신은 '하늘에서 보이신 것', 즉 하늘의 비전(the Heavenly Vision)을 거역하지 않았다고 했습니다(사도행전26:19). 하나님께서 자신에게 행하라고 주신 사명(mission)을 자신의 것으로 받아들였다는 말입니다.

그것은 세상에 나아가 사람들의 "눈을 뜨게 하여 어둠에서 빛으로, 사탄의 권세에서 하나님께로 돌아오게 하고 죄 사함과⋯기업을 얻게"(사도행전26:18) 하는 일을 수행(隨行)하는 것입니다.

바로 이 일이 우리 기독교 신자들이 감당해야 할 과제입니다.

사명을 가진 종교

복음 전파만이 사람들과 세상을 구원하는 유일한 길이기 때문입니다. 다시 말해, 다른 방법으로는 사탄의 왕국을 무너뜨리고 악마의 세력을 몰아낼 수가 없습니다. 예수 그리스도의 복음이 전파되는 곳에서만이 하나님의 나라가 건설될 수 있고, 그로 인해 하나님이 통치하는 선하고 아름다운 세상, 참된 삶을 살아갈 수 있는 세상이 세워질 수 있는 것입니다.

(2) 이제 우리는 기독교 신자로서 하나님의 통치 이념을 이 땅에 실현하려고 합니다

기독교 신자는 복음을 전파한 후에 그 자리에 머물러서는 안 됩니다. 한 걸음 더 나아가서 하나님의 나라의 통치 이념을 실현하는 사역을 전개해야만 합니다. 예수님께서 가르쳐 주신 기도문에서 "나라가 임하시오며"(your kingdom come), "뜻이 하늘에서 이루어진 것같이 땅에서도 이루어지이다"(your will be done on earth as it is in heaven)라고 기도한 것처럼 하나님의 뜻, 즉 하나님의 통치 이념이 이 세상에 성취되고 실현되기 위하여서 날마다 기도해야만 하는 것입니다.

그래서 이 세상에 하나님의 나라를 확장해 나아가고, 하나님의 뜻을 실현시키려고 합니다.

① 선을 창조하려고 합니다.

내가 머무는 장소를 아름답게 만드는 것뿐만 아니라 적극적으로 어둡고 혼란스러운 것, 악하고 불의한 것들을 제거해 내어야 합니다. 무엇보다 하나님이 보실 때에 아름다운 것이 무엇인지를 깨닫고 실천해야 합니다.

척박(瘠薄)하고 불모지 같은 환경은 기름진 곳으로 바꾸고, 저주받고 희망이 없는 곳은 희망과 활기가 넘치는 장소로, 어두움과 무지가 가득한 세상은 새로운 여명(黎明)의 빛이 비치는 곳으로, 다툼과 분열이 난무한 곳은 평화와 사랑이 넘치는 사회로, 혼돈과 무질서가 가득한 무법천지(無法天地)는 질서와 안녕(安寧)이 충만한 환경으로 바꾸어 놓아 사람들이 더불어 살아가는 데 좋은 세상을 창조해 내려고 합니다.

② 정의와 공의를 실현하려고 합니다.

우리 사회에 잘못 인식되어 있는 정의(正義), 즉 폭력에 앞장서거나 무질서를 부추기는 타락한 정의가 아닙니다. 우리는 성경적 정의를 실현하려는 것입니다. 인간을 동물 취급하는 것이 아니라 하나님께서 만물의 영장(靈長)으로 창조한 인간, 하나님의 형상으로 지은 존귀한 존재로 여기는 정의를 실현하려고 합니다.

그리하여 사람의 생명을 소중하게 여기고, 인격(人格)과 인권(人權)을 존중히 여기며, 인간으로 마땅히 누려야 할 자유를 누릴 수 있게 하며, 삶을 즐겁고 행복하게 살아갈 수 있는 환경을 만드는 일을 하려고 합니다.

그리하여 "흉악의 결박을 풀어 주며, 멍에의 줄을 끌러 주며, 압제당하는 자를 자유하게 하고, 모든 멍에를 꺾는 것"(이사야58:6)을 위하여 모든 잘못된 제도, 사회적 악습, 피부 색깔의 편견, 정치적 억압, 계급적 관습, 경제적 잘못, 성별의 불평등 등을 고쳐서 인간답게 살아가는 사회를 건설하려고 합니다.

뿐만 아니라 공의(公義)를 실현하기 위하여 사회적 약자, 빈민, 소외계층, 노숙자, 새터민, 다문화가정 등 정상적 삶을 살아가기에 어려운 사람들을 위한 봉사와 사회적 제도를 만들고, 강한 자들이 사회적 책임을 감당하게 하려고 합니다. 우리 기독교인들은 부(富)를 축적하는 데 혈안(血眼)이 되는 사람이 아니라 부어주신 하나님의 축복을 공의 실현을 위해 멋지게 사용하려고 합니다.

성경의 가르침과 같이 "주린 자에게 네 양식을 나누어 주며, 유리(遊離)하는 빈민을 집에 들이며 헐벗은 자를 보면 입히며 또 네 골육을 피하여 스스로 숨지 아니하는"(이사야58:7) 당당하고 책임 있는 기독교 신자가 되려고 합니다.

③ 진실과 정직한 사회를 구현하려고 합니다.

지금 우리 사회는 윗머리서부터 밑바닥까지 부패하고 썩어 문드러졌다고 말해도 과언(過言)이 아닙니다. 정의를 부르짖는 사람이 위선과 거짓으로 불법과 불의를 자행하며, 청백리(淸白吏) 같은 공직자를 찾아보기가 어렵고, 진실과 정직으로 사업하는 기업인, 경제인을 찾을 길이 없고, 젊은 사람뿐만 아니라 나이 먹은 사람들까지, 아니 도시뿐만이 아니라 저 농촌에 사는 사람들까지 마치 온 국민이 온갖 거짓과 불법, 불의에 편승(便乘)한 것처럼 보입니다. 마치 붕괴 직전에 놓여 있는 타락한 소돔과 고모라 도성(都城)처럼 보입니다. 이에 종교계까지도 눈 뜨고 볼 수 없을 정도로 도덕 불감증(道德 不感症) 사회를 이루어 놓은 것 같습니다.

우리 기독교는 본연(本然)으로 돌아가기를 소원합니다. 하나님의 나라를 건설해야 할 사명자로서, 하나님의 통치 이념을 실현해야 할 책임자로서 각성(覺醒)하여 '진실과 정직이 기초가 되는 사회'를 구현(具顯)하기를 원합니다. 사회 구석구석, 저~~밑바닥에서부터 진실과 정직을 생명처럼 여기면서 실천하는 기독교 신자가 되기를 소원합니다.

④ 긍휼과 인자하심을 실천하려고 합니다.

반목과 편견, 옹졸함과 아집(我執), 몰인정과 무자비, 집단 이기주의와 시위 투쟁문화, 헐뜯음과 마녀 사냥적 공격 행위 등으로 우리 사회는 깊은 상처와 골이 깊어져만 가고 있습니다. 이런 사회적 분위기, 잘못된 문화를 언제까지 방치만 할 수 없습니다.

우리 기독교 신자들은 하나님의 긍휼하심과 인자하심의 심정을 가지고 세상을 치유(治癒)하기를 원합니다. 무엇보다 하나님의 통치 이념을 실천해야 할 책임자라는 사명의식(使命意識)을 가지고 품어 주고, 용서하고, 이해시키고, 바르게 세워 주고, 사랑하고, 이끌어 주어서 서로 더불어 행복하게 살아가는 국가 공동체를 건설하는 일에 앞장서려고 합니다.

결론적으로 다시 말씀드리면, 기독교는 인간의 존재가 변화되어야 삶이 변화되고, 삶이 변화되어야 세상이 변할 수 있다는 목적을 가진 종교입니다. 그래서 실천이 안 되어서 안타까울 뿐, 우리 기독교는 이 땅 위에 하나님의 통치 이념을 실현하기를 원하는 종교입니다.

"사랑하는 자들아
하나님이 이같이 우리를 사랑하셨은즉
우리도 서로 사랑하는 것이 마땅하도다"

(요한일서4:11)

기독교는
사랑을 실천하려는 종교입니다

알버트 슈바이처(Albert Schweitzer)는 철학 박사, 신학 박사, 문학 박사, 음악 박사 학위를 가진 당대에 유럽에서 장래가 가장 촉망되는 대학교수였습니다. 한번은 신문에서 아프리카에는 병원이 없고 의사도 없어서 수많은 사람이 죽어 간다는 기사를 읽고는 자신이 헌신하기로 결심하였습니다. 그때부터 의학을 공부하여 의학박사 학위를 받고 세상의 부귀영화를 전부 뒤로하고 아프리카 가봉에 있는 밀림 지역에 들어가서 움막을 짓고 독사와 전염병과 싸우면서 원주민들에게 의료 사역과 함께 예수 그리스도의 복음을 증거하는 생활을 하였습니다.

하루는 어떤 방문객이 "당신과 같은 사람이 왜 이런 고생스러운 곳에서 살아야 합니까?"라고 물었다고 합니다. 그때 슈바이처는

"나를 동정적으로 보지 마십시오. 하나님의 손이 된다는 것이 얼마나 기쁜 일인지 아십니까?"라고 반문했다고 합니다.

그렇습니다.

하나님의 손이 되어 사랑을 실천할 수 있다는 것. 내가 하나님의 손으로 쓰임을 받을 수 있다는 것은 우리 기독교 신자에게는 엄청난 영광이요 행복인 것입니다.

우리 기독교는 슈바이처처럼 사랑을 실천하는 종교가 되려고 합니다.

1

우리가 사랑을 실천하게 되면
율법을 완성하게 됩니다

천지 만물을 창조하신 하나님께서는 우주와 그 안의 생물들과 인간에게 우주의 원칙, 즉 자연적인 원리를 주셨습니다. 신약성경 야고보서3:7의 헬라어 성경에 보면, '모든 짐승들의 본성'이라는 말과 '인간의 본성'이라는 말이 있습니다. '본성'(φύσις, 휘시스)이란 로마서1:26, 27에서는 '순리'(順理)로, 로마서2:14, 고린도전서11:14

에서는 '본성'(本性)으로, 베드로후서1:4에서는 '성품'(性品)으로 번역하고 있습니다. 본성(nature)이란 '자연의 규칙적인 질서', '자연의 이치', '자연적 원칙'이라는 뜻으로 창조 속에 주어진 기본적인 자연 원리들을 말합니다. 자연(自然)에는 우주적 원리가 있고, 인간(人間)에게는 자연 속에서, 또는 창조 원리 속에서 살아가는 이치(理致)들이 있습니다.

인간은 자연과 더불어, 즉 창조 원리에 따라 살아야만 하는 존재입니다. 자연적 규칙에 따라 동식물들을 가꾸고 돌보고 지배하고 통치하면서 살아가야 합니다(야고보3:7). 이것이 인간에게 주어진 책임이며, 사명이고, 자연적 원칙인 것입니다.

또한 인간은 그 본성(natural order)에 따라서 스스로 어떻게 살아야 할지를 압니다(고린도전서11:14). 즉 "사람으로 하나님을 더듬어 찾아 발견하게 하는"(사도행전17:27) 종교성(宗教性)이라는 본성이 있기 때문에, 인간은 배우지 않아도 자연적으로 하나님을 찾고 알고 경배하게 되어 있는 것입니다(로마서1:19). 또한 양심과 판단력을 통하여 선과 악을 분별할 수 있게 하는 도덕성(道德性)이라는 본성을 가지고 있기 때문에, 어떻게 사는 것이 바른 삶인지, 어떻게 인간관계를 맺고 살아야 하는지, 어떻게 부모를 공경해야 하는지 등등을 자연적으로 알게 되어 있습니다.

인간의 타락과 범죄는 인간의 인식(認識)과 판단력에 엄청난 변화와 착각을 일으키게 만들었습니다. 세상에서 어떻게 살아야 하는지를 자연적으로 알아서 행동해야만 하는데 그만 그 기능이 망가지고 무디어져서 바르게 인식하지 못하게 된 것입니다. 또한 인간의 지혜와 총명은 무지(無知)하여져서, 하나님의 형상으로 지어진 존재로서, 그리고 만물의 영장(靈長)으로서 지켜야 할 마땅한 도리(道理)와 역할을 깨닫지 못하게 된 것입니다.

그리하여 이치(理致)에서 벗어난 생각, 정도(正道)에서 이탈된 행동, 기본(基本)에서 빗나간 삶을 살게 된 것입니다. 불의, 탐욕, 악의, 시기, 살인, 분쟁, 교만, 배약(背約), 거짓, 도둑질, 무자비 등등이 모두 자연적 기본 원칙에서 벗어난 행동들입니다. 하나님이 창조한 자연의 원리는 남자가 여자를, 여자는 남자를 사랑하면서 살아야만 하는 것입니다. 그런데 인간의 욕망에 불이 일듯 하여 남자가 남자를, 여자가 여자를 탐하는 역리(逆理) 현상, 즉 자연의 원리에서 역행하는 행동들이 나타난 것입니다(로마서1:26-27).

(2) 율법은 자연 원리를 거역한 인간들을 교훈하기 위하여 주어진 것입니다

사도 바울은 율법이 인간에게 주어지게 된 이유를 "범법하므로 더해진 것"(갈라디아서3:19)이라고 말했습니다. '범법'(παραβασις, 파라바시스)이란 '기준이나 규범으로부터의 일탈(逸脫)', 또는 '정도(正度)에서 벗어난 행동'이라는 뜻으로, 하나님께서 주신 기본 원칙, 즉 우주적 원리들에서 벗어난 것을 가리킵니다. 다시 말해 율법은, "옳은 사람을 위하여 세운 것이 아니요 오직 불법한 자와 복종하지 아니하는 자와 경건하지 아니한 자와 죄인과 거룩하지 아니한 자와 망령된 자와 아버지를 죽이는 자와 어머니를 죽이는 자와 살인하는 자와 음행하는 자와 남색(男色)하는 자와 인신매매를 하는 자와 거짓말하는 자와 거짓 맹세하는 자와 기타 바른 교훈을 거스르는 자를"(딤전1:9-10) 깨우치고 경계하기 위하여 생겨난 것입니다.

그렇습니다.

율법은 인간으로서 마땅히 가져야 하고 지켜야 할 우주적 또는 자연적 원칙을 지키지 않고 거역하는 것을 방지하기 위하여 주어진 것입니다. 율법(律法)은 자연적 원칙에 따라 옳고 그름을 분별하고 깨달아서 하나님의 백성으로 바른 삶을 살게 하려는 목적으로 주어진 것입니다. 그러므로 율법을 살피게 되면 내 행동이 자연의 원리에 맞는 것인지 틀리는 것인지를 깨닫게 되는 것입니다(로마서

3:20).

　"너는 나 외에는 다른 신들을 네게 두지 말라"

　"너를 위하여 새긴 우상을 만들지 말고…그것들을 섬기지 말라"

　"네 부모를 공경하라"

　"살인하지 말라"

　"네 이웃에 대하여 거짓 증거하지 말라"(출애굽기20:1-17)

　하나님께서 모세를 통하여 주신 십계명(十誡命) 이외에도 많은 율례와 규례들을 주셨습니다.

　① 그러나 율법은 인간의 내면의 문제를 해결해 줄 수 없는 문제점이 있었습니다.

　율법은 선과 악이 무엇인지, 진리와 거짓이 무엇인지, 죄가 무엇인지 등을 깨닫게 하는 기능이 있습니다. 그러나 인간의 심령을 새롭게 하거나, 죽은 영혼을 살리거나, 인간을 의롭게 만들어 주지는 못합니다. 즉 외적인 교훈의 도리는 될 수 있지만 내면의 변화를 주는 능력은 없습니다.

　② 율법은 인간의 육체의 연약함을 도와줄 수 없는 한계점이 있습니다.

　경건한 신앙인은 율법의 가르침대로 살아 보려고 노력하고 애를 씁니다. 그러나 육신의 연약함, 즉 육체의 욕망의 힘을 이길 수 없어서 좌절하고 포기해야만 할 때가 많습니다(로마서8:3). 율법은 이러한 사람에게 책망과 정죄는 할 수 있지만 연약한 자를 잡아주고, 일으켜 세워 주고, 죄를 이길 수 있는 힘을 주지는 못합니다. 그래서 "율법은 아무 것도 온전하게 못 한다"(히브리서7:19)고 말한 것입니다.

(3) 하나님께서는 많은 율법의 규율들을 함축(含蓄)하여 사랑을 실천하도록 했습니다

예수님께서 이 세상에 오신 것은 인간의 죄악의 문제뿐만 아니라 율법의 문제도 해결하기 위함입니다.

① 예수님께서는 제 기능을 발휘하지 못하는 율법의 규례들을 폐지하고 개혁하셨습니다.

인간이 지킬 수 없는 율법, 오히려 지키려는 사람에게 더 깊은 죄책감과 절망에 빠지게 만드는 율법, 인간을 구원의 자리로 이끌어 주기에 "연약하고 무익한" 율법으로는 하나님의 목적을 완성할 수가 없었습니다(로마서7:10, 히브리서7:18).

그리하여 예수님께서 십자가 사역을 통하여 "법조문으로 된 계명의 율법을 폐지하셨고"(에베소서2:15), 신자들을 고소(告訴)하고, 죄책감에 시달리게 하고, 정죄하는 "법조문으로 쓴 증서를 지우시고

제하여 버리사 십자가에 못 박으셨으며"(골로새서2:14), 신자들을 속
박(束縛)하고 저주에 빠지게 하는 율법과 그 저주에서 속량(贖良)해
주셨습니다(갈라디아서3:13, 4:5).

　그러므로 이제 그리스도 예수 안에 들어오는 사람은 율법의 정
죄에서 해방을 받게 되는 것입니다(로마서8:1). 율법을 지키려고 몸
부림치고, 지키지 못한 것 때문에 죄책감과 정죄의식에 빠질 필요
가 없게 된 것입니다.

　② 대신 예수님께서 우리에게 새 계명을 주셨습니다.
　예수님께서 그 많은 율법의 조문들을 하나의 개념으로 집약(集
約)하고 묶으셨습니다.
　"새 계명을 너희에게 주노니 서로 사랑하라 내가 너희를 사랑한
것같이 너희도 서로 사랑하라"(요한복음13:34)
　'서로 사랑하라'는 가르침 속에는 모든 율법이 포함되었을 뿐만
아니라 율법이 할 수 없는 부분까지 보완(補完)되어 있습니다. 예수
님의 산상수훈(山上垂訓)의 가르침과 같이 율법이 "살인하지 말라"
고 명령했지만, 살인 사건이 일어나기 이전에 형제를 미워하고, 욕
하고, 저주한다면 그것은 이미 마음에서부터 살인한 것과 마찬가
지가 되는 것입니다(마태복음5:21-22). 그런데 예수님의 가르침대로
'형제를 네 몸과 같이 사랑하게 된다면' 형제를 향하여 분 내지도
않게 될 것이고, 욕하거나 저주하거나, 심지어 살인하는 자리까지

나아가지도 않게 될 것입니다.

그러므로 예수님께서 주신 새 계명, 곧 사랑 실천은 율법이 가지고 있는 부족한 문제까지 근본적으로 해결한 방책입니다. 그래서 예수님께서 자신은 율법을 폐하러 온 것이 아니라 완전(完全)하게 만들러 왔다고 말씀하신 이유인 것입니다(마태복음5:17).

다시 말해, "온 율법은 네 이웃을 사랑하기를 네 자신같이 하라 하신 한 말씀"(갈라디아서5:14)으로 요약하여 완성된 것입니다.

③ 이제 사랑만 실천하면 율법은 완성되어지게 됩니다.

사도 바울은 예수님의 사역을 근거로 하여 "남을 사랑하는 자는 율법을 다 이루었느니라"(로마서13:8) "사랑은 율법의 완성이니라"(로마서13:10)고 가르쳤습니다.

그렇습니다.

이제 우리는 율법 문자의 하나하나에 신경을 쓸 필요가 없게 되었습니다. 율법과 씨름하며 허송세월하고 있을 시간이 없습니다. 예수님의 가르침대로 율법의 정신인 '형제를 사랑하는 것'을 실천하기만 하면 자동적으로 율법은 성취되어지고 완성되어지는 것입니다. 그래서 이제부터 우리 기독교 신자들은 예수님의 가르침이기도 하고, 기독교의 핵심 실천 사항이기도 한 '사랑'을 실천하려고 합니다.

2
우리는 먼저 사랑이 어떤 특성이 있는지
그 정의를 알아야 합니다(고린도전서 13:4-7).

우리 한글에서는 '사랑'이라는 단어 속에 모든 종류의 사랑이 다 포함되어 있어 모호한 면이 있지만, 헬라어에서는 사랑을 네 종류로 구분하여 설명하고 있습니다.

첫째는, 이성적(異性的) 사랑으로 '에로스'(eros)입니다.

에로스 사랑은 남녀 간의 육체적 사랑으로 자기중심의 이기적 사랑입니다.

둘째는, 우정적(友情的) 사랑으로 '필레아'(philia)입니다.

필레아 사랑은 친구 간의 깊은 우정의 사랑입니다. 이것도 인간의 이기적 욕심이 들어 있을 때가 많습니다.

셋째는, 혈육적(血肉的) 사랑으로 '스톨게'(storge)입니다.

스톨게 사랑의 대표적인 것이 부모의 사랑입니다. 부모가 자식을 아끼는 헌신적인 사랑입니다.

넷째는, 희생적(犧牲的) 사랑으로 '아가페'(agape)입니다.

아가페 사랑은 하나님이 인간을 사랑하는 사랑으로 아낌없이 내어 주는 것입니다.

기독교에서 이웃을 네 몸과 같이 사랑하라는 것은 바로 하나님의 사랑, 희생적 아가페 사랑을 실천하라는 것입니다. 사랑은 거창한 구호도 아니며, 막연한 지식적인 개념도 아닙니다. 구체적으로 삶 가운데서 실천(實踐)해야 할 과제입니다.

이기주의가 팽배한 세상에서 희생적 아가페 사랑을 실천하기란 결코 쉬운 일이 아닙니다. 그래서 많은 사람들이 입으로는 사랑을 이야기하면서도 실제적으로는 실천하지 못하는 경우가 많이 있습니다.

오늘 우리가 사랑을 실천하기 위하여 아가페 사랑에는 어떤 특성이 들어 있는지 살펴보면서 그 정의(定意)를 생각해 보려고 합니다.

(1) 사랑은 오래 참을 수 있어야 합니다

‘오래 참음’이란 타인의 악한 행동 때문에 감정이 상하고 상처를 받는 상황에서도 보복하지 않고 참고 견디어 내는 것을 가리킵니다. 예수님께서 “욕을 당하시되 맞대어 욕하지 아니”(베드로전서2:23) 하셨던 것처럼 불의하고 비열한 인간의 행동에 대하여 분노를 폭발하거나 맞대응하여 싸우지 않고 참고 기다리는 것입니다. 한두 번이 아니라 일흔 번씩 일곱 번이라도 용서할 수 있어야 합니다(마태복음18:21-22).

(2) 사랑은 온유해야 합니다

'온유'는 다른 사람에게 은총을 베풀어 주는 친절하고 좋은 행동을 가리킵니다. 로마서2:4에는 사람을 회개의 자리로 인도하기 위하여 베풀어 주시는 하나님의 친절로서, 인자하심과 용납하심과 길이 참으심이 있다고 했습니다.

사랑은 다른 사람을 옳은 길, 참된 길로 이끌어 주기 위해서 베풀어 주는 친절한 사랑의 손길입니다. 붙들어 주고, 일으켜 주고, 세워 주고, 이끌어 주는 사랑의 손길입니다.

(3) 사랑은 시기하지 아니합니다

'시기'는 다른 사람에 대하여 가지는 강한 질투의 감정을 가리킵니다. 옆에 있는 친구, 이웃이 나보다 잘되고, 성공하고, 영광을 받는 것이 배가 아파서 그 꼴을 보지 못하여 시기 질투하는 분노의 감정입니다. 그래서 그 사람을 음해(陰害)하고 깎아내리기 위하여 온갖 추잡한 행동을 다 하는 것입니다.

사랑은 바로 이런 감정을 제거해 버리는 것을 가리킵니다. 다른 사람이 칭찬받고, 잘 되고, 성공하는 것을 진심어린 마음으로 축하하고 박수쳐 주는 것입니다.

(4) 사랑은 자랑하지 아니합니다

'자랑'은 허세를 부리는 것으로 '실제보다 부풀리는 것'을 가리킵니다. 이것도 시기, 질투심의 발로(發露)로서 다른 사람들이 자기를 칭찬해 주기를 열망하여 거짓으로 떠벌리는 행동입니다.

인간적 자랑 행위는 상대방에게 열등감을 갖게 하고, 마음에 상처를 입게 만들고, 불공평에 대하여 원망불평하게 만듭니다. 다른 사람을 실족(失足)시키는 자랑하는 행동, 허세를 부리는 것은 거짓된 죄악입니다.

그러므로 형제를 사랑하는 사람은 거짓된 허풍으로 상대방을 속이거나 상처를 주지 않습니다.

(5) 사랑은 교만하지 아니합니다

자랑이 밖으로 떠벌리는 행동이라면 교만은 마음에서 자신을 높이려는 태도를 가리킵니다. 교만한 자세는 남을 무시하고, 깔보고, 건방진 행동을 하는 것입니다.

기독 신자의 삶은 겸손히 엎드려 다른 사람을 섬기는 종의 자세를 가져야 할 삶입니다. 남을 나보다 낮게 여기고 섬기려는 사람은 절대로 자신을 높이고 남을 낮추는 교만한 행동을 하지 않습니다.

(6) 사랑은 무례히 행하지 아니합니다

'무례히 행하다'는 것은 예의(禮儀)를 갖추지 않고 오만불손(傲慢不遜)하게 행동하는 것을 가리킵니다. 인간은 서로의 관계 속에서 지켜야 할 격식(格式)과 예법(禮法)이 있습니다. 무례하게 함부로 행동하는 것은 상대방의 기분을 상하게 만들고 관계를 깨뜨리는 원인이 됩니다.

그러므로 사랑은 인격적 품위도 없고, 교양(敎養)도 없이 함부로 행동하지 않습니다. 상대방을 향하여 깍듯한 예의를 갖추고, 존중히 여기는 마음과 자세로 대하는 것입니다.

(7) 사랑은 자기의 유익을 구하지 아니합니다

'자기 유익을 구하는 것'은 자신의 탐욕과 이기심(利己心)에서 나온 추잡하고 비열한 행동입니다. 상대방을 전혀 배려하지 않고 오직 자기 유익, 자기 편리, 자기 기분, 자신의 만족만 생각하는 도적놈의 심보인 것입니다. 아가페의 사랑은 내 유익을 우선하지 않습니다. 나를 희생해서라도 상대방이 유익하고 잘되기를 바라는 마음과 행동을 하는 것입니다. 사도 바울처럼 상대방의 유익을 위해서라면 내가 누려야 할 자유와 권한까지도 포기하는 것이 사랑인 것입니다(로마서14:21, 고린도전서10:33).

(8) 사랑은 성내지 아니합니다

'성내는 것'은 다른 사람과 의견 충돌이나 다툼으로 인하여 자기를 제어하지 못하고 격분(激憤)하여 화내는 행동을 말합니다. 특히 이런 사람은 자신의 감정이 상하거나 자존심에 상처를 입거나 불이익을 당했다고 생각이 들 때에 분노를 폭발시키는 것입니다. 자기감정 조절이 잘 안 되는 사람은 사랑을 실천하기가 어렵습니다.

사랑을 실천하려면 자기가 죽어야 합니다. 예수님의 제자의 조건처럼 "자기를 부인하고 날마다 제 십자가를 지고 주를 따를 수 있어야" 합니다(누가복음9:23).

(9) 사랑은 악한 것을 생각하지 아니합니다

'악한 것'은 다른 사람을 손상시키는 파괴적인 행동을 가리킵니다. 구약에서 '악하다'(רעע, 라아)는 단어에는, ① '불쾌하게 하다'(to be displease)는 뜻으로 상대방의 감정을 상하게 만들어 불쾌하게 만드는 것, ② '상하게 하다'(to hurt)는 뜻으로 다른 사람들에게 위해(危害)를 가하고 괴롭히는 것, ③ '깨뜨리다'(to break)는 뜻으로 상대방이 가지고 있는 아름다운 환경과 상태를 부서뜨려서 망가지고 못 쓰게 만들어 놓는 것을 의미합니다.

아가페 사랑은 이러한 사악한 것을 생각하거나, 계산하고, 마음

속에 품고 있지 않는 것입니다. 기독교 신자는 선을 창조하는 사명을 받은 사람이니, 선한 것을 생각하는 것입니다.

(10) 사랑은 불의를 기뻐하지 아니합니다

'불의'(不義)는 피조물에 대한 조물주의 권한과 통치력을 인정하지 않고 자기 마음대로 행동하는 자세를 가리킵니다. 그래서 하나님에 대하여서 불경건한 행동을 취하고, 사람들에 대하여 악하고 불법적인 것을 자행(恣行)하는 것입니다.

아가페 사랑을 가진 사람은 다른 사람에 대하여 악행을 저지른 것을 기뻐하거나 불법적인 행동을 좋아하지 않습니다. 오히려 하나님의 통치 이념인 정의와 공의를 행합니다.

(11) 사랑은 진리와 함께 기뻐합니다

'진리'(眞理)는 '참된 것'을 가리키기도 하고, 또한 하나님의 말씀을 가리키기도 합니다. 사랑을 실천하는 사람은 거짓된 것, 불의한 것, 악한 것을 좋아하지도 않고 행할 생각도 하지 않습니다. 오히려 참되고 진실한 것과 함께 기뻐하고, 하나님의 진리를 실천하는 것으로 기쁨과 행복을 찾습니다.

(12) 사랑은 모든 것을 참고 믿고 바라고 견딥니다

우리가 세상을 살아가면서 내가 원하는 대로 금방 이루어지고 성취된다면 얼마나 좋겠습니까? 솔직히 우리가 상대방을 바라볼 때에 허물투성이만 보이고, 변화의 조짐은 보이지 않고, 신뢰할 만한 것은 보이지 않을 때가 많이 있습니다. 만약에 성질대로 한다면, 모든 것을 집어던져 버리고, 파탄(破綻)내 버리고, 포기해야만 할 것입니다.

그러나 아가페 사랑을 가지고 그 사람을 대하게 되면, 상대방의 모든 허물은 덮어 주게 되고, 모든 것을 믿어 주게 되며, 실낱 같은 희망이지만 그래도 희망을 걸고 참고 견디어 내는 것입니다.

기독교의 사랑은 허황된 이론이 아니요, 입에 발린 소리가 아닙니다. 마음 바탕에서부터 다른 사람에게 손해를 당하게 하고, 불행하게 만들고, 상처를 입게 하는 것을 제거하는 것입니다. 그리고 순수하고 깨끗한 상태에서, 즉 하나님이 창조하신 인간의 근본 마음 바탕으로 돌아가서 이웃을 대하는 것입니다.

기독교 신자는 이러한 사랑을 실천할 수 있습니다. 그것은 예수 그리스도 안에서 본질의 변화, 새 피조물 되는 변화를 경험했기 때문입니다.

그렇습니다.

예수 그리스도 안에서 창조의 원리, 자연의 근본 원리를 다시 시작하게 됩니다. '사랑하라'는 새 계명은 망가진 창조 원리(언약)를 회복하는 길입니다.

3
우리는 아가페 사랑을 삶의 현장에서 실천하려고 합니다

우리 가운데 혹시 인간은 이성적(異性的) 사랑도 제대로 못 하여서 서로 갈등하고, 다투고, 갈라지는데 어떻게 희생적인 아가페 사랑을 실천할 수 있겠느냐고 의문을 제기하는 사람도 있을 것입니다.

그러나 성경은 기독교 신자라면 얼마든지 "네 이웃을 네 몸과 같이 사랑하라"는 아가페 사랑을 실천할 수 있다고 말하고 있습니다.

첫째는, 빛이신 하나님과의 사귐을 계속적으로 갖는다면 가능합니다.

"다시 내가 너희에게 새 계명을 쓰노니 그에게와 너희에게도 참된 것이라 이는 어둠이 지나가고 참 빛이 벌써 비침이니라"(요한

일서2:8)

　여기서 '참된 것'(ἀληθές, 알레데스)이라는 말은 거짓의 반대 개념인 진실한 것을 의미하는 것보다는, '실현'(realization, 요한복음10:41, 사도행전 12:9)이라는 의미를 더 가지고 있습니다. 옛 계명의 문자들은 실천할 수 없었던 것이고, 또한 실현해 낼 수도 없었던 것입니다. 그러나 예수님께서 주신 사랑의 새 계명은 얼마든지 실천할 수 있고, 실현해 낼 수도 있는 것입니다.

　예수님께서 그의 삶을 통하여 특별한 차원의 사랑을 실천하여 완성하셨기 때문에 우리가 그리스도 안에 있다면 얼마든지 우리들 삶 속에서도 사랑의 새 계명을 실천할 수가 있습니다.

　그 이유(because)는, 어두움은 지나가고 참 빛이 벌써 비치고 있기 때문입니다.

　"하나님은 빛이시며"(요한일서1:5), 예수님도 "세상의 빛"이십니다(요한복음1:4, 9:5). 또한 우리들도 이미 "빛의 자녀"가 되었습니다(에베소서5:8). 그러므로 빛이신 하나님과 예수 그리스도와 사귐을 갖고 빛 가운데서 행한다면, 우리들 안에 거룩한 빛이 계속해서 비칠 것입니다.

　여기 참 빛이 '비친다'(shinning)는 말은 참 빛이 계속해서 비치고 있다는 뜻입니다. 빛이 계속 비치게 되면 어두움은 자동적으로 이기지 못하고 빠져나가게 됩니다(요한복음1:5). 그래서 어두움이 '지나간다'(passing away)는 말도 어두움의 요소들이 계속해서 빠져나간다는 뜻입니다.

'할렐루야!'

신자들의 삶 속에 있던 어두움의 요소들, 즉 죄와 악독, 불신앙과 경건치 않는 것, 무지와 어리석음, 사탄의 세력과 삶의 혼돈 등이 그리스도께서 비쳐 주시는 생명의 빛으로 인하여 우리 안에서 견디지 못하고 빠져나가게 됩니다. 그뿐 아니라 빛이 되신 주님과 계속적으로 사귐을 갖게 된다면 미움과 시기, 질투와 다툼, 거짓과 음란 등 오만(五萬) 가지 쓰레기 같은 것들도 우리 안에서 견디지 못하고 사라져 갈 것입니다.

이와 같은 놀라운 영적 역사가 일어나게 되면 신자의 삶에는 거룩하고 의로운 것, 긍휼한 마음과 사랑의 마음이 넘치게 될 것입니다. 이러한 영적 원리 때문에 기독교 신자는 사랑의 새 계명을 실천할 수 있는 것입니다.

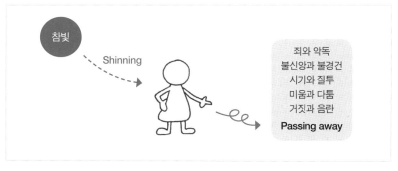

〈그림 13〉

둘째는, 우리는 이미 아가페 사랑을 받은 사람이기 때문에 가능합니다.

사랑은 사랑을 받아 본 사람이 할 수 있는 것입니다. 우리 기독교 신자들은 긍휼이 풍성하신 하나님의 사랑을 받은 사람들입니다. 하나님께서는 자기 아들을 아끼지 아니하시고 십자가의 희생적 죽음에 내어 주셔서 우리의 죄의 값을 청산하셨습니다(로마서 8:32, 5:8). 이러한 놀라운 사랑 때문에 우리는 죄악의 구렁텅이에서 구원을 받았습니다(에베소서5:1). 또한 예수님께서는 우리를 구원해 주시려고 친히 육신을 입고 인간 세계에 오셨고, 자신의 몸과 피를 우리의 죄를 위한 화목제물로 십자가에 드리셨습니다(요한일서2:2). 그래서 성경은 우리는 "지식에 넘치는 그리스도의 사랑을 알고 그 너비와 길이와 높이와 깊이가 어떠함을 깨달아"(에베소서3:18-19) 알게 되었다고 했습니다. 즉 인간의 지식으로는 상상할 수 없는 놀라운 사랑을 깨닫게 되었고 체험하게 되었다는 말입니다.

그러므로 우리 기독교 신자들은 하나님의 사랑과 그리스도의 사랑을 받은 사람들이기 때문에 "사랑의 빚진 자"로서 형제를 사랑해야 합니다(로마서13:8, 에베소서5:1-2).

"사랑하는 자들아 하나님이 이같이 우리를 사랑하셨은즉 우리도 서로 사랑하는 것이 마땅하도다"(요한일서4:11)

"그가 우리를 위하여 목숨을 버리셨으니 우리가 이로써 사랑을 알고 우리도 형제들을 위하여 목숨을 버리는 것이 마땅하니라"(요

놀라운 사랑에 감격한 사람은 그 사랑에 보답하기 위하여 형제 사랑을 실천하게 되는 것입니다.

셋째는, 하나님의 성령께서 우리에게 아가페 사랑을 부어 주시기 때문에 가능합니다.

솔직히 우리가 자신을 괴롭히고 손해(損害)와 손상(損傷)을 입히는 사람을 맨정신으로 사랑하기란 결코 쉬운 것이 아닙니다. 그런데 하나님께서는 원수까지도 사랑할 수 있도록 "성령으로 말미암아 하나님의 사랑을 우리 마음에 부어 주신다"(로마서5:5)고 하셨습니다. 하나님의 사랑이 우리의 마음을 사로잡게 되고, 우리가 그 사랑에 감복(感服)하게 되면 형제를 사랑할 수 있게 됩니다. 또한 "그리스도의 사랑이 우리를 강권(强勸)"(고린도후서5:14)하여 줌으로 그 사랑에 이끌리어 형제 사랑을 실천할 수 있게 됩니다.

넷째는, 아가페 사랑은 세워 주는 사역만 잘하면 가능합니다.

이제 구체적으로 사랑을 어떻게 실천할 것인지를 생각한다면 간단합니다.

① 먼저는 상대방을 위하여 기도해야만 합니다.

"너희를 박해하는 자를 위하여 기도하라"(마태복음5:44)

"너희를 모욕하는 자를 위하여 기도하라"(누가복음6:28)

나를 괴롭히고 상처 주는 사람을 위하여 기도한다는 것이 처음에는 힘들 수 있습니다. 그러나 내 기도가 막히지 않고 은혜롭게 이루어질 수 있으려면 그를 위하여 기도해 줄 수밖에 없는 것입니다. 기도하다 보면, 그 영혼을 위해서 기도하게 되고, 불쌍히 여기는 마음을 갖게 되고, 그를 위하여 축복의 기도를 하게 됩니다.

그러므로 내게 상처 주는 사람뿐만 아니라 사랑이 필요한 사람, 도움이 필요한 사람을 위하여 끊임없이 기도하게 되면 결국에는 내가 그 사람에게 사랑의 손길을 펴게 되고, 아가페 사랑을 실천할 수 있게 됩니다.

② 내 자신의 유익보다 남의 유익을 우선하는 신앙 자세를 훈련해야 합니다.

성숙한 신앙인, 하나님의 뜻을 이 땅에 실현하기를 원하는 신자, 특히 하나님의 통치 이념을 실천하려고 사도적 삶을 살려는 사람은 자기중심적 삶을 살지 않게 됩니다.

"누구든지 자기의 유익을 구하지 말고 남의 유익을 구하라"(고린도전서10:24)

"믿음이 강한 우리는 마땅히 믿음이 약한 자의 약점을 담당하고 자기를 기쁘게 하지 아니할 것이라"(로마서15:1)

자기 기쁨, 자기 유익, 자기 성공을 중심으로 행동하는 사람은 아직도 세속적 탐욕을 벗지 못한 사람입니다. 그리스도의 뜻을 이 땅에 실현하려는 인생관 변화를 체험한 성숙한 신자는 나보다는 남의 기쁨, 남의 유익, 남의 성공을 먼저 생각합니다. 더 나아가서 모든 면에서 약한 사람의 약점, 부족한 점, 자기 능력으로 문제를 감당하지 못하는 사람의 짐을 대신 감당해 줄 수 있게 됩니다.

이것이 아가페 사랑을 실천하는 길입니다.

③ 상대방을 세워 주는 사역을 충실하게 감당하면 됩니다.

성경은 "사랑은 덕을 세우나니"(고린도전서8:1)라고 했습니다. 여기 '덕을 세워주다'(οἰκοδομεω)에서 사실은 '덕'(德)이라는 말은 들어갈 필요가 없는 것입니다. '덕을 세운다'고 하니, 마치 도덕적으로 착한 사람이 되라는 의미가 풍길 뿐입니다.

오이코도메오(οἰκοδομεω)라는 단어는 그냥 단순하게 '세우다'(to build)는 뜻입니다. 이것은 기독교 실천에서 대단히 중요한 개념입니다. 기독교 신자는 예수 그리스도의 아가페 사랑을 가지고 사람들을 세우는 사역을 해야만 합니다. '세워 주는 사역'(builded ministry)이란 약한 자를 붙잡아 주고, 낙심한 자를 일으켜 세우고, 상처 받은 자를 싸매 주고, 고난 받는 자를 위로해 주고, 외로운 자를 품어 주고, 우는 자의 눈물을 닦아 주는 것입니다.

또한 오이코도메오(οἰκοδομεω)는 '개발, 향상시켜 주는 사역'(edified ministry)입니다. 아직 미숙한 자는 가르쳐 주고, 부족한 사람은 잡아 일으켜 세워 주고, 더디 가는 자는 이끌어 주고, 능력과 자질을 개발시켜 주어서 그 사람이 성장할 수 있도록 도와주는 것입니다.

또한 오이코도메오(οἰκοδομέω)는 '준비시켜 주는 사역'(equipped ministry)입니다. 영적으로, 신앙적으로, 인생의 삶에서 초보 단계에 있는 사람을 성공적 인생, 명품 신자, 훌륭한 일꾼으로 성장할 수 있도록 가르치고, 훈련시켜 주고, 지도해 주는 것을 가리킵니다.

이렇게 세워 주는 사역을 감당하려는 사람은 자연적으로 아가페 사랑을 실천할 수밖에 없습니다. 상대방의 미래(Future)를 위하여 자신을 희생하고 자신의 열정을 쏟아부어서 도와주려 하기 때문에 사랑할 수밖에 없는 것입니다.

기독교는 사랑을 실천하려는 종교입니다. 우리 주변에는 아가페적 사랑을 실천하는 훌륭한 신자들이 많이 있습니다. 반면에 우리 대다수의 기독교인들은 지금까지 사랑을 어떻게 실천해야 할지 그 구체적인 방법을 잘 몰라서 시행착오(試行錯誤)를 했던 것도 사실입니다. 이제부터 우리는 성경적 원리에 따라 사랑을 실천하여 이 세상을 더욱 밝게 만들려고 합니다.

"우리는 그가 만드신 바라
그리스도 예수 안에서 선한 일을 위하여
지으심을 받은 자니
이 일은 하나님이 전에 예비하사
우리로 그 가운데서 행하게 하려 하심이니라"

(에베소서2:10)

기독교는 인류를 위한
시대적 사명을 성취하려는 종교입니다

드오리아(D'Auria)의 소설 중에서 영화로 유명해진 〈하이눈〉(High Noon)이 있습니다. 게리 쿠퍼(Gary Cooper)가 주연으로 나오는 영화로 일명 '백주의 결투'라고 합니다.

1870년 서부의 작은 마을에서. 세 명의 무법자들이 기차역에서 흉악범 밀러를 기다리고 있었습니다. 한편 보안관 윌 케인(Gary Cooper 분)은 방금 에미와 결혼식을 올리고 마을을 떠나려고 합니다. 그때 흉악범 밀러가 형을 마치고 마을에 도착한다는 전보를 받았습니다. 마을 사람들과 부인 에미는 보안관 케인에게 도망치자고 하지만, 주인공 보안관은 마을의 법(法) 질서를 사수하기 위해 배지(badge)를 다시 달고 악당들과 싸우려고 합니다. 보안관은 악당들과의 대결을 앞두고 마을 사람들에게 도움을 요청했습니다.

"총 잘 쏘는 사람을 구하지 않습니다. 내가 필요한 사람은 '이 일이 나의 일이다'라고 생각하는 사람입니다."

그러나 마을 사람들 중에 한 사람도 선뜻 나서려는 사람이 없었습니다. 마을을 지키는 '이 일이 나의 일이다'라는 책임의식을 가진 사람이 한 명도 없었던 것입니다.

드디어 12시 정각이 되자 보안관 윌 케인은 유서를 쓰고, 기차는 도착하여 부인마저 그의 곁을 떠나가고 있었습니다. 그러나 보안관은 혼자서 악당들과 총격전을 벌였고, 마침내 악당들을 모두 처치해 냈습니다. 마을 사람들이 환호하며 몰려들었지만 윌 케인은 보안관 배지를 떼고 부인과 함께 마차를 타고 마을을 떠나 버리고 말았습니다.

자신이 사는 마을을 사수하는 일은 자신들이 감당해야 할 책임이었습니다. 그러나 '이 일은 나의 일이다'라고 나서는 용감한 사람, 책임감 있는 사람이 한 사람도 없었다는 것, 그것은 정말 불행한 일이었습니다. 모두 방관자(傍觀者), 구경꾼뿐이었습니다.

사명을 가진 종교

1
오늘 우리 기독교에는
구경꾼, 군중이 너무나 많습니다

세계 종교인구 조사에 의하면, 기독교인의 숫자는 15억 6천 8백만 명으로, 전체 인구의 32.4%이며 가장 큰 종교집단으로 나와 있습니다. 그것은 가톨릭교회, 개신교회, 동방정교회 등 기독교라는 이름이 있는 종파는 전부 포함한 숫자입니다. 어떤 학자들에 의하면 명목상의 기독교인을 전부 빼고 참 기독교인이라 할 수 있는 복음적 교인 숫자는 약 2억 6천만 명 정도밖에 안 된다는 보고(報告)를 하고 있습니다.

우리나라 통계청의 2015년도 종교 현황에 보면, 개신교인이 9백 6십만 명으로 인구 비율에서 19.7%이고, 가톨릭교인은 3백 8십만 명으로 7.9%로, 전체 기독교인은 1천 3백 5십만 명에 27.6%라는 보고가 나왔습니다.

세계 인구 비율에서 볼 때에 기독교인 숫자는 3분의 1이나 되고, 우리나라 인구 비율에서도 기독교인 숫자가 4분의 1이나 되는 것을 볼 때에 결코 작은 것이 아님을 알 수 있습니다. 그런데 이렇게 엄청난 기독교인의 숫자를 가지고도 왜 아직도 세계 복음화가 완성되지 않았으며, 이 땅 위에 하나님의 통치이념이 실현되지 않은 것일까요?

그것은 시대적 사명의식이 없는 교인들이 너무나 많기 때문입니다. 〈하이눈〉(High Noon)에 나오는 이야기처럼 책임의식이 있는 신자보다 구경꾼, 방관자 교인이 너무 많기 때문입니다.

(1) 구약 시대의 이스라엘 민족도 세계 모든 민족을 향하여 방관자였습니다

하나님께서 아브라함과 그 후손인 이스라엘 민족을 부르시고 택하신 이유와 목적은 "땅의 모든 족속이 너로 말미암아 복을 얻는 것"(창세기12:3)이었습니다. 즉 하나님의 복을 전달해 주는 '복의 통로' 역할을 감당하도록 사명을 맡겨 주신 것입니다.

그러나 이스라엘 민족은 하나님의 의도(意圖)와 목적을 전혀 깨닫지 못하고 다른 민족을 부정한 짐승 보듯이 보았던 것입니다. "이방의 빛"이 되어 캄캄한 자리에 있는 인생들을, 어두움에 갇혀 있는 열방(列邦)을 빛으로 인도하라고 했지만 외면했던 것입니다(이사야42:6, 49:6). "하나님의 증인"이 되어 참 하나님과 거짓 신을 구분하지 못하는 인생들, 우주와 역사의 주인이신 하나님을 깨닫지 못하는 무지한 인생들에게 여호와 하나님만이 참 신이심을 증거하고 깨우치라고 했으나 사명을 던져 버렸던 것입니다(이사야43:10, 12).

한마디로 사명(mission)을 부여(附與)받은 민족이 열방을 향하여 무

책임한 민족, 방관자 민족으로 전락(轉落)해 버렸던 것입니다.

(2) 예수님을 따르던 그 많은 무리도 방관자들이었습니다

예수님께서 말씀을 가르치시고, 천국 복음을 전파하시고, 모든 병든 것과 약한 것들을 고쳐주시고, 귀신들을 쫓아내시는 사역을 전개하자 사람들이 몰려들기 시작하였습니다. "갈릴리와 데가볼리와 예루살렘과 유대와 요단강 건너편에서 수많은 무리가 따르니라"(마태복음4:25)는 말씀과 같이 전 팔레스틴(Palestine) 지역에서 무수한 사람들이 예수님을 만나려고 모여 왔던 것입니다.

얼마나 많은 사람들이 몰려들었던지 "무리 수만 명이 모여 서로 밟힐 만큼 되었더니"(누가복음12:1)라고 했습니다. 이들은 일시적으로 모였다가 흩어지는 무리가 아니었습니다. 예수님께서 가는 곳마다 따라다니며 병 고침도 받고, 떡도 얻어먹고, 지금까지 들어보지 못했던 놀라운 하나님의 말씀도 듣고, 가르침도 받았던 것입니다.

심지어 예수님께서 예루살렘 성으로 들어오실 때에는 손에 손에 나뭇가지를 들고 흔들며 "호산나, 다윗의 자손이여! 찬송하리로다 주의 이름으로 오시는 이여!"(마태복음21:9) "찬송하리로다 주의 이름으로 오시는 왕이여"(누가복음19:38)라고 외치며 따랐던 사람들이었습니다.

그러나 예수님께서 잡혀 재판을 받고 십자가를 지고 골고다 언덕을 향하여 가는 동안 그 많은 무리는 전혀 나타나지 않았습니다. 예수님을 십자가에 못 박으라고 외치는 무리는 있었을지언정 예수님을 옹호하는 무리는 하나도 없었던 것입니다. 어찌하여 그 고난의 시간 동안 그 엄청났던 무리가 하나도 보이지 않았습니까?

그것은 그들도 방관자, 구경꾼에 불과했었기 때문입니다. 자신들의 필요를 따라 몰려들었을 뿐 예수 그리스도의 고난에 동참하지 않았던 것입니다.

(3) 오늘 기독교 신자들 가운데도 방관자가 너무나 많습니다

정말 기독교인의 숫자가 엄청나게 많습니다. 선교 130년밖에 안 된 종교가 천여 년을 넘게 이 땅에서 포교 활동을 하던 기존의 종교인의 숫자보다 많아졌다는 것은 놀라운 일입니다. 수천, 수만 명의 교인을 거느린 교회들도 무수히 많고, 또한 어디를 가든지 기독교인들이 모여 이야기를 나누는 것을 발견할 수 있을 지경입니다.

그러나 각계각층에 그렇게 많은 기독교인들이 있는데,

왜 아직도 기독교적 정책이 국가와 사회에 반영(反映)되지 않는 것입니까?

왜 아직도 성경적 사상이 이 사회에 뿌리를 내리지 못하는 것일까요?

왜 아직도 이 사회를 변화시키지 못하여 온갖 불법, 온갖 탈법,

온갖 추잡한 행동들이 난무(亂舞)하는 것일까요?

왜 아직도 신적 통치이념이 실현되지 못하고 오히려 그 반대 현상들만 나타나는 것일까요?

그것은,

한마디로 기독교인의 숫자는 많아졌지만 사명의식을 가진 신자가 너무나 적고 부족하기 때문입니다. 즉 책임의식이 있는 신앙인, 세상을 그리스도의 정신으로 변화시키겠다는 사명의식으로 무장한 신자가 적기 때문입니다. 솔직히 자신의 평안과 행복을 갈구(渴求)하는 신앙인은 많이 있지만, '이 일이 나의 일이다'라는 시대적 사명의식을 가진 신자가 적은 것은 사실입니다.

2
우리는 모든 신자를
온전한 상태로 성장시키려 합니다

다시 말씀드리지만, 인간의 존재 변화는 예수 그리스도를 만나면 이루어지고, 삶의 변화는 성령과 동행하는 삶을 통하여 이루어지지만, 세상의 변화는 훈련된 기독교 신자가 절대로 필요합니다.

그래서 성경은 기독교 신자를 책임의식 없는 자, 방관자, 구경꾼, 무능자(無能者), 수준미달자로 방치하는 것을 원치 않습니다.

하나님이 우리를 구속해 주신 목적은 "그리스도 예수 안에서 선한 일을 위하여 지으심을 받은 자"(에베소서2:10)가 되게 하려는 것이며, 모든 불법에서 속량(贖良)해 주신 목적도 "우리를 깨끗하게 하사 선한 일을 열심히 하는 자기 백성이 되게 하려"(디도서2:14)는 것에 있다고 했습니다.

이는 구속함을 받았다는 것은 곧 사명자(使命者)가 되었다는 말과 같은 것입니다. 구원을 받고 은혜를 받는 것과 사명을 받는 것이 별개의 것이 아니라는 말입니다.

예수 그리스도를 믿는 순간, 그 사람은 이 땅에서 선을 창조하는 사람, 하나님의 통치이념을 실현하는 사람이 되어야만 하는 것입니다.

(1) 성경은 모든 신자를 온전한 상태로 성장시키라고 요구하고 있습니다

'성도를 온전하게 하여'(the perfecting of the saints)라는 말씀은 교회에게 주어진 과제 중에 가장 중요한 과제입니다(에베소서4:12). 기독교 신자가 온전한 상태에 이르지 못할 때에 책임의식이 없는 방관자로 전락할 수 있으며, 세계 역사에서 보았듯이 잘못하면 종교적 사회악(惡)을 만드는 원인이 될 수 있는 것입니다. 그래서 사도 바울은 "우리가 그를 전파하여 각 사람을 권하고 모든 지혜로 각 사람을 가르침은 각 사람을 그리스도 안에서 완전한 자로 세우려 함이라"(골로새서1:28)고 강조했던 것입니다.

여기에서 '온전(穩全)한 상태'란 신앙적으로는 예수 그리스도 중심, 십자가 진리 중심, 복음 중심의 신앙인이 되고, 사역적으로는 땅 끝까지 예수의 증인이 되며, 그리스도의 거룩한 공동체를 건설할 수 있는 역군이자, 이 땅에 하나님의 통치이념을 실현하며 세상을 하나님의 말씀으로 변화시킬 수 있는 사명자가 되고, 인격적으로는 예수 그리스도의 장성한 분량까지 성장하여 예수의 형상을 이룬 신앙인이 되게 하는 것입니다(에베소서4:13).

(2) 신자를 어린아이 수준의 신앙에 방치하면 많은 문제만 야기(惹起)할 뿐입니다

성경은 신자를 영적 어린아이 상태에 방치하지 말라고 했습니다. 그것은 "사람의 속임수와 간사한 유혹에 빠져 온갖 교훈의 풍조에 밀려 요동하지 않게 하려 함이라"(에베소서4:14)고 했습니다.

수준 미달의 교인, 자기 역할을 감당할 수 없는 신자, 전혀 훈련되지 않은 신자, 기독교 진리로 무장되지 않은 신앙인은 비생산적인 군중(群衆) 수준에 머무르기 때문입니다. 방관자(傍觀者)가 되는 것도 문제이지만, 그들은 진리의 말씀의 분별, 선악의 분별, 하나님의 영원한 목적에 대한 분별력이 약해서 인간들의 속임수와 간사한 유혹에 빠져 잘못된 사상에 사로잡히게 됩니다. 혹은 잘못된 이단(異端)에 빠져서 기독교의 복음운동에 방해거리가 되고, 십자가의 원수로 전락하는 것입니다. 또한 이단의 교주에게 빠져서 인생도, 신앙도, 가정도 파탄에 이르게 되고, 사회적 악을 조장(助長)하는 도구로 이용되어지기 때문입니다. 뿐만 아니라 성숙하게 성장하지 못한 신앙인은 온갖 교훈의 풍조에 밀려 요동(搖動)치므로 안정적인 신앙생활을 하지 못하여 신앙의 열매가 없기 때문입니다.

또 한 가지, 목회 경영학적 관점에서 볼 때에 그들은 무능자 그룹을 형성하여 목회자의 목회 방침에 방해거리가 되거나 하나님의 비전을 성취함에 있어서 장애물 역할로 전락하기가 쉽기 때문입니다.

그러므로 신앙인이 어린아이 수준에 머물러 있거나 방치(放置)되어지는 것은 엄청난 잘못입니다. 방치된 신자는 보편적으로 교회생활에 정착하지 못하고 방랑객처럼 떠돌아다니는 신자로 전락하고 마는 경우가 많습니다.

(3) 그래서 우리는 명품 평신도를 훈련시킬 시스템(System)을 준비하고 있습니다

"우리는 그가 만드신 바라"(We are God's workmanship, 에베소서 2:10)는

말씀이 있습니다. 기독교 신자는 예수 그리스도에 의하여 만들어지는 '명품', '예술품'이라는 말씀입니다. 하나님께서는 기독교 신자 하나하나를 평신도 명품 일꾼, 사역자로 만드시기를 원하고 계십니다. 그래서 우리 교회는 신자를 군중으로 방치하지 않고 어떻게 해서라도 '온전한 상태의 신앙인'으로 성장할 수 있도록 조련(調練)하고 훈련하고 준비시키려고 합니다.

우리는 단순히 성경 읽기, 필사(筆寫)하기, 암송하기 등만으로 목적을 이루려는 것이 아닙니다. 또한 잘못 성경공부를 실시하여 기독교적 지식만 늘어나서 교만함에 빠지는 교인을 양성하기를 원치 않습니다. 오직 성경의 권면대로 '온전한 상태'의 신앙인을 이루는 것을 목표로 하여 훈련을 실시하기를 원합니다. 우리의 훈련 목적은 성경 공부가 아니라 인식(認識)의 변화, 사고의 변화, 가치관의 변화, 삶의 목적의 변화, 인생관의 변화, 성품의 변화, 언어의 변화, 행동의 변화가 일어날 것을 바라는 것입니다.

이런 목적을 달성하기 위하여 잘 준비되어진 훈련 시스템의 교재를 갖추려고 합니다. 그리하여 분명한 목적을 가지고 체계적으로 강도(强度)있게 훈련을 실시하려고 합니다. 이에 따라 신자들도 철저한 훈련을 받겠다는 다짐과 자세를 가져야만 할 것입니다. 만약에 여러분이 훈련받지도 않고, 맡겨진 사명(mission)도 감당하지 않고, 군중 수준의 기독교인에 머물러 있게 된다면 훗날 예수 그리스도의 심판대 앞에 서서 인생의 보고서(an account of oneself)를 제

출해야 할 때에 한 달란트 받았던 종처럼 "악하고 게으른 종"이라는 평가와 함께 엄청난 부끄러움과 불행을 겪게 될 것입니다(로마서 14:12, 고린도후서5:10).

3
우리는 사도 세우는 사역이
핵심 목표라고 믿습니다

우리는 모든 기독교 신자를 '온전한 상태의 신앙인'에 이르도록 훈련시키는 것이 목표라고 했습니다. 그것만이 이 시대를 변화시킬 수 있고, 하나님의 영원한 목적을 이 땅 위에 성취해 낼 수 있을 것이며, 하나님의 나라의 통치이념을 실현할 수 있는 길이라고 믿기 때문입니다.

그러면 '온전한 상태'가 어느 수준일까를 생각해 보려고 합니다. 그것은 예수님의 사역처럼 군중에서 제자로, 제자에서 사도로 훈련해 내는 것이라고 봅니다.

(1) 예수님의 사역

성경 누가복음 6장 12절에서 17절 말씀을 보면, 예수님 주변에는 '다수의 많은 군중'(multitude)들이 있었습니다. 그들은 예수님께 도움을 받기 위하여 몰려든 무리들이었습니다. 예수님은 그들 중에서 '제자들'을 불러내었습니다. 그들은 예수님을 믿고 따르는 무리들로서 성경은 '허다한 제자의 무리'(crowd)라고 표현을 했습니다. 즉 많은 제자들이 있었다는 말입니다.

그런데 예수님께서는 제자들 가운데서 열둘을 택하여 '사도(使徒)'라 칭하였습니다. 그들은 예수님을 따라다니면서 배우고, 훈련받고, 실습하면서 예수님의 사역을 계승(繼承)하였습니다. 그리고 예수님께서 세상을 떠나시자 곧 자신들이 나서서 교회의 지도자가 되었고, 신자들을 가르치며, 로마의 우상 종교와 유대교의 전통적 율법 사회를 변화시키는 능력 있는 사역자들이 되었습니다. 사도들은 예수 그리스도의 복음으로 예루살렘과 온 유대, 사마리아, 땅 끝까지 세상을 점령하고 변화시켜 나아갔던 것입니다.

(2) 초대교회 사도들의 사역

사도 바울은 "각 사람을 그리스도 안에서 완전한 자로 세우는 일"을 위해 하나님이 주시는 능력 안에서 최선의 노력을 기울였습니다(골로새서1:28-29). 그것만이 "그리스도 안에서 이루시는 하나님의 영원한 목적"(에베소서3:11)을 성취하는 길이라고 확신했기 때문이었습니다.

초대교회 사도들은 신자들을 가르치고 훈련하는 것이 얼마나 중요한 사역인가를 깨달았던 것 같습니다. 그래서 그들의 사역의 가장 첫 번째 것이 성도들이 "사도들의 가르침을 받게" 했던 것입니다(사도행전2:42).

기독교 2,000년 역사 가운데 가장 큰 실수 중에 하나는 바로 '사도'의 자격을 예수님의 열두 제자로 국한시킨 것입니다. 그러나 그것은 성경을 잘못 이해한 것에서 온 착각이었습니다. 부활하신 예수님께서 "아버지께서 나를 보내신 것 같이 나도 너희를 보내노라"(요한복음20:21)고 말씀하신 것처럼 하나님의 미션(mission)을 가지고 세상을 향해 보냄을 받는다면 그것이 바로 사도(使徒)인 것입니다.

예수님의 가르침을 받았던 사도들은 먼저 바나바를 사도로 세웠고(사도행전14:4, 14), 바나바는 사울을 데리고 가르치고 함께 사역하면서 사도 바울로 성장하게 했으며(사도행전11:25-26), 바울은 디모데를 사도로 세웠습니다(데살로니가전서2:7). 또한 사도 바울이 디모데에게 "또 네가 많은 증인 앞에서 내게 들은 바를 충성된 사람들에게 부탁하라 그들이 또 다른 사람들을 가르칠 수 있으리라"(디모데후서2:2)고 부탁하는 것을 보면 '사도 세우는 사역'은 계승되어져야 할 과제임을 암시하고 있습니다.

사명을 가진 종교

그러므로 '사도 세우는 사역'은 초대교회로 중단될 일이 아니라 시대를 거듭하여 계승되어져야 할 교회의 과제인 것입니다. 사도의 직책을 계속하자는 것이 아니라 사도적 정신(Apostolic Mentality)을 계승하자는 것입니다. 사도의 신앙, 사도의 능력, 사도의 사역을 계승하여 초대교회 사도들처럼 복음을 땅끝까지 전파하고 세상을 새롭게 변화시켜야만 할 것입니다.

(3) 우리들의 사역

우리는 예수님의 사도 비전(Apostolic Vision), 또한 초대교회 사도들의 사도 세우는 비전을 그대로 전수(傳受)하기를 원합니다. 예수님처럼 모든 교인들을 그리스도의 제자로 무장시키기를 원합니다. 그리고 그들을 사도화(使徒化)시켜서 위대한 평신도 사역자로 만들고, 그들을 통하여 복음으로 세상을 변화시켜 나아가기를 원합니다.

다시 말하지만, 우리들에게는 군중, 즉 방관자 교인이 너무나 많다는 것이 사실입니다. 이 많은 숫자를 예수 그리스도의 복음 안에 들어오게 한 것만도 사실은 큰일을 한 것입니다. 그러나 '허다한 군중의 무리' 상태에 너무나 오래 머물러 있어서는 안 됩니다. 자기 필요를 따라 몰려드는 군중 수준의 교인들을 가지고는 기독교 교회와 사회에 어떠한 영향력도 이루어낼 수가 없습니다.

우리는 반드시 그리스도를 따르기로 결단하는 제자, 십자가를 걸머지고 그리스도의 발자취를 쫓아가는 제자로 성장해야만 합니다. 예수님의 정신, 예수님의 삶, 예수님의 사명을 배우고, 훈련받고, 본받고, 따르는 제자의 삶이 필요한 것입니다(요일2:6, 4:17). 그리하여 교회 공동체를 건설하는 핵심 일꾼이 되어야만 합니다.

그러나 또한 제자의 삶에만 계속 안주(安住)해 있어서도 안 됩니다. 시야(視野)를 넓혀 내가 사는 사회 공동체, 국가 공동체, 전 세계를 바라보고 품는 자세가 필요합니다. 만일 우리들이 교회 울타리 안에서만 머무르게 되면 우리끼리만 어울리는 게토화(Ghetto) 현상에 빠질 수가 있습니다. 그것은 잘못하면 개교회(個敎會)주의에 빠지게 되고, 개교회주의에 사로잡히게 되면 신앙이 옹졸해지고, 또한 교회 간의 경쟁을 유발시켜 빈익빈 부익부(貧益貧 富益富) 현상이 벌어질 수 있습니다. 우리는 개교회주의에 빠져 세상을 향한 사도적 사명을 상실하는 교회로 전락하는 것을 원하지 않습니다.

우리가 제자의 삶에서 한 걸음 더 나아가 '사도적 삶'을 살기를 원하는 것은 '보냄 받은 자의 삶'을 살기를 원하기 때문입니다. 눈을 열어 온 세상을 바라보는 '만물을 충만하게 하는 우주적 비전'을 실천하기를 원하기 때문입니다(에베소서1:23). 그리하여 하늘에 계신 아버지의 뜻을 이 땅에 실현했던 예수님처럼 우리들도 우리에게 맡겨진 임무(mission)를 완수하려 합니다(히브리서3:1). 우리 기독교 신자를 통하여 신적 통치이념을 이 땅 위에 실현하기 위해서

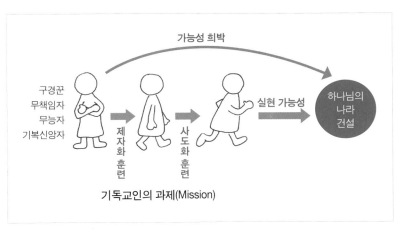

우리 모두가 반드시 사명을 가지고 보냄 받은 자의 삶을 살아야만 하는 것입니다.

　한국 기독교와 이 민족의 미래의 운명은 사도적 정신을 가진 기독교 평신도들이 얼마나 많이 생겨나느냐, 그리고 그들이 얼마나 자기 역할을 다하느냐에 달려 있습니다.

4
우리는 한국 사회에서
기독교의 역할을 뒤돌아봅니다

　고종 황제의 특혜로 일본 신사 유람단 일원으로 일본에 간 이수정(李樹廷)은 기독교의 복음을 듣고 예수를 믿으면서 암울한 처지에 놓여 있는 조선의 희망은 기독교밖에 없다고 확신하였습니다. 그리하여 성경을 번역하여 일본 유학생들에게 나누어 주고, 세계선교잡지에 '조선에 선교사를 보내 달라'고 요청하여 최초의 '조선 마케도니아인'이라는 말을 들었습니다.

　이수정의 요청에 따라 1885년 최초의 개신교 선교사 아펜젤러와 언더우드가 조선 땅에 들어와서 빠른 속도로 복음이 확산되어 갔던 것입니다. 구한말과 일제 강점기 초기에 기독교 인구는 약 20만 명, 즉 전체 인구의 2%에 불과했지만 그들은 모두 이 땅의 새로운 희망의 역할, 근대화의 초석 역할을 했습니다.

　기독교는 성경에서 가르치는 만민 평등사상에 따라 봉건적 계급 타파, 남녀평등 사상을 주창하였고, 가난하고 술 먹고 노름하여 허송세월하는 백성들을 깨우치기 위하여 투전 등 노름 배척과 금주금연(禁酒禁煙)운동을 전개하고, 전염병이 돌면 고양이 그림을 붙여 놓고 악귀(惡鬼)를 쫓는 등 미신(迷信)에 빠진 백성들을 깨우치기 위하여 최초의 서양의술 병원을 세워 병자들을 치료하기에 힘썼으며, 무지(無知)와 문맹(文盲)으로 미래에 희망이 없던 백성들, 특히 여성들에게 '아는 것이 힘이다'는 슬로건을 걸고 가르치고 깨우치는 교육 사업을 전개하며, 후진성(後進性)과 미개함을 떨쳐 내기 위하여 사회개화운동과 사회사업을 주도하고, 신학문(新學問) 도입, 체육시설과 운동 등을 보급하면서 세상을 향하여 눈이 떠지게 하는 사역에 앞장섰습니다.

도산 안창호, 이상재, 윤치호 서재필 등 기독교인들이 주동이 되어 만들어진 '독립협회', '독립신문'은 열강(列强)들의 침략의 위협 앞에서 자주독립과 애국심을 국민들에게 고취시키고, 민주주의와 자주근대화 사상을 강조하였고, 사회의 각종 퇴폐한 관습들을 타파(打破)하기 위해 교육시키고 계몽하는 일에 앞장을 섰던 것입니다.

주시경(周時經)은 한글 표기법을 통일시키고, 독립신문을 한글 전용이 되도록 노력하였으며, 기독교의 성경과 찬송가를 한글로 사용하도록 하여 당시 천시(賤視)를 받았던 한글을 보급하기에 앞장섰습니다.

윤치호는 배재학당의 교가에 "무궁화 삼천리 화려강산 대한 사람 대한으로 길이 보존하세"라는 가사를 넣어 발표함으로 교인들에게 애국심을 고취시키려고 노력하였습니다. 그 가사 내용은 일제 강점기에 독립 운동가들의 가슴에 민족혼을 불어넣는 노래가 되었고, 오늘날 애국가의 근간(根幹)이 되었습니다.

전덕기 목사와 양기탁, 이동녕, 안창호 등 기독교인들은 신민회(新民會)라는 비밀 결사단을 조직하여 회원들에게 민족의식과 독립사상을 고취시키고, 국민운동 역량을 축적하고, 각종 상공업기관을 만들어 국민의 삶을 증진(增進)시키고, 교육기관을 세워 청소년 교육에 앞장섰습니다. 이것이 동기가 되어 1919년 삼일 민족봉기 운동이 전국적으로 확산되는 데 중요한 역할을 감당했습니다.

이외도 열거하기 어려울 정도로 초창기 한국 기독교인들은 민족적으로 암울한 시기에도 불구하고 국가와 민족, 사회를 구원하고, 백성들을 옳은 길로 이끌어 주기 위하여 앞장을 섰고, 혼신(渾身)의 노력을 다했던 것을 알 수 있습니다.

5
우리들도 이 사회와 인류를 향한
시대적 사명을 감당하려 합니다

성경에는 "다윗은 당시에 하나님의 뜻을 따라 섬기다가 잠들어"(사도행전13:36)라는 말씀이 있습니다. 다윗 왕은 자기가 사는 시대에서 하나님의 뜻을 따라 자기의 역할을 다했다는 말씀입니다.

그렇습니다.

어느 시대에 살든지 하나님의 백성은 자기 시대에, 자신의 환경에서 하나님의 뜻을 실현하면서 살아야만 하는 것입니다. 한국의 초창기 기독교인들이 자신들의 시대, 민족적 절망의 시대에 하나님의 뜻을 실현하기 위하여 나름대로 최선의 노력을 다했던 것처럼 각 시대의 기독교인들은 자기 시대에 맡겨진 자기들의 역할을 감당해야만 합니다.

그렇다면, 오늘 이 시대를 살아가는 우리 기독교인들도 우리 시대에 맡겨 주신 역할과 사명을 최선을 다하여 감당해 내어야만 할 것입니다. 예수님께서 "그 나라를 아버지 하나님께 바칠 때"(고린도전서15:24) 주의 종들인 우리는 바칠 만한 내용을 준비해 놓아야만 합니다. 예수님께서 오셔서 건질 만한 것이 없이 방치해서는 안 되는 것입니다.

그러므로 우리는 방관자, 구경꾼, 또는 무능자의 상태에 머물러 있어서는 절대로 안 되는 것입니다. 그것은 하나님의 뜻도 아니고, 성경의 사상도 아닙니다.

(1) 우리는 사도 바울 같은 신앙인이 양산(量産)되어질 것을 기대합니다

기독교 신자가 시대적 방관자, 뜻 없이 몰려다니는 군중(群衆) 교인이 되지 않으려면 성경의 요구대로 '온전한 상태의 신앙인'으로 거듭나고, 훈련되어져야 할 것입니다.

여러분이 바로 기독교회의 목적대로, 성경의 가르침대로 예수 그리스도의 보냄을 받은 시대적 사명자, '사도'(使徒)가 되시기 바랍니다.

사도적 역할을 가장 멋있게 감당했던 사람은 아마 사도 바울 (Paul)일 것이라 생각이 듭니다.

사도 바울이 사도행전24:5에서 세상 사람들로부터 들었던 평가는 어쩌면 그에 대해 가장 적절하게 표현한 것이라고 보여집니다. 세상 사람들은 바울을 비방하기 위하여 평가했었지만 우리는 기독교적 입장에서 그 말을 우리에게 적용한다면 아주 좋을 것 같습니다.

"우리가 보니, 이 사람은 전염병 같은 자라 천하에 흩어진 유대인을 다 소요하게 하는 자요 나사렛 이단의 우두머리라"(사도행전 24:5)

① 전염병 같은 사람

'이 사람은 마치 역병(疫病) 같은 사람이다'라는 말은 사실 인격 모독적인 말입니다. 엄청난 전염성(傳染性)을 가진 질병처럼 사람들을 자기가 전하는 말에 물들게 하고, 그 사상에 푹 빠지게 만들어 놓았다는 말입니다. 이는 사도 바울이 전파하는 복음, 예수 그리스도의 진리로 사람들을 물들게 하여 도시 전체를 예수 믿는 사람들로 가득히 채워 놓았다는 말일 것입니다.

그렇습니다.

우리들도 천하를 예수로 물들여 놓는 강력한 '예수의 바이러스'(Virus)가 되어야 합니다. 사람들을 완전히 다른 색깔의 사람으로 바꾸어 놓을 수 있는 능력 있는 신자가 되어야만 합니다.

② 유대인을 다 소요하게 하는 자

여기 '소요하게 하는 자'는 폭력을 선동(煽動)하는 사람이라는 뜻입니다. 즉 시끄러움을 일으키는 자, 유대인들 사이에서 강력한 영향력을 미쳐서 놀라운 변화가 일어나게 하는 사람이라는 것입니다. 그래서 영어성경에서는 '혁명을 일으키는 자'(Revolutionist), 즉 개혁자(改革者)라고 번역하였습니다.

사도 바울은 그가 들어가는 도시마다 그곳에 있는 잘못된 종교 형태를 뜯어고치는 놀라운 일들을 해냈습니다. 이방인들에게는 마술에 관련된 책들을 불태우게 만들었고, 유대인들에게는 율법적인 계율, 유대교의 전통들을 버리게 만들었던 것입니다.

우리들도 이 시대의 잘못된 문화를 뜯어고치는 사람, 잘못된 사상을 뒤바꾸어 놓는 사람, 타락 문화를 일순간에 몰아내고 거룩한 문화로 정화(淨化)시켜 놓는 사람들이 될 수 있어야만 합니다.

③ 나사렛 이단의 우두머리

이것은 나사렛 출신 예수를 따르는 사람들 가운데서 '우두머리', 즉 핵심 지도자, 주모자(主謀者)라는 말입니다.

그렇습니다.

우리는 나사렛 예수 그리스도를 따르는 사람들입니다. 그렇다면 우리는 나사렛당의 우두머리가 되어야만 합니다. 비실비실한 신자, 무능한 신자, 아무 영향력도 미치지 못하는 신자, 멍청히 바라보고만 있는 방관자가 되어서는 안 됩니다.

우리는 복음을 전파하는 일에서도, 하나님의 뜻을 실현하는 일에서도 가장 앞장서서 달려가는 핵심 리더(a core leader)가 되기를 희망합니다.

여기에서 우리 한 사람 한 사람이 책임 있는 사도적 신자로 변화된다면 온 세상이 변화되는 놀라운 역사가 일어날 것을 확신합니다.

미국의 과학자 라이언 왓슨(Ryan Watson)이 사회 심리현상 중에서 '어떤 행위를 하는 개체의 수가 일정량에 도달하면 그 행동이 그 집단에만 국한되지 않고 공간을 넘어 확산되어 가는 불가사의한 현상'이 일어난다는 '1백 마리째 원숭이 현상'을 발표했었습니다. 우리는 이러한 현상이 우리들의 복음 전파에도 일어나서 놀라운 변화, 천지가 개혁되어지는 역사가 일어나기를 기대합니다.

예수 그리스도의 복음으로 무장된 사람, 하나님의 통치이념을
이 땅에 실현시켜 나아가려는 신자가 하나 둘…늘어나게 된다면
어느 시점에, 한순간에, 우리 사회도 전체가 새롭게 변화되는 놀라
운 역사가 일어날 것을 믿습니다. 여러분이 그 일에 한 사람이 되
어 준다면…얼마든지 가능합니다.

(2) 우리는 모든 기독교 신자들이 자기 처소에서 하나님의 통치이념을 실현시키는 역군들이 되기를 희망합니다

우리는 날마다 기도하는 것처럼 "뜻이 하늘에서 이루어진 것같
이 이 땅에 이루어지기"^(마태복음6:10)를 소원합니다. 우리는 잠시 우
리의 존재 목적을 잃어버리고 방황했을 뿐입니다.

이제 다시 일어나 우리의 본연의 목적, 우리가 이 시대에 감당
해야 할 사명을 성취하는 신앙 공동체로 일어날 것입니다.

이 땅의 기독교 선진(先進)들이 시대적 사명을 감당했던 것처럼
우리들도 우리 시대의 기독교적 사명을 감당해 낼 것입니다. 백범
김구 선생이 "새롭게 건국될 국가는 성서의 기준에 맞추어서 만들
어져야 한다."고 주장했던 것처럼 우리들은 성경적 사상에 기반을
둔 국가 건설에 매진하려 합니다. 즉 하나님의 통치이념이 국가적
사회적 기초가 되게 하는 것입니다. 부패하고 타락한 사회 기강을
바로잡아 건실한 사회를 이루며, 세속적이고 방탕에 빠져 있는 문

화, 갈피를 잡지 못하는 혼돈 문화, 매일같이 투쟁만 일삼는 잘못된 문화, 이념에 사로잡혀 국가와 사회를 잘못된 길로 이끌어 가려는 현상들이, 확~ 바뀌어 거룩한 문화로 전환될 것을 믿습니다.

이제부터 우리 전 기독교 신자들이 각성(覺醒)하여 군중 신자, 방관자 교인이라는 허울을 벗어 버리고 시대적 사명을 감당하는 '사도'로 거듭날 것입니다. 그리하여 우리에게 주어진 시대적 사명을 감당하는 종교를 이룰 것입니다.

티핑 포인트

'일백 마리 원숭이 현상'과 비슷한 이론이 말콤 글래드웰(Malcolm Gladwell)이 주장한 '티핑 포인트'입니다. 티핑 포인트(Tipping Point)는 기업 경영에서 호조(好調)로 전환되는 급격한 변화 시점을 가리킵니다.

티핑 포인트에는 세 가지 특성이 있습니다.

첫째는, 전염성이 있다는 것입니다.

둘째는, 작은 것이 엄청난 결과와 효과를 가져올 수 있다는 것입니다.

셋째는, 이런 변화는 극적인 순간에 발생할 수 있다는 것입니다.

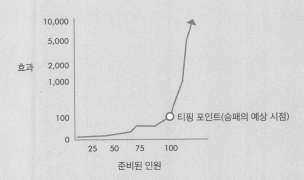

우리에게도 훈련된 신자, 진리로 무장한 신자가 계속해서 생겨난다면 진리가 폭발하는 놀라운 분기점이 생길 것이고 기독교 복음으로 세상이 변화될 날이 올 것입니다.

미래적 소망을
가진 종교

"생각하건대 현재의 고난은
장차 우리에게 나타날 영광과 비교할 수 없도다"

(로마서8:18)

기독교는
내세의 소망을 가진 종교입니다

폴란드 왈소(Warsaw) 유대인 수용소에서 수많은 유대인들이 죽음의 순간을 기다리고 있었습니다. 한결같이 그들은 절망에 빠져 죽은 송장처럼 얼굴이 굳어 있었습니다. 이때 한 청년이 벽에 글을 쓰기 시작하였습니다.

"빛을 볼 수 없어도 나는 태양을 믿는다.

(I believe in the sun, even if it does not shine.)

느끼지 못해도 나는 사랑을 믿는다.

(I believe in love, even if I do not feel it.)

보이진 않으나 나는 하나님을 믿는다.

(I believe in God, even if I do not see Him.)"

이 글을 보는 순간 송장처럼 굳어 있던 포로들의 얼굴이 펴지기 시작하여 희망과 기쁨을 노래하기 시작하였습니다.

그렇습니다.

지금 현재는 보이지 않는다 할지라도 분명히 존재한다는 사실을 믿고 확신한다면 인내하며 버틸 수 있고, 고난과 싸울 수 있고, 보다 더 활기차게 인생을 살아갈 수가 있는 것입니다.

우리 기독교는 소망의 종교입니다. 우리는 현세(現世)의 삶으로 끝나는 것이 아니라 죽음을 넘어 미래에, 또는 내세(來世)에 우리를 위한 영광스러운 삶이 준비되어 있다는 것을 믿습니다.

1
우리는 죽음 후에 낙원이 기다림을 믿습니다

성경에는 "한 번 죽는 것은 사람에게 정해진 것"(히브리서9:27)이라고 했습니다.

죽음은 인간에게 주어진 필연적 철칙(鐵則)입니다. 이 땅에서 죽음을 극복하고 장생불로(長生不老)할 사람은 아무도 없습니다. 오히려 현재의 삶은 죽음을 향하여 한 걸음 한 걸음 다가가는 시간일 뿐입니다.

성경은 인간들이 "죽기를 무서워하므로 한평생 매여 종노릇"(히브리서2:15)한다고 했습니다. 인간들이 죽음이라는 공포가 너무나 크고 두려워서 죽음의 세력을 잡은 자, 곧 마귀에게 붙들려 종노릇하고 섬기며 살아간다는 것은 정말 불행입니다.

그러나 우리 기독교 신자는 육체의 죽음을 두려워하지 않습니다. 그것은 죽음을 이기신 예수님께서 우리를 사망의 세력에서 해방시켜주었을 뿐만 아니라 죽음 너머에 우리를 위하여 놀라운 은총들을 준비해 놓았기 때문입니다.

(1) 기독교 신자에게 죽음은 축복의 시간입니다

"지금 이후로 주 안에서 죽는 자들은 복이 있도다…성령이 이르시되 그러하다 그들이 수고를 그치고 쉬리니"(요한계시록14:13)

① 죽음은 영혼이 육체를 떠나 해방을 받는 시간입니다.

예수님의 기사(記事) 가운데서 변화의 산에서 영광 중에 나타난 모세와 엘리야가 "장차 예수께서 예루살렘에서 별세하실 것을 말할 새"(누가복음9:31)라는 말씀이 있습니다. 여기 '별세'(ἔξοδος, 엑소도스)라는 단어는 '길을 떠난다'는 뜻으로 죽음의 의미로 사용되어졌는가 하면(베드로후서1:15), 또한 '탈출'의 의미로 사용되어지기도 했습니다(히브리서11:21). 즉 이스라엘 백성들이 '애굽에서 탈출'(the Exodus from Egypt)했던 것을 표현할 때에 많이 사용되어진 용어입니다(출애굽기19:1, 민수기33:38). 여기에서는 죽음은 육체의 굴레에 매여 있다가 자유를 얻기 위하여 떠나는 것을 연상(聯想)하게 하는 말입니다(누가복음2:29).

그렇습니다.

인간의 영혼은 육체의 굴레에 묶여 고달프고 힘든 삶을 살아오다가 죽음을 통하여 해방을 받게 되는 것입니다(고린도후서5:2). 그리고 하나님의 품에 안기게 되는 것입니다.

② 죽음은 영혼이 안식을 얻는 시간입니다.

'수고를 그치고 쉰다'는 말은 세상에서 당했던 환난풍파, 삶의 고달픔, 불안과 두려움, 질병으로 인한 괴로움, 사람들로부터 받았던 멸시와 천대, 핍박과 박해 등에서 벗어나서 안식을 얻는 것을 가리킵니다.

이 안식의 은총은 주 안에서 죽은 자들에게만 주어지는 것입니다. 이 안식은 육체의 안식을 말하는 것이 아니라 영혼의 안식을 말하는 것입니다. 육체는 흙으로 돌아가서 예수 그리스도께서 강림하실 때까지 잠자는 상태에 들어가지만, 그러나 그의 영혼은 하늘로 올라가서 하나님이 베풀어 주시는 쉼의 은총을 누리게 되는 것입니다.

그들의 영혼이 하늘에 올라가면 보좌에 앉으신 하나님께서 그들 위에 장막을 쳐 주시고 "다시는 주리지도 아니하며 목마르지도 아니하며 해나 아무 뜨거운 기운에 상하지도 아니"하도록 만들어 주실 것입니다(요한계시록7:16).

③ 죽음은 영혼이 위로를 받는 시간입니다.

부자와 거지 나사로의 비유의 말씀에서 아브라함은 나사로에 대하여 "이제 그는 여기서 위로를 받고"(누가복음16:25)라고 말했습니다. '위로를 받는다'는 말은 세상에서 당했던 고난과 슬픔을 잊어버릴 수 있는 안위(安慰)를 받는 것을 가리킵니다. 하나님은 위로의 하나님이십니다. 이 땅에서도 비천한 자를 위로해 주시지만(고린도후서1:3-4, 7:6), 특히 하늘에서 이 땅의 모든 고난과 환난을 잊어버리도록 위로해 주시는 것입니다.

어린양 예수 그리스도께서는 구속함을 받은 그의 백성들의 목자가 되어 생명수 샘으로 인도해 주실 것이고, 그들의 눈에서 모든 눈물을 씻어 주실 것입니다(요한계시록7:17).

④ 죽음은 그리스도와 함께 있는 시간이 됩니다.

사도 바울은 자신이 삶과 죽음 사이에 끼어 있다면서 "차라리 세상을 떠나서 그리스도와 함께 있는 것이 훨씬 더 좋은 일이라"(빌립보서1:23)고 했고, 또한 "차라리 몸을 떠나 주와 함께 있는 그것이라"(고린도후서5:8)고 자신의 마음을 피력(披瀝)했었습니다.

히브리서 저자는 대제사장 되시는 예수 그리스도에 대하여 "그는 하늘에서 지극히 크신 이의 보좌 우편에 앉으셨으니"(히브리서8:1)라고 했습니다. 그렇다면 스데반이 순교를 당하면서 하나님 우편에 서신 예수님을 향하여 "주 예수여 내 영혼을 받으시옵소서."(사도행전7:55, 59)라고 외친 것은 그리스도가 계신 곳, 하늘 보좌에 가겠다는 말입니다.

그렇습니다.

기독교 신자는 죽으면 하늘나라에 들어가서 그리스도를 만나게 되고, 또한 그리스도와 함께 있게 됩니다. 그래서 기독교 신자의 죽음은 불행도, 슬픔도 아닙니다. 오히려 영광이요 축복인 것입니다.

(2) 기독교 신자에게는 하늘에 영원한 집이 있습니다

"만일 땅에 있는 우리의 장막 집이 무너지면 하나님께서 지으신 집 곧 손으로 지은 것이 아니요 하늘에 있는 영원한 집이 우리에게 있는 줄 아느니라"(고린도후서5:1)

인간이 죽으면 그 영혼은 구천(九天)에 떠돌다가 제사 때가 되면 찾아온다고 믿는 사람들이 있습니다.

그러나 성경은 "인생들의 혼은 위로 올라가고 짐승의 혼은 아래 곧 땅으로 내려간다."(전도서3:21)고 했고, 또 "흙(육체)은 여전히 땅으로 돌아가고 영은 그것을 주신 하나님께로 돌아간다."(전도서12:7)고 했습니다. 그러므로 인간의 영혼은 갈 곳을 찾지 못하고 구천에서 이곳저곳을 찾아 떠돌아다니는 것이 아닙니다.

① 불신앙의 영혼은 음부로 내려갑니다.

예수님의 비유 가운데 나오는 부자는 "그가 음부에서 고통 중에"(누가복음16:23) 괴로워했다고 했습니다. 음부(陰符)는 악인들을 위한 형벌의 장소입니다(시편9:17, 잠언5:5). "불의한 자는 형벌 아래 두어 심판 날까지 지키신다."(베드로후서2:9)고 했습니다. 불의한 자는 특별히 육체의 정욕 가운데서 행하며 주권자이신 그리스도를 멸시하는 자들입니다(베드로후서2:10).

그리스도의 주권(主權)을 부정하고 죽은 불의한 자들은 "심판 날까지", 즉 종말에 있을 크고 흰 보좌의 최종적인 심판의 날까지 고통과 괴로움의 형벌 아래 있게 될 것입니다(요한계시록20:11-15).

② 그러나 신앙인의 영혼은 낙원으로 올라가게 됩니다.

예수님께서 십자가 우편 강도에게 "오늘 네가 나와 함께 낙원에 있으리라"(누가복음23:43)고 말씀하신 것은 낙원이 육체의 죽음을 당한 영혼이 거처하게 될 내세적 장소임을 보여주고 있습니다. 또한 "하나님의 낙원"은 영적 전투에서 이기는 자에게 주시는 은총의 장소이며(요한계시록2:7), 사도 바울이 "낙원으로 이끌려 가서 말로 표현할 수 없는 말을 들었다."(고린도후서12:4)고 한 것을 보면 영화롭고 찬란한 장소, 말로 형용할 수 없는 은총의 장소인 것이 분명합니다.

낙원은 하나님의 보좌가 있고, 우리 주 예수님이 계시는 하늘나라, 즉 천국을 뜻하는 것입니다. 기독교 신자는 육체적 죽음을 당하게 되면 천사들의 인도를 받아 낙원, 곧 그리스도가 계시는 천국의 영광의 장소에 들어가게 될 것입니다.

기독교 신자는 사망을 이긴 자들입니다. 예수 그리스도를 믿는 순간, 거듭남의 역사와 함께 "사망에서 옮겨 생명으로 들어간"(요한일서3:14) 자가 되는 것입니다. 하나님의 영원한 생명(영생)을 얻은 기독교 신자는 육체적 죽음을 당한다 할지라도 예수 그리스도의 강림의 날에 다시 살아나는 부활에 참여할 것입니다. 그리고 영원한 하나님의 나라에 들어가게 될 것입니다.

그러므로 기독교 신자는 죽음을 두려워하지 않습니다. 사망을 이기고 승리하게 될 것이기 때문입니다(고린도전서15:54-55).

2

우리는 육체의 부활과 변화에
참여할 것을 믿습니다

우리 기독교 신자의 최대의 소망은 예수 그리스도의 지상으로의 재림과 그때에 일어날 죽은 자들의 부활과 신자들의 휴거(rapture)로 인한 변화입니다. 신자의 부활과 변화는 예수님께서 일찍이 약속하셨던 것입니다.

예수님께서는 자신을 세상에 보내신 이의 뜻은 자기에게 주어진 자를 하나라도 잃어버리지 않고 "마지막 날에 다시 살리는"(요한복음6:39) 것이라고 했으며, 또한 아들을 보고 믿는 자마다 영생을 얻는 것인데, 그것은 곧 "마지막 날에 내가 이를 다시 살리는"(요한복음6:40) 것이라고 말씀하셨습니다.

여기에서 '영생을 얻는 것'은 예수 그리스도를 믿을 때에 얻게 되는 영적 생명, 즉 영적 부활이라고 한다면, '마지막 날에 다시 살리는 것'은 종말의 때에 얻게 되는 육체적 부활을 가리키는 말입니다. 육체적 부활의 은총은 예수 그리스도를 믿어 영생을 얻은 사람에게만 주어지는 은총인 것입니다.

우리 주변의 어떤 사람은 세상에는 절대적 진리와 도덕, 가치와 같은 것은 존재하지 않으므로 자신에게 주어진 환경에서 먹고 마시면서 쾌락을 즐기며 살면 그만이라는 허무주의(虛無主義, Nihilism)에 빠져 있는 사람이 있는가 하면, 또한 세상과 인생에게는 불합리한 것이 가득하여 아무런 가치도 없고, 개선이나 진보(進步)할 가능성도 없다고 보아 세상을 혐오(嫌惡)하고 인생을 무가치한 것으로 여기는 염세주의(厭世主義, Pessimism)에 빠진 사람들도 있습니다.

이들에게는 내일, 또는 미래의 희망이라는 것이 없습니다. 죽음에 대해서도 인간은 죽으면 끝이라고 생각합니다. 죽어 한 줌의 흙으로 돌아가면 아무 것도 아니라는 것입니다.

그러나 사도 바울은 이러한 허무주의와 염세주의 사상에 빠진 사람들을 경계하였습니다(고린도전서15:32-33). 그것은 기독교 사상이 아니기 때문입니다. 또한 우리 기독교 신자에게는 부활의 날이 분명히 기다리고 있기 때문입니다.

어떤 분은 기독교의 부활이라는 개념 자체를 이해하지 못하는 경우가 있습니다.

물리학에 '질량불변의 법칙'이라는 것이 있습니다. 물질은 그 형태가 어떻게 변형, 변경이 된다 할지라도 그 질량(質量)은 그대로 남아 있다는 것입니다. 물(H₂O)은 가열을 하면 기체로 사라져 우리 눈에 보이지 않습니다. 그러나 물의 형태는 변형이 되었다 할지라도 물의 양(量)은 자연 공간에 존재합니다. 냉각(冷却)이라는 촉매(觸媒)를 가하면 눈에 보이지 않던 기체로서의 물이 다시 액체로서의 물로 변화되어서 우리 눈으로 볼 수도 있고 만질 수도 있게 되는 것입니다.

이 원리는 인간의 죽음에서도 마찬가지로 적용이 됩니다. 우리가 죽어 화장(火葬)을 하면 나중에 한 줌의 재가 되고, 땅에 매장(埋葬)을 하면 다 썩어서 한 줌의 흙으로 남게 됩니다. 그래서 죽음으로 모든 것이 끝난 것같이 보이고, 아무 것도 아닌 것처럼 보입니다.

그러나 예수 그리스도의 "일어나라"는 부활의 외침과 천사장의 나팔 소리가 울려 퍼지면 놀라운 부활의 역사가 일어날 것입니다. 그때에 땅과 바다는 자기 안에 있는 죽은 자들을 내어놓게 될 것입니다(요한계시록 20:13). 그리고 그 육체들은 "하늘에 속한 형체", 곧 "영광스러운 형체"로 변형되어 나타나게 될 것입니다(고린도전서 15:40-41).

"죽은 자의 부활도 그와 같으니
썩을 것으로 심고 썩지 아니할 것으로 다시 살아나며
욕된 것으로 심고 영광스러운 것으로 다시 살아나며

약한 것으로 심고 강한 것으로 다시 살아나며

육의 몸으로 심고 신령한 몸으로 다시 살아나나니

육의 몸이 있은즉 또 영의 몸도 있느니라"(고린도전서15:42-44)

기독교 신자의 부활은 "부활의 첫 열매"이신 예수 그리스도의 부활체와 같은 형체로 영화롭게 되어 부활에 참여하게 될 것입니다(고린도전서15:23). 이것을 '생명의 부활', 또는 '첫째 부활'이라고 합니다. 그래서 성경은 "이 첫째 부활에 참여하는 자들은 복이 있고 거룩하도다"(요한계시록20:6)고 했습니다. 이 부활에 참여하는 사람은 불과 유황이 타는 지옥 불, 즉 둘째 사망에 들어가지 않게 되고, 오히려 예수 그리스도와 함께 천 년 동안 왕 노릇하는 영광을 누리게 될 것입니다.

(2) 그때 살아 있는 신자들은 홀연히 변화되는 역사를 겪게 될 것입니다

사도 바울은 종말의 때에 우리 살아남은 자들이 먼저 죽은 신자들보다 결코 앞서지 못한다는 사실을 이렇게 설명하고 있습니다.

"주께서 호령과 천사장의 소리와 하나님의 나팔 소리로 친히 하늘로부터 강림하시리니 그리스도 안에서 죽은 자들이 먼저 일어나고 그 후에 우리 살아남은 자들도 그들과 함께 구름 속으로 끌어 올려 공중에서 주를 영접하게 하시리니 그리하여 우리가 항상

주와 함께 있으리라"(데살로니가전서4:16-17)

　장차 주님께서 천군천사의 호위(護衛)를 받으면서 하늘에서 지상으로 강림하시게 될 것입니다. 그때 땅에서는 강림하시는 그리스도를 영접하기 위하여 환영의 무리가 구성될 것인데, 두 종류의 신자들이 될 것입니다. 먼저는 예수 그리스도를 믿다가 죽었던 신자들이 부활하여 모여지고, 다음으로 그때에 살아 있는 신자들 가운데 '데려감'을 당하게 될 무리들입니다. 이 두 무리가 하늘에서 백마 타고 천사들과 함께 오시는 그리스도를 공중에서 맞이하게 될 것입니다.

　① 여기 '끌어 올려' 데려감을 당하는 것을 휴거(携去)라고 합니다.
　예수님께서 종말의 날에 일어날 일들에 대해서 이야기하는 가운데 이런 이야기를 했습니다. 두 사람이 밭에 있다가 한 사람은 데려감을 당하고 한 사람은 버려둠을 당하고, 두 여자가 맷돌질을 하다가 한 사람은 데려가고 한 사람은 버려둠을 당한다고 했습니다(마태복음24:40-41).
　이는 버려둠을 당하는 사람의 입장에서 본다면 엄청난 불행일 것입니다. 그런 불행을 당하게 되는 것은 기독교 신자가 되었다 할지라도 신실한 신앙생활을 하지 못하고 "방탕함과 술 취함과 생활의 염려로 마음이 둔하여지고 뜻밖에 그날이 덫과 같이 임"(누가복음21:34)할 때에 전혀 준비가 되어 있지 않았기 때문일 것입니다.

다시 오시는 그리스도를 맞이할 준비와 그에 합당한 생활을 하지 않은 것입니다.

② '데려감'을 당하는 신자들에게는 놀라운 변화가 일어날 것입니다.

성경은 "혈과 육은 하나님의 나라를 이어받을 수 없고 또한 썩는 것은 썩지 아니하는 것을 유업으로 받지 못하느니라"(고린도전서 15:50)고 했습니다. 그러나 두 가지 역사, 곧 '죽은 자가 다시 살아나는 부활'과 '살아남은 자의 변화'의 역사에 참여하는 사람들은 유업을 얻게 될 것입니다.

"보라 내가 너희에게 비밀을 말하노니 우리가 다 잠잘 것이 아니요 마지막 나팔에 순식간에 홀연히 다 변화(變化)되리니 나팔 소리가 나매 죽은 자들이 썩지 아니할 것으로 다시 살아나고 우리도 변화되리라. 이 썩을 것이 반드시 썩지 아니할 것을 입겠고 이 죽을 것이 죽지 아니함을 얻으리로다"(고린도전서15:51-53).

미래에 일어날 변화는 '순식간에', '홀연히' 일어나는 사건으로 예수 그리스도 안에 속한 자들 전체가 경험하게 될 것입니다. 그 변화는 부활의 역사와 마찬가지로 '썩을 것이 썩지 아니할 것으로, 죽을 몸이 죽지 아니하는 몸으로' 변형되는 것으로 '우리의 낮은 몸이 예수 그리스도의 영광의 몸의 형체와 같이 변하게' 되는 것입니다(빌립보서3:21). 이렇게 영광스럽게 변형된 몸, 즉 예수 그리스도의 부활하신 부활체와 같은 몸으로 변화 받아서 예수 그리스도를 맞이하게 될 것입니다.

할렐루야!

그렇습니다.

예수 그리스도의 강림의 날에, 곧 죽었던 신자의 육체적 부활과 함께 살아남은 신자의 몸이 변화되는 날은 우리 기독교 신자들에게는 최대 영광의 날이요, 최고의 희망의 날이 될 것입니다. 그래서 우리 기독교 신자들은 고달픈 인생의 길을 걸으면서도 그날이 "우리 몸의 속량"의 날이라고 굳게 믿고 오늘도 학수고대(鶴首苦待)하고 소망하면서 이 세상을 살아가는 것입니다(로마서8:23).

3
우리는 예수 그리스도와 함께
왕 노릇 할 것을 믿습니다

예수님께서는 3년 동안 자신을 열심히 따라다녔던 제자들에게 이런 말씀을 하셨습니다.

"너희는 나의 모든 시험 중에 항상 나와 함께한 자들인즉"(누가복

　예수님께서 활동하시던 기간 동안에 동거동락(同居同樂)하며 그의 제자로 따라다녔다는 것은 결코 쉬운 일이 아니었을 것입니다. 여러 가지 어려움과 시험거리들, 예수님 곁을 떠나야 할 유혹이 한두 번이 아니었을 것입니다. 그러나 그들은 예수님에 대한 의리와 신의(信義), 또한 충성심을 끝까지 보여 주며 함께했던 것입니다.

　그래서 예수님께서도 그들에게 세 가지의 축복을 약속해 주셨습니다(누가복음22:29-30).

　첫째는, 하나님 아버지께서 나라를 자신에게 맡겨 준 것처럼 자기도 그들에게 나라를 맡겨 주겠다는 것입니다. 이는 그리스도의 나라 자체를 맡겨 준다는 의미보다 그리스도께서 통치하는 나라의 통치권을 맡겨 주신다는 뜻입니다.

　둘째는, 그리스도의 나라에서 주의 상(床)에서 함께 먹고 마실 수 있는 자격의 은총을 주시겠다는 것입니다. 이는 승리의 잔치, 또는 어린양의 혼인 잔치에 초대를 받아서 함께 자축(自祝)하며 기쁨을 나누는 은총을 주겠다는 것입니다.

　셋째는, 각자 보좌들에 앉아서 이스라엘의 열두 지파를 다스리는 통치권을 부여해 주겠다는 것입니다. 지금은 초라하고, 사람들에게 무시와 천대를 받는다 할지라도 예수 그리스도가 오셔서 그의 나라를 세울 때에는 통치권을 행사하는 존귀한 위치에 있게 될 것입니다.

정말 놀라운 축복입니다.

그러면 여기에서 말하는 '그리스도의 나라', '제자들이 통치권을 행사할 수 있는 나라'가 과연 어떤 나라인지를 차분히 생각해 보기를 원합니다.

(1) 메시아(그리스도) 예수님은 하나님의 나라를 선포하였습니다

예수님은 유대인들이 기다리던 메시아, 그리스도이셨습니다. 당대의 유대인들은 예수님께서 하나님의 나라를 선포하는 것을 보면서 다윗 계통의 정치적 메시아 왕이기를 기대했었습니다(누가복음1:68-71). 심지어 제자들까지도 예수님께서 죽은 자 가운데서 부활하여 승천하시려는 마지막 순간까지도 "주께서 이스라엘 나라를 회복하심이 이때니이까"(사도행전1:6)라고 질문할 정도였습니다.

① 그러나 예수님께서는 자신은 정치적 메시아가 아니라 천상적 메시아이심을 분명히 하셨습니다.

예수님께서는 "내 나라는 이 세상에 속한 것이 아니니라"(요한복음18:36)고 분명히 밝히셨습니다. 예수님께서 선포하시고 가르친 하나님의 나라는 이 세상의 나라, 즉 정치적 왕국이 아니었습니다. 그래서 예수님에 대해 실망한 유대인들은 그를 십자가에 못 박았으며, 또한 지금까지도 예수님을 다윗의 자손 메시아 왕, 그리스도로 인정하지 않는 것 같습니다.

여기에서 우리가 한 가지 생각할 것은, 유대인들은 정치적 해방자로서 메시아를 희망하였기에 예수님에게 "다윗의 자손 그리스도"이기를 요구했었지만(마가복음11:9-10, 요한복음12:13), 예수님께서는 자신이 정치적 해방자가 아님을 분명히 하셨다는 것입니다. 그래서 정치적 메시아의 개념이 있는 '그리스도'라는 호칭을 사용하기보다는(마가복음8:29-30), 오히려 다니엘서에 나오는 신적 존재로서의 '인자 같은 이'(one like a son of man) 사상을 따라서 자신을 "인자"(人子)라는 호칭으로 사용하기를 좋아하셨던 것입니다(마가복음8:31).

다니엘서에 나오는 '인자 같은 이'는 하늘의 구름을 타고 온 천상적 존재로서 그가 세우는 나라는 영원히 멸망하지 않는 나라이며, 그의 권세는 영원하여 소멸되지 않을 것이라고 했습니다(다니엘2:44, 7:14). 그는 인간들과 싸우는 것이 아니라 공중 권세를 잡은 악한 영적 세력들과의 싸움을 벌였던 것입니다(다니엘10:20-21).

여기에서 당대의 유대인이 기대했던 메시아사상과 예수님께서 지니셨던 메시아 개념 사이에는 확연한 차이가 있었던 것을 발견할 수 있습니다.

하여간 예수님께서는 다니엘서의 '인자 같은 이'처럼 로마 정권을 향하여 독립 투쟁을 벌이는 정치적 메시아로 활동하지 않으셨고, 오히려 천상적 메시아로서 인간들을 억압하고 사로잡고 있는 악한 영의 세력, 즉 마귀와 귀신들과 싸우시며, 그들을 쫓아내는 영적 사역을 펼치셨습니다(마태복음8:16, 마가복음1:34). 예수님께서 이렇게 영적 하나님의 나라를 전개하는 데 힘쓰고 그 사도들에게까지 이를 부탁하신 것은 영적 하나님의 나라를 건설하게 되면 자연적으로 지상에 내리는 하나님의 통치 이념도 실현될 수 있고, 완성될 수 있다고 보았기 때문입니다. 이것이 예수님께서 하나님의 나라를 건설하는 순서였습니다. 먼저 영적 하나님의 나라를 건설하고 차후에 지상적 하나님의 나라를 건설하는 것입니다.

② 예수님은 '이미 온 하나님의 나라'를 선포하셨습니다.

예수님께서는 자신의 사역을 통하여 천상적(天上的) 하나님의 나라가 이미 이 세상에 왔다고 했습니다.

"내가 만일 하나님의 손을 힘입어 귀신을 쫓아낸다면 하나님의 나라가 이미 너희에게 임하였느니라"(누가복음11:20, 마태복음12:28)

'귀신을 쫓아냈다'는 것은 악한 영의 지배 아래서 종노릇하는 인간들이 해방되었다는 말이며, 또한 이제부터 하나님의 통치가 시작되었다는 의미입니다. 그래서 하나님의 나라가 '이미 임하였다'고 말하는 것입니다.

예수님께서 병을 고치고, 귀신을 쫓아내고, "사탄이 하늘로부터 번개같이 떨어지고" "귀신들이 항복하고" "뱀과 전갈을 밟으며 원수의 모든 능력을 제어하는"(누가복음10:18-20) 권세로 사역하신 것은 이미 하나님의 나라 건설의 투쟁이 시작되었다는 표시였습니다.

이러한 예수님의 사역을 통하여 사탄의 세력이 무너져 갈 때에 사탄과 그 부하 귀신들은 저항하였지만(마가복음5:7-8), 예수님께서는 사탄의 영역을 무너뜨리고, 하나님의 나라를 건설하는 영적 투쟁을 계속 이어 가셨던 것입니다.

우리들도 예수님의 메시아 사역을 계승(繼承)하여 "포로 된 자에게 자유를, 눈 먼 자에게 다시 보게 함을 전파하며, 눌린 자를 자유롭게 하고"(누가복음4:18) "어둠에서 빛으로, 사탄의 권세에서 하나님께로 돌아오는"(사도행전26:18) 사역을 전개해야만 합니다. 그래서 사탄의 세력과의 영적 투쟁은 오늘도 계속될 수밖에 없는 것입니다. 우리는 사탄의 세력을 멸하고, 영적이자 현세적인 하나님의 나라를 확장해 나아가므로 사탄의 영역(領域)을 압박하고 좁혀 가야만 합니다.

그러나 여기서 우리가 분명히 알아야 할 것은, 우리가 전개하는 이 일은 하나님의 나라가 도래(到來, arrival)했다는 것을 증거하는 것뿐이지 이미 하나님의 나라가 완성(完成, consummation)되었다는 의미는 아니라는 것입니다. 즉 우리가 이 세상에서 사탄의 세력을 쫓아내고, 악한 영들의 사역을 무너뜨린다 할지라도 그것은 완전한 것이 아니고 부분적인 것에 불과하다는 것입니다.

③ 그래서 예수님께서는 '장차 올 하나님의 나라'에 대하여 선포하셨던 것입니다.

"그때에 임금이 그 오른쪽에 있는 자들에게 이르시되 내 아버지께 복을 받을 자들이여 나아 와 창세로부터 너희를 위하여 예비된 나라를 상속받으라"(마태복음25:34)

"내가 진실로 너희에게 이르노니 세상이 새롭게 되어 인자가 자기 영광의 보좌에 앉을 때에 나를 따르는 너희도 열두 보좌에 앉아 이스라엘 열두 지파를 심판하리라"(마태복음19:28)

여기 인용된 성경 말씀들은 전부 하나님의 나라가 현세에 있는 것이 아니라 먼 미래, 즉 종말의 때에 임하게 될 지상적 하나님의 나라임을 가리키고 있습니다.

그렇습니다.

예수님께서는 당장에, 현장에서 이루어지는 하나님의 나라를 선포하고 가르쳤는가 하면, 반면에 미래에 나타날 완전한 하나님의 나라에 대한 비유와 가르침들도 주셨던 것입니다.

예수님께서 가르치신 '장차 올 하나님의 나라'는 완성된 하나님의 나라이며, 최후 승리의 하나님의 나라입니다. 예수님께서는 자신이 선포하는 하나님의 나라에 관한 복음을 통하여 영적 전쟁은 시작되었고, 이미 하나님의 나라는 세워졌다는 사실을 아셨던 것입니다. 또한 자신의 제자들이 전파하는 복음을 통하여서도 하나님의 나라가 확장되어 갈 것이고, 또한 승리할 것도 아셨습니다. 그러나 종말의 날까지 그 싸움, 그 투쟁은 끝나지 않을 것도 아셨습니다. 결국 완성된 하나님의 나라는 자신이 다시 지상에 강림(降

臨)하여 마무리를 지어야 할 것을 아시고 다시 오실 것을 약속하셨던 것입니다.

여기서 기독교 신자들이 분명히 깨달아야 할 것이 있습니다. 우리가 세우는 하나님의 나라는 지상적이고 정치적인 나라가 아니라는 것입니다. 우리가 세우려는 나라는 일차적으로는 영적인 나라이며 예수님을 통하여 우리들 가운데 이미 현존(現存)하기 시작했습니다. 그리고 이차적으로는 영적인 하나님의 나라의 이념이 우리들이 살아가는 지상적인 나라에 펼쳐지고 실현되기를 희망해야 합니다. 그러나 그것은 우리의 희망 사항일 뿐 우리 스스로 완성된, 또는 완전한 하나님의 나라를 건설할 수는 없습니다. 지상에 있어 완전한 하나님의 나라는 그리스도께서 강림하실 때에 세워지게 되는 것입니다.

그래서 우리 기독교 신자는 이미 온 하나님의 나라와 아직 오지 않은 하나님의 나라 사이에서 영적 긴장감(緊張感)을 가지고 완성된 하나님의 나라를 바라보면서 '종말론적 희망'(eschatological hope)을 가지고 영적 전투를 전개해 나아가는 것입니다.

(2) 우리는 장차 예수 그리스도의 완전한 나라에서 왕 노릇 할 것입니다

예수님께서는 '이미 가까이 온' 하나님의 나라를 이루어 가기 위해 사탄의 세력을 꺾고, 귀신들을 축출(逐出)하는 사역을 열심히 전개하셨습니다. 그러면서 자신이 훈련시킨 사도들과 그 후에 나타날 일꾼들을 통해서도 이 사역이 계속 전개되어지기를 바라셨습니다. 그래서 마지막 중요한 발판을 하나 마련해 놓고 세상을 떠나 승천(昇天)하기로 결심하셨습니다. 그것은 십자가의 죽음과 부활을 통하여 사탄의 세력을 꺾어 놓는 일이었습니다. 이는 일찍이 세워 놓은 하나님의 계획이었지만(창세기3:15) 예수님의 십자가의 죽음을 통하여 완성되는 비밀스러운 전략이었습니다.

사실 예수님의 십자가 죽음은 처절한 실패처럼 보였습니다. 그러나 십자가의 죽음과 부활을 통하여 사탄의 세력을 이기시고 무력화(無力化)시켜(골로새서2:15) 악마의 세력에게 치명적인 타격을 입히셨습니다.

이제 우리 기독교 신자들은 이 승리를 발판으로 하여 사탄이 패배자(敗北者)라는 사실을 알고 더 힘차게 하나님의 나라 확장 사역을 전개해 나아가야만 합니다(요한복음16:11). 사탄이 자신이 패배자라는 사실을 인정하고 쉽게 물러나려 하지 않으려고 발버둥을 치겠지만, 그럼에도 불구하고 우리는 최후 발악(發惡)하는 사탄의 세력을 대적하며 하나님의 나라를 확장해 나아가야 할 것입니다.

교회가 전투적 공동체로서 영적 싸움을 치열하게 싸워갈 때에….

① 종말의 날에 예수님께서 세상에 강림하여 악마적 세력들을 전부 심판하실 것입니다.

언제까지 악마의 세력들이 날뛰고, 사탄이 최후 발악하는 것을 보고만 있지 않을 것입니다. 하나님의 계획이 성취되는 섭리의 때가 되면 예수 그리스도께서 세상의 심판자로 강림하실 것입니다. 그리스도의 강림의 날에만 이 세상에 있는 죄악의 문제, 사망의 문제, 사탄의 문제가 완전하게 해결될 것입니다.

요한계시록 19장을 보면, '백마 탄 자'가 하늘에 있는 군대를 이끌고 지상에 내려오는 장면이 나옵니다. '백마 탄 자'는 바로 재림(再臨)하시는 예수 그리스도이십니다.

그는 지상에 내려와서 만국(萬國), 곧 세상의 모든 나라를 무너트려 진멸(殄滅)할 것이고, 그곳에 있는 회개하지 않은 인간들을 철장으로 다스리고, 맹렬한 진노의 포도주 틀을 밟을 것입니다. 그는 '만왕의 왕이요 만주의 주'로서 세상을 심판하실 것입니다.

재림 주 예수 그리스도께서는 지상에 내려오셔서 세 가지 심판을 행하실 것입니다.

첫째는, 사탄의 하수인이 되어서 인간들을 박해하고 악행을 저질렀던 정치적 세력을 상징하는 짐승과 사람들을 미혹하여 우상을 경배하게 만들었던 거짓 선지자를 상징하는 짐승을 잡아서 산 채로 유황 불 붙는 못에 던져 넣을 것입니다(요한계시록 19:20).

둘째는, 두 짐승을 따르며 불신앙과 반역적 삶을 살던 나머지 인간들은 그리스도의 입에서 나오는 검으로 죽어서 공중의 모든 새들의 밥이 되게 할 것입니다(요한계시록 19:21).

셋째는, 용, 곧 옛 뱀이요 마귀요 사탄을 사로잡아서 큰 쇠사슬로 결박하여 무저갱에 던져 넣고 천 년 동안 그 문을 잠그게 될 것입니다.

결국 세상에서 악의 원천 노릇을 했던 악마의 세력이, 사람들을 미혹하여 타락시키고 죄악이 만연하게 만들었던 원인자(原因者)가 결박되어 심판을 받게 될 것입니다(요한계시록20:1-3).

세상을 타락시키고 인간들을 불행하게 만들었던 세 가지 세력, 곧 천하를 미혹했던 사탄, 인간들을 괴롭혔던 악마적 정치적 세력들, 사람들을 미혹하여 잘못된 종교를 갖게 만들었던 종교적 거짓 선지자들이 지상에서 사라지게 될 것입니다.

이것은 교회의 최후 승리의 모습입니다. 우리는 악마의 세력들과 피 터지는 투쟁을 벌여 왔었지만 솔직히 시원한 승리를 제대로 챙겨 보지 못했었습니다. 그러나 이제 종말의 날에 우리 주님 예수 그리스도께서 오셔서 최후 승리의 날을 안겨 주실 것입니다.

② 예수님께서 지상에 그리스도의 왕국을 건설하실 것입니다.

백마 탄 예수 그리스도께서 그 군대와 함께 지상에 강림하실 때에 왕권(王權)을 가지고 오셔서 악마의 세력들을 제거하고 이 땅에 "그의 나라"를 건설하게 될 것입니다(마태복음16:28).

"세상 나라가 우리 주와 그의 그리스도의 나라가 되어 그가 세세토록 왕 노릇 하시리로다"(요한계시록11:15)

우리는 보편적으로 그 나라를 '그리스도의 천년 왕국'이라고 부릅니다.

첫째로, 그 나라는 주께서 영광의 보좌에 앉으므로 시작될 것입니다.

"인자가 자기 영광으로 모든 천사와 함께 올 때에 자기 영광의 보좌에 앉으리니"(마태복음15:31)

예수님은 만왕의 왕이요 만주의 주이시기에 만유를 통치하고 다스리는 위치와 자격을 가지고 계셨지만 실제적인 만유의 통치 역사는 완성된 그의 왕국에서부터 시작되어지는 것입니다.

둘째로, 그 나라는 미혹이 사라져 범죄와 타락이 없는 곳일 것입니다.

사탄을 결박하여 무저갱에 감금시키므로 "다시 만국을 미혹하지 못하게 하였다"(요한계시록20:3)고 했습니다. 악마의 세력이 사라졌으니, 미혹을 받을 일도 없고, 죄를 짓고 타락할 일도 사라지게 되는 것입니다.

셋째로, 그 나라는 해함과 상함이 없는 거룩한 세상일 것입니다.

이사야 선지자가 예언한 대로, 메시아 왕이 정의와 공의, 정직과 성실로 통치하게 되니, 완전한 하나님의 통치 이념이 실현이 되어 "내 거룩한 산 모든 곳에서 해 됨도 없고 상함도 없을 것"(이사야11:9)입니다. "이리가 어린양과 함께 살며 표범이 어린 염소와 함께 누우며…젖 먹는 아이가 독사의 구멍에서 장난하며…"(이사야11:6-8)

노는 완전한 평화의 세상이 될 것입니다.

넷째로, 그 나라는 하나님을 아는 지식이 충만한 세상일 것입니다.

"이는 물이 바다를 덮음같이 여호와를 아는 지식이 세상에 충만할 것임이니라"(이사야11:9)

그리스도의 왕국에서는 불신앙과 불경건함 자체가 없을 것입니다. 자연적으로 하나님을 아는 지식이 충만하여 어느 곳에서든지 누구든지 하나님과 만왕의 왕 예수 그리스도를 섬기고 경배하고 찬양하게 될 것입니다.

③ 우리는 그곳에서 그리스도와 더불어 왕 노릇 하게 될 것입니다.

요한계시록20:4-6에는 그리스도와 더불어 천 년 동안 왕 노릇 하는 무리를 두 종류로 나누고 있습니다.

첫째 무리는 엄청난 고난 속에서 승리한 무리들입니다. 예수를 증거함과 하나님 말씀 때문에 순교를 당한 사람들, 짐승과 그 우상에게 경배하지 않은 자들, 이마와 손에 짐승의 표를 받지 않은 사람들이 부활에 참여하여 그리스도와 함께 왕 노릇 하게 될 것입니다.

둘째 무리는 첫째 부활에 참여했던 무리들입니다. 앞에서 설명한 것처럼 그리스도 안에서 죽었다가 부활에 참여하였고, 휴거로 인한 변화에 참여했던 사람들이 그리스도와 더불어 왕 노릇 하게 될 것입니다.

이 축복은 "이기는 자와 끝까지 내 일을 지키는 그에게"(요한계시록2:26), 즉 영적 전투에서 승리하고 주님께서 맡겨 주신 복음 전파와 하나님의 나라를 건설하는 일을 충실히 감당한 자들에게 주어질 것입니다.

그들에게 주어지는 축복은 다음과 같습니다.

첫째는, 그리스도의 보좌에 함께 앉게 하실 것입니다(요한계시록 3:21).

그리스도께서 영광의 보좌에 앉으셔서 통치할 때에 그 곁에 서서 섬기며, 또한 특별히 마련해 준 그리스도의 보좌 곁에 있는 많은 보좌들 가운데 앉게 될 것입니다(요한계시록20:4).

둘째는, 심판하는 권세를 받아 심판할 것입니다(요한계시록20:4).

구원을 받았을 때에 "그리스도 예수 안에서 함께 하늘에 앉게"(에베소서2:6) 해 주셨던 은총이 실제적으로 실현되는 모습을 보여 주는 것으로, 또한 "그가 철장을 가지고 그들을 다스려 질그릇 깨뜨리는 것과 같이 하리라"(요한계시록2:27)는 약속의 성취인 것입니다.

셋째는, 만국을 다스리는 권세가 주어질 것입니다(요한계시록2:26).

온 세상, 모든 열방 세계를 다스리고 통치하는 권세가 주어져서 그리스도와 더불어 천 년 동안 왕 노릇 하게 될 것입니다.

할렐루야!

하나님을 찬양합니다.

그러므로 우리 기독교 신자는 현재의 삶이나, 이 세상에서 당하는 환난이나 박해만 바라보지 않습니다. 우리에게 주어질 최후 승리의 날, 그리스도의 왕국에서 보좌에 앉아 세상을 통치하는 날을 바라보면서 위로와 용기를 받으며 오늘도 힘차게 살아가는 것입니다.

4
우리는 새 예루살렘의 영광에 참여할 것을 믿습니다

어떤 분들 가운데는 '천년 왕국'을 잃어버린 에덴동산을 다시 회복하는 것으로 생각하여 영원한 나라로 착각하는 분들이 있습니다. 그러나 그것은 성경 전체를 바르게 이해하지 못한 것에서 온 오해일 뿐입니다.

그리스도의 나라, 곧 하나님의 나라는 세 가지로 생각할 수 있습니다.

첫째는, 골로새서1:13에서 "그가 우리를 흑암의 권세에서 건져내사 그의 사랑의 아들의 나라로 옮기셨으니"라는 말씀처럼 '영적인 그리스도의 왕국'이 있습니다. 둘째는, 재림하시는 그리스도께서 지상에 세우는 '일시적인 평화의 그리스도의 왕국'이 있습니다. 이 나라는 옛 하늘과 옛 땅 위에 세워진 지상적 나라이며, 일시적으로 존재했다가 그리스도께서 "나라를 아버지께 바칠 때"(고린도전서15:24) 끝나게 되는 것입니다. 셋째는, 새 예루살렘의 영원한 나라입니다. 옛 세상에 있던 것들은 전부 사라지고 새 하늘과 새 땅으로 새롭게 창조된 세상 위에 하늘에서 내려온 완전하고 영원한 하나님의 나라가 세워질 것입니다.

우리 기독교 신자의 최종 목적지는 새 하늘과 새 땅에 세워지는 새 예루살렘입니다.

(1) 하나님께서는 새 하늘과 새 땅을 창조하실 것입니다

구약시대의 이사야 선지자는 "보라 내가 새 하늘과 새 땅을 창조하나니 이전 것은 기억되거나 마음에 생각나지 아니할 것이라"(이사야65:17)고 예언했었습니다. 이 예언의 말씀에 따라 마침내 하나님께서는 세상 종말의 날 마지막에 옛 세상을 전부 사라지게 만드실 것입니다.

원래 천지(天地)는 "혼돈하고 공허하며 흑암이 깊음 위에 있는"(창세기1:2) 상태에서 하나님께서 새롭게 창조하여 '보시기에 좋게' 만드셨던 것입니다. 하나님이 창조한 하늘과 땅은 광대(廣大)하고 오묘(奧妙)하고 아름다웠습니다.

그러나 인간의 타락으로 인하여 파괴되고 혼돈에 빠져 본연의
모습을 잃어버릴 정도로 망가졌습니다. 그래서 모든 "피조물이 허
무한 데 굴복하고" "썩어짐의 종노릇"하는 상태에 이르러 "함께 탄
식하며 함께 고통을 겪는" 신음하는 피조세계가 된 것입니다(로마서
8:20-22).

이제 장차 예수 그리스도의 강림을 통하여 모든 피조물이 탄식
하던 '썩어짐의 종노릇에서 해방'을 받아 천년 동안 안식을 누리게
될 것입니다. 그러나 하나님의 계획하심에 따라 옛 하늘과 옛 땅
은 그들에게 주어진 역할이 다 끝났기에 하나님께서는 그들이 물
러나게 하실 것입니다. 천지만물의 피조물만이 없어지게 하는 것
이 아니라 옛 세상에 있었던 모든 불행의 요소들, 곧 눈물, 사망,
애통하는 것, 곡(哭)하는 것, 아픈 것들까지도 전부 사라져 가게 하
실 것입니다(요한계시록21:4).

그리고 새 하늘과 새 땅을 창조하실 것입니다.

"보라 내가 만물을 새롭게 하노라"(요한계시록21:5)

이것은 '보좌에 앉으신 이', 곧 우주와 역사의 주권자이신 하나
님의 선언입니다. 이것은 옛날의 세상을 개조(改造)하거나 변형(變
形)시켜서 사용하겠다는 의미가 아니라 옛 창조보다 더 신비한 방
법으로, 옛 것과는 비교할 수 없는 완전히 새롭게 된 형태의 세상
을 만들겠다는 말씀입니다.

(2) 새로운 세상에 새 예루살렘이 건설될 것입니다

 "내가 보매 거룩한 성 새 예루살렘이 하나님께로부터 하늘에서 내려오니 그 준비한 것이 신부가 남편을 위하여 단장한 것 같더라"(요한계시록21:2)

 '새 예루살렘'은 지상에 있는 이스라엘의 수도 옛 예루살렘을 새롭게 개조시킨 도성을 말하는 것이 아닙니다. '새 예루살렘'은 하나님께로부터 하늘에서 내려오는 것으로, 신적 기원(起源)의 신령하고 영광스러운 영원한 도성인 것입니다(요한계시록3:12). 그곳은 일찍부터 하나님께서 그 백성을 위하여 예비하신 하늘의 도성입니다(히브리서12:22).

 "그 준비한 것이 신부가 남편을 위하여 단장한 것 같더라"는 표현처럼 하나님께서 얼마나 정성껏 준비하시고 단장했는지를 잘 알 수 있습니다.

 ① 그곳에는 옛 세상에 있던 불행한 요소들이 전혀 없을 것입니다.
 새 예루살렘은 "하나님께로부터 하늘에서 내려오는 거룩한 성"(요한계시록21:10)이라고 했습니다. 그래서 그곳은 "무엇이든지 속된 것이나 가증한 일 또는 거짓말하는 자는 결코 그리로 들어가지 못하는" 곳으로 거룩한 하나님의 백성들만 거니는 곳입니다(요한계시록21:27).

또한 그곳은 천년 왕국과 마찬가지로 "다시는 사망이 없고 애통하는 것이나 곡하는 것이나 아픈 것이 다시 있지 아니하며"(요한계시록21:4) "다시 저주가 없으며"(요한계시록22:3) "다시 밤이 없겠고 등불과 햇빛이 쓸데없는"(요한계시록22:5) 곳입니다.

지상에 있었던 모든 불행한 요소들이 완전히 사라진 곳, 그래서 불행을 염려할 필요가 없는 곳, 바로 우리들의 영원한 낙원(樂園)이며, 천국(天國)입니다.

② 그곳은 최고의 재료를 사용하여 가장 찬란하게 만들어져 있습니다.

새 예루살렘의 광경(光景)을 한마디로 "하나님의 영광이 있어 그 성의 빛이 지극히 귀한 보석 같고 벽옥과 수정같이 맑더라"(요한계시록21:11)고 표현하였습니다. 인간의 말로 표현할 수 없을 정도로 찬란하여 황금보석으로 꾸민 것처럼 보였다는 것입니다.

그곳의 성곽은 벽옥(碧玉)으로 쌓였고, 문들은 열두 진주 문으로 되어 있고, 길은 맑은 유리처럼 정금(正金)으로 되어 있습니다. 그곳은 옛날 식물성의 각종 나무들로 구성되었던 에덴동산과는 비교가 안 될 정도로 찬란한 곳입니다.

③ 그곳은 하나님의 영광이 비치는 곳입니다.

그 성에는 해나 달의 비침이 필요 없다고 했습니다. 그것은 "하나님의 영광이 비치고 어린양이 그 등불이"(요한계시록21:23) 되시기 때문입니다. 하나님의 영광이 새 예루살렘의 핵심적 요소가 되어 찬란한 영광의 빛 때문에 성 전체가 지극히 귀한 보석들처럼 빛날 것이고, 하나님의 영광의 빛은 그 안에 사는 거민(居民)들의 삶의 원천이 될 것입니다.

이는 이사야 선지자가 "다시는 낮에 해가 네 빛이 되지 아니하며 달도 네게 빛을 비추지 않을 것이요 오직 여호와가 네게 영원한 빛이 되며 네 하나님이 네 영광이 되리니"(이사야60:19)라고 예언했던 말씀에 대한 완전한 성취인 것입니다.

(3) 우리는 새 예루살렘에서 그리스도와 더불어 영원히 왕 노릇 하며 살 것입니다

하나님께서 최종적으로 준비해 두신 새 예루살렘에 들어갈 수 있는 자는 복된 자입니다. 그들은 영원히 하나님과 더불어 행복 속에 살게 될 것이기 때문입니다.

① 그곳은 오직 어린양의 생명책에 기록된 자들만 들어가게 될 것입니다(요한계시록21:27).

생명책에 기록되었다는 것은 "죽임을 당한 어린양의 생명책"(요한계시록13:8, 17:8)이라고 했으니, 예수 그리스도의 십자가의 진리를 받고, 그리스도를 주(主)로 시인하고, 마음으로 믿은 자에게 주어지는 은총인 것입니다. 우리가 예수 그리스도를 믿는 순간 우리 이름은 하늘의 생명책에 기록이 되고 우리는 하늘의 시민권을 갖게 되는 것입니다(빌립보서3:20).

이것은 엄청난 축복입니다. 그래서 예수님께서 제자들에게 "귀신들이 너희에게 항복하는 것으로 기뻐하지 말고 너희 이름이 하늘에 기록된 것으로 기뻐하라"(누가복음10:20)고 말씀하셨던 것입니다.

② 그곳은 이기는 자가 상속받게 될 것입니다(요한계시록21:7).

'이기는 자'는 계시록 2-3장에서 계속해서 강조하였던 신앙의 승리자를 가리킵니다. 사탄과 거짓선지자의 미혹에 빠지지 않고, 폭력적 통치자 짐승의 억압과 박해에 굴복하여 우상숭배하거나 짐승의 표를 받지 않았고, 음녀 바벨론의 유혹의 포도주 잔을 뿌리쳐 세속화되지 않고, 끝까지 그 이름이 생명책에서 흐려지지 않은 자들을 가리킵니다. 뿐만 아니라 일곱 교회에게 주신 책망과 경계의 말씀을 잘 듣고 회개하고, 자신을 새롭게 갱신(更新)시켜 바른 신앙을 견지(堅持)한 사람들이 들어가게 될 것입니다.

그러므로 우리는 성경의 교훈과 가르침을 잘 받아서 승리자의 반열에 계속 있어야만 할 것입니다.

③ 그곳은 하나님께서 함께 계셔 그들의 하나님이 되고 그들은

그의 백성이 될 것입니다(요한계시록21:3, 7).

"그들은 하나님의 백성이 되고 하나님은 친히 그들과 함께 계셔서"(요한계시록21:3)

"나는 그의 하나님이 되고 그는 내 아들이 되리라"(요한계시록21:7)

이 약속은 일찍이 구약 시대 때에 하나님께서 이스라엘 백성들에게 주셨던 것입니다(출애굽기6:7). 우리는 이것을 하나님과 그 백성 사이에 맺은 언약관계(言約關係)라고 말합니다.

이제 장차 하늘나라, 즉 새 예루살렘에서 영원히 변치 않는 새로운 언약관계가 우리와 하나님 사이에 맺어지게 될 것입니다. 하나님은 우리의 아버지가 되시고 우리들은 그의 자녀가 되어 영원히 함께해 주실 것입니다. 하나님이 함께해 주시는 '임마누엘'의 복은 우리 인생에게는 최대의 복인 것입니다.

④ 구속함을 받은 백성은 그곳에서 세세토록 왕 노릇 하게 될 것입니다(요한계시록22:5).

새 예루살렘에서 신자들이 얻게 될 왕적 통치권이란, "함께 왕 노릇 할 것"(고린도전서4:8, 디모데후서2:12)이라는 말씀과 이기는 자에게는 그리스도와 더불어 "보좌에 함께 앉게 한다"(요한계시록3:21)는 말씀, 그리고 "만국을 다스리는 권세"(요한계시록2:26)를 주시겠다는 약속의 성취로 주어지는 것입니다.

승리한 성도들에게 주어지는 통치권의 은총은 천년 왕국에서의 왕 노릇과 함께 새 예루살렘에서도 계속 연장되어질 전망(展望)입니다.

완성된 하나님의 나라, 영원한 하나님의 통치 세계에서 하나님만이 통치자로서 그 권한을 행사하는 것이 아니라, 그 권세가 구속함을 받은 백성들에게도 주어져서 그리스도와 더불어 통치권을 행사할 수 있게 한다는 것, 그것은 우리들에게는 엄청난 은총이요 영광이며 복인 것입니다.

우리 기독교 신자들은 오늘도 그 나라, 그 때를 소망하면서 이 세상을 살아가는 사람들입니다.

성경에는 "소망을 가지고 있는 것은 영혼의 닻과 같다"(히브리서 6:19)고 했습니다. 사람이 세상에서 무엇에 소망을 걸고 사느냐가 대단히 중요합니다. 돈에 소망의 닻을 걸면 돈이 날아가 버릴 때에 인생도 무너질 것입니다. 마찬가지로 명예, 권력, 부귀영화, 친구, 사랑하는 애인도 진정한 소망이 될 수 없습니다. 그것들은 전부 흔들리는 것들, 믿을 수 없는 것들이기 때문입니다.

우리는 이 세상이 아닌 저 세상에 소망의 닻을 걸기를 원합니다. 하나님의 신실한 약속에, 또한 미래에 우리를 위하여 준비되어진 은총들에게 소망을 두기를 원합니다. 이런 사람은 이 세상에서 어떠한 환난 풍파를 만난다 할지라도 전부 헤쳐갈 수가 있습니다. 그것은 우리의 소망은 "썩지 않고 더럽지 않고 쇠하지 아니하는…우리를 위해 하늘에 간직한"(베드로전서1:4) 산 소망(a living hope)이기 때문입니다.

　우리 기독교 신자는 "현재의 고난은 장차 우리에게 나타날 영광과 비교할 수 없도다"(로마서8:18)는 말씀과 같이 미래에 우리에게 성취되어질 약속에 희망과 믿음의 닻을 걸고 오늘도 힘차게 달려가는 것입니다.

　할렐루야!
　주 예수여, 오시옵소서!
　마라나타(Marana tha)!

기독교가 진정으로 추구해야 할 비전과 가치가
더 많은 교인들의 가슴에 신앙의 불꽃을 지펴 주기를 희망합니다!

권선복
도서출판 행복에너지 대표이사

기독교가 처음 한반도에 발을 디딘 지도 130년이 넘는 세월이
흘렀습니다. 처음에는 많은 박해를 받기도 했지만 폭발적인 성장
을 거듭하며 지금은 대한민국 국민의 20%에 가까운 사람들이 믿
는 종교로 기반을 굳건히 하고 있습니다. 이러한 성장의 큰 이유
중 하나는 기독교라는 종교가 가지고 있는 특유의 비전과 가치가
사람들을 사로잡을 수 있었기 때문일 것입니다.

하지만 이렇게 외적인 성장 속에서 한국 기독교가 실제 맞이하
고 있는 현실은 '위기'라는 것이 이 책의 저자 김성도 목사의 분석
입니다. 외적인 성장에만 치중하여 교회가 세속화되고 있으며, 기
독교의 본질적 비전과 가치를 교인들조차도 잊어버리고 있고, '기
독교인'이라고 자칭하는 사람은 많으나 진정 그리스도와 사도들

이 걸었던 길을 걸어갈 수 있도록 훈련된 이가 드물다는 것이 그 이유입니다.

김성도 목사는 이 책 『그래, 이것이 기독교다』를 통해 스스로 교인이라고 생각하는 사람들조차 무심히 지나치기 쉬운 기독교의 본질적 비전과 가치를 일깨워주고 있습니다. '성령의 힘을 통해 지상의 인간에서 하나님의 인간으로 새롭게 창조되는 기적'을 믿는 것이야말로 기독교가 가진 본질적 비전이며 이러한 특징은 현세의 복을 기원하거나 개인의 인간적인 성장을 목표로 수양하는 종교와는 차이가 있다는 설명입니다.

또한 '하나님의 인간'으로 새롭게 창조된 자들이 모인 교회가 나아가야 할 뚜렷한 미래 청사진으로 '사도 양성과 훈련'을 이야기하고 있는 것 역시 이 책의 특징입니다. 저자는 현재 대부분의 기독교 교인들이 가진 신앙이 '주변인' 단계에 머물러 있다는 점을 지적하며 목회자들이 발 벗고 나서 체계적인 제자-사도 훈련을 확립하고, 일반 신도들은 물론 목회자 자신들도 '주변인'이 아닌 그리스도의 제자이자 사도로서 재훈련되어야 한다는 점을 강조합니다.

한국 기독교의 미래에 대한 고민과 뜨거운 신앙의 열정으로 똘똘 뭉친 김성도 목사의 이 책이 더 많은 교인들의 가슴에 진정한 신앙의 불꽃을 지펴주기를 희망합니다.

'행복에너지'의 해피 대한민국 프로젝트!
〈모교 책 보내기 운동〉

대한민국의 뿌리, 대한민국의 미래 **청소년·청년**들에게 **책**을 보내주세요.

많은 학교의 도서관이 가난해지고 있습니다. 그만큼 많은 학생들의 마음 또한 가난해지고 있습니다. 학교 도서관에는 색이 바래고 찢어진 책들이 나뒹굽니다. 더럽고 먼지만 앉은 책을 과연 누가 읽고 싶어 할까요? 게임과 스마트폰에 중독된 초·중고생들. 입시의 문턱 앞에서 문제집에만 매달리는 고등학생들. 험난한 취업 준비에 책 읽을 시간조차 없는 대학생들. 아무런 꿈도 없이 정해진 길을 따라서만 가는 젊은이들이 과연 대한민국을 이끌 수 있을까요?

한 권의 책은 한 사람의 인생을 바꾸는 힘을 가지고 있습니다. 한 사람의 인생이 바뀌면 한 나라의 국운이 바뀝니다. **저희 행복에너지에서는 베스트셀러와 각종 기관에서 우수도서로 선정된 도서를 중심으로 〈모교 책 보내기 운동〉을 펼치고 있습니다.** 대한민국의 미래, 젊은이들에게 좋은 책을 보내주십시오. 독자 여러분의 자랑스러운 모교에 보내진 한 권의 책은 더 크게 성장할 대한민국의 발판이 될 것입니다.

도서출판 행복에너지를 성원해주시는 독자 여러분의 많은 관심과 참여 부탁드리겠습니다.

도서출판 **행복에너지** 임직원 일동